시조의 공간과 시조 이해 교육

김현정

도서출판 월인

서문

이 글의 시작은 사실 단순했다. 고전시가연구에서 매우 중요한 비중을 차지하는 강호시조가 문학교육이론의 장에서는 정면으로 다루어진 적이 없다는 생각이 그 출발점이었다. 나는 이 단순한 시작의 뒷면을 전혀 예상하지 못했다. 돌아보면 귀가 붉어지도록 낯 뜨거운 좌충우돌의 연속이었다. 넘어서는 데 긴 시간이 걸리는 장애물이 많았지만, 실수하고 좌충우돌하며 얻은 것들은 이제 모두 온전히 나의 것이 되었다고 믿는다.

좌충우돌의 원인으로 가장 컸던 것은, '고전시가 연구와 고전시가교육 연구의 거리'와 '고전시가와 학생들의 거리'였다고 생각한다. 이에 대하여 그럴듯한 결론을 내렸기에 책을 낼 용기를 낸 것은 아니다. 이 거리들은 앞으로의 연구에서도 매우 중요한 화두일 것이다. 다만, 어디에선가 나와 비슷한 고민으로 어려움을 겪고 있을 누군가와 이 글로 대화하고 싶을 따름이다. 지금쯤 이전의 나와 비슷한 문제로 고뇌하는 그 누구의 길에 가끔은 이 글이 말벗이 되어주지 않을까?

이 글의 1장에서는 고전시가교육연구의 전개를 위해 가치론적 전환이 필요하며, 그에 따라 '장르'를 중심으로 한 교육 내용 구안이 필요하다는 점을 밝혔다. 내가 '공간'과 '강호시조'에 주목한 연구사적 맥락이 여기에 있다. 문학 작품에서 공간에 주목하면, 학생들의 관심사와 수준에 맞는 이해에서부터 과거인들에게 공간이 갖는 의미에 대한 심도 깊은 이해에까지 이를 수 있다. 특히, 강호시조에서 공간은 작품의 미학을 이해하는 핵심적인 이해의 변인이다. 이런 점에서 공간을 중심으로 한 강호시조의 이해는 문학 능력의 향상과 연관된다. 이와 같은 내용은 2장에서 다루었다.

3장에서는 공간을 중심으로 한 강호시조교육을 설계하기에 앞서 학생들의 강호시조 이해가 구성될 수 있는 몇 가지 방향을 탐색했다. 강호시조 작품을 읽는 학생들은 작품의 세부적 정보를 확인하고 그 내용을 이해하는 기초적인 읽기에서 시작하여, 공간의 특징이나 성격에 대한 심화된 이해에 이르게 된다. 이는 작품 전체의 미적 특징 이해에까지 심화될 수 있다. 이와 같이 3장에서는 공간을 중심으로 강호시조를 읽는 과정에서 교육 내용으로 구안될 수 있는 것에는 무엇이 있는지 다루었다. 공간을 중심으로 한 강호시조 이해 교육의 구체적인 교육 목표와 활동은 4장에서 다루었다.

이 책이 나올 수 있게 도와주신 분들께 감사드린다.

먼저, 김종철 선생님의 지도가 없었다면 이 책은 세상에 나올 수 없었다고 생각한다. 의욕이 클 뿐 고전문학에 대한 별다른 이해가 없는 우둔한 제자를 지도해 주셨다. 선생님의 논문지도는 늘 한 편의 감동적인 강의였다. 협력과 공조 속에 교육이 이루어진다는 것을 체험하게 해 주신 선생님께 감사드린다.

또, 고전시가의 저변 확대라는 지향을 잊지 않도록 해 주신 김대행 선생님께 감사드린다. 내가 가진 많은 아이디어들은 상당수 선생님께 빚지고 있는 것이다. 더불어 모교의 은사님들과 논문 쓰기를 여러 모로 도와 준 선후배 동학들께도 감사드린다. 특히 조희정, 조하연, 남가영, 염은열, 류수열, 고영화 선생님의 격려가 큰 힘이 되었다. 후배들의 도움도 컸다. 이지수, 박혜경, 김가람, 장미, 박은진, 정보미, 박준홍, 이은주 선생 등에게 감사한다. 2010~11년 박사논문 집필실에서 동고동락하며 논문을 함께 쓴 동학들, 한국교육과정평가원의 국어 전공실 선생님들, 교육평가본부 선생님들께도 감사드린다. 평가원 동료들 덕에 짬을 내어 책을 출간할 수 있었다. 더불어, 책을 출판할 수 있도록 도와주신 월인 출판사의 박성복 사장님과 편집을 도맡아 주신 박훈식 선생님께 감사드린다. 여기에 이름을 일일이 열거하지 못하지만, 따뜻한 말로 위로하고 따뜻한 손으로 붙잡아 준 분들을 기억한다. 그분들께 감사한다.

끝으로, 늘 기도하시는 네 분의 부모님과 긴 시간의 마라톤을 함께 한 유쾌하고 온화한 두 남자, 석진환, 석재원에게 감사한다.

2013년 11월 어느 날

정동빌딩 연구실에서

목차

Ⅰ. 서론

Ⅱ. 공간 이해 능력의 개념과 교육적 의의

Ⅲ. 강호시조의 이해에서 공간 이해의 성격

Ⅳ. 공간 중심의 강호시조 이해 교육 설계

V. 결론

Ⅰ. 서론

1. 연구 문제

본고에서는 '공간(空間, space)'을 강호시조의 서정시적 세계의 이해에 도달하기 위한 주요한 이해 범주로 보고 공간을 중심으로 한 강호시조 이해교육의 내용과 방법을 제안하고자 한다. 고전시가에 대한 가치 감식안이 전문가만큼 갖추어지지 않은 학생들이 강호시조를 이해하기 위해서는 특정한 범주를 가정해 그에 대해 이해함으로써 강호시조의 세계에 대한 자신의 지도를 완성하는 일이 필요하다. 강호시조의 '공간'은 학생들에게 중요한 이해의 대상이자, 과거의 서정시인 강호시조의 세계를 이해하기 위한 도구가 된다.

본고에서는 '고전시가 장르 개별적인 층위에서의 이해론'이 필요하다는 문제의식 아래, 시조의 하위 유형인 '강호시조'에 주목하여 그에 대한 '이해'의 과제를 '공간'이라는 범주를 통로로 해결하는 강호시조 이해 교육을 설계하고자 하였다. '고전시가 장르 개별적 층위에서의 이해론'이 필요한 이유는 무엇일까? 이는 고전시가의 교육적 가치를 고전시가 작품 내에서 찾아야 할 필요에 답하는 중요한 연구 주제이다.

고전시가의 교육적 가치가 어디에 있는가는 지금까지 고전시가교육연구에서 늘 문제가 되어 왔다. 고전시가교육연구 담론의 내부와 외부를 비롯해, 우리가 '교육 현장'이라고 말하는 '중등학교'에서 역시 '고전시가를 왜 가르치는가?'라는 질문이 제기되고 있음을 확인하는 것은 어렵지 않다. 이런 질문을 제기하는 맥락은 다양하지만 이 질문이 고전시가교육연구의 입론에 있어 매우 중요하다는 사실을 부정하기는 어렵다.

이에 대한 답은 어떻게 모색될 수 있을까? 지금까지 고전시가교육연구에서는 고전시가의 가치를 '국어 표현 교육 자료로서의 역할'에서 찾고자 하거나, 포괄적인 의미의 문학 능력인 '사고력'의 증진 혹은 '전인적 인간'과 같은 인간주의적 이념의 실현에서 찾고자 하는 흐름이 두드러졌다.[1] 그러나 고전시가교육연구가 여기에 집중하고 있는 사이[2]에, '고전시가 작품을 읽고 그것이 그 자체로 가진 고유한 미를 파악하거나 감상하는' 고전시가 활동의 기본 단위에 대한 고려가 없었던 것은 아닌지 생각해 볼 필요가 있다.[3]

문학 활동의 가장 기본적인 단위는 독자가 개별적인 작품을 읽고 그 작품의 고유한 미를 파악하는 것이다. 고전시가 활동의 기본 단위를 이렇게 본다면, 고전시가교육의 결과로 얻어질 '포괄적인 의미의' 문학 능력, 사고력 등이나, 표현교육적 맥락에서의 표현 능력, 더 나아

---

1) '연구사'에서 밝힐 바이지만 고전시가교육연구의 주제가 여기에 한정되고 있는 것은 아니다. 그러나 가치론적 질문에 직면했을 때, 우리가 흔히 떠올리는 답이 이에서 크게 벗어나지 않는다.

2) 사실 고전시가교육연구는 아직 초창기라고 볼 수 있다. 연구의 역사가 짧고, 연구자의 수가 부족하며, 학교를 위한 실천적인 자료들을 만드는 데 기여해야 하는 시간이 필요했으므로 다른 학문 분야와 비교해 연구 성과물이 부족할 수밖에 없다는 점이 고려되어야 한다.

3) 졸고, 「고전시가의 가치 교육을 위한 이론적 전제의 고찰」, 『국어교육』 125, 한국어교육학회, 2008, 483면.

가 '전인적인 인간'과 같은 인간주의적 이념 등은 고전시가 활동에 대해 외재적인 범위에 속하는 것들이다.

고전시가 활동의 결과로 얻어질 포괄적인 의미의 문학 능력, 인간주의적 이념 등은 고전시가교육의 목표이자 지향으로서 존중되어야 한다. 그러나 이것은 고전시가 활동의 '결과'로 얻어질 '효과'나 '기능(機能)'이라는 점에 유의할 필요가 있다. 어떤 활동의 결과, 효과, 기능 등은 그 활동의 '외재적 가치(extrinsic value)'이다. 외재적 가치의 중시가 내재적 가치(intrinsic value)[4]의 훼손으로 이어지는 가치 혼란 현상을 초래할 수 있다는 점[5]을 생각할 때, 고전시가교육 설계와 관련해 고전시가 활동의 내재와 외재를 구분하고 고전시가만이 가진 내재적 가치는 무엇인가에 대한 탐색[6]이 적극적으로 이루어져야 한다.[7]

---

4) 일반 가치론의 가치 개념에 의하면, "어떤 것이 다른 어떤 것을 산출하는 능력 때문이 아니라 자기 자신을 위하여 가치를 가질 때" 이를 내재적 가치라 하고, "어떤 것이 다른 것들의 획득을 위한 수단이 될 때" 이를 외재적 가치라 한다.(이대희 편, 『가치론의 문제와 역사』, 정림사, 2001, 39면.) 이 개념에 따라, 고전시가가 그 자체로 가지는 가치가 고전시가의 내재적 가치이며, 고전시가가 가지는 수단적인 기능이 고전시가의 외재적 가치라 할 수 있다.(졸고, 앞의 논문, 480면.)

5) 교육학 연구에서 이홍우에 의해 제기된 '내용 모형'의 중요성 논의는 가치론을 내포하고 있다. 이홍우는 교육 내용 외재적인 결과인 '교육 목표'를 중시하는 것은 '교육 내용'의 내재적 가치를 훼손할 위험이 있다고 지적하였다.(이홍우, 『증보 교육과정탐구』, 교육과학사, 1977/2004.) 장상호의 논의(장상호, 『학문과 교육』 중1, 서울대출판부, 2006.)에도 교육을 정치, 경제, 문화의 가치 실현을 위한 도구로 본다면 그것이 교육 활동의 내재적 가치를 훼손할 위험이 있다는 지적이 있다. 이 두 연구자들이 모두 교육의 가치 혼란 현상을 극복하기 위해서는 교육의 내재적 가치에 주목할 필요성이 있다고 주장하고 있음을 눈여겨 볼 필요가 있다.

물론 이 두 논자의 같은 주장의 이면에는 두 논자가 생각하는 '교육 내재'의 범위가 다르다는 점 역시 간과되어서는 안 된다. 이홍우의 '교육 내재'는 '교과 내용 내재'를 지칭하고, 장상호의 '교육 내재'는 '삶의 양상으로서의 교육'의 구조를 전제한 교육 내재라는 차이가 있다. 장상호의 논의에서 '교과 내용'은 교육을 가능하게 하는 수단이다.

6) 고전시가교육에서 내재적 가치의 중요성에 대해서는 김대행의 연구에서 논의된 바 있다. 『문학교육 틀짜기』라는 제목에서 짐작할 수 있는 바와 같이, 이는 엄밀

고전시가 작품이 '포괄적인 의미'의 문학 능력 향상을 위한 도구가 된다면, 효과성의 기준에 따라 고전시가가 현대시로, 현대소설로 대체되는 것은 아무 문제가 되지 않는다.[8] 그러나 고전시가의 내재적 가치란, 고전시가가 현대시나 현대 소설로 대체될 수 없는 고전시가만이 가진 가치를 말한다. 이것은 고전시가 활동을 통해 달성할 '상위의 포괄적인 목표'를 중심에 두고 고전시가 작품을 도구로 활용하는 구도를 통해서가 아니라, '고전시가 작품과 이를 접하는 독자의 고전시가 활동을 중심에 두고 고전시가가 그 자체로 가진 고유한 가치를 학생들이 체험하도록 하는 고전시가교육'의 구도 속에서 주목 가능한 것이다.

이런 점들로 미루어, 고전시가교육의 내재적 가치에 주목하려면 장르적 접근을 취할 필요가 있음을 알게 된다. 고전시가가 현대시나 현대 소설로 대체될 수 없는 고전시가만이 가진 가치, 혹은 범위를 더

히 말해 고전시가에 한정된 논의는 아니지만 문학이 '인간다움의 추구'라는 내재적 가치를 가지며, 이것이 교육의 맥락에서 중요하다는 점을 주장한 것은 연구사적으로 중요한 언급이라고 볼 수 있다. 이에 뒤이어 한창훈, 졸고에서도 내재적 가치의 중요성에 관한 논의가 이루어진 바 있다.
김대행, 『문학교육 틀짜기』, 역락, 2000.
졸고, 앞의 논문.
한창훈, 『시가교육의 가치론』, 월인, 2001.

7) 이것이 고전시가교육의 외재적 가치가 중요하지 않다는 언급으로 오해되어서는 안 된다. 고전시가교육의 가치는 내재적 가치와 외재적 가치의 총화이기 때문이다. 그러나 외재적 가치의 중시 때문에 고전시가교육의 내재적 가치가 훼손되거나, 혹은 아예 주목의 대상이 되지 못하는 것이 현실이라면 현재의 시점에서 내재적 가치의 회복에 주목해야 할 필요성은 분명하다.

8) 이러한 경향은 교육과정(curriculum) 구성의 실제와 관련되는 것이다. 다음과 같은 예를 들 수 있다. 문학 능력의 향상을 위해 배워야 하는 기본 개념으로 '시적 화자', '상징', '비유' 등의 구조주의 비평적 요소가 중요하다고 가정해 보자. 이 개념들의 이해를 목표로 설정하고 이를 이해하였는가를 성취 기준으로 삼는 교육과정 구성에서, 이에 도달하는 데 도움을 주는 자료로 고전시가를 선택하기는 쉽지 않다.

좁혀 시조가 향가나 속요, 가사로 대체될 수 없는 시조만이 가진 가치란 고전시가가 문학으로서 지니는 장르적 성격에서 기인한 것이기 때문이다. 고전시가 작품이 독자에게 읽힐 때, 독자가 체험하게 되는 고전시가 작품의 가치 질(質)[9]은 그것이 다른 장르로 대체될 수 없는 장르적 특수성과 그 자장 안에서의 작품의 개별성에서 온다. 이것이 고전시가교육에서 장르 개별적인 접근을 시도해야 하는 중요한 이유이다. 이와 같이 본고에서는 고전시가의 교육적 가치를 내재적 측면에서 찾고자 할 때, 장르적 접근이 필요하다는 점을 전제로 '시조'라는 장르에 주목하였다.

본고에서는 시조 중에서도 '강호시조'라는 하위 유형에 주목해 고전시가교육론을 설계하고자 하였다. 본고에서 연구 자료로 삼은 강호시조는 교과서에서 가장 높은 비중으로 다루어져 온 작품군 중의 하나이다.[10] 또한, 시조사의 전개 속에서 강호시조는 시조의 대표 유형이라 해도 과언이 아닐 만큼 중요한 위치를 차지한다. 시조 창작을 주도하였던 중세 사대부들의 정서와 이념은 강호시조 작품 속에서 자연과 자아의 조화로운 합일을 체험하는 흥(興)과 락(樂)으로 표출되고 있다. 시조의 하위 유형으로서 강호시조는 중세 사대부의 유가(儒家)적 미학의 완성에 기여하고 있다는 점에서 상당한 중요성을 지닌다.

---

9) 헤센(Hessen)에 의하면 한 대상의 가치는 가치 이념, 가치 질, 가치 체험의 세 측면이 합당하게 충족되어야 실현되는 것이다. 여기에서 '가치 질'은 대상이 지니는 속성이고, '가치 체험'은 가치를 향유하는 주체의 체험이다.
Hessen, J., *Lehrbuch der philosophie*(진교훈 역, 『가치론』, 서광사, 1959/1992), 33-45면.

10) 조희정의 연구에 따르면 건국 과도기부터 7차 교육과정기의 '국어' 교과서 수록 고전시가 제재 중 가장 많은 빈도수를 차지하는 것이 시조이다. 그 중에서도 윤선도와 이정보, 이황, 정철, 박인로의 시조가 상위의 빈도수로 교과서에 실려 왔다. 강호시조 작가의 작품은 그 외에도 다양하게 실려 왔다.
조희정, 「교과서 수록 고전 제재 변천 연구 - 건국 과도기부터 제7차 교육과정까지 중등 국어 교과서를 중심으로」, 『문학교육학』 17, 한국문학교육학회, 2005.

그러나 이와 같은 비중에 비해 강호시조의 교육에 관한 집중적인 연구물을 찾기가 어려우며, 중등학교 상황에서 강호시조에 대한 이해는 평면적이다.[11] 현실적인 면으로 볼 때도 이를 개선하기 위한 교육적 논의가 더 활발히 이루어져야 한다.

한편, 고전시가의 교육적 가치를 내재적 측면에서 찾는다는 점을 전제로 '고전시가 장르 개별적 층위'에서의 교육론이 필요함을 인정한다면, 그 다음으로는 무엇을 고려해야 할까? 교육 활동이 숙련된 독자인 교사와 미숙한 독자인 학습자 사이에서 이루어진다고 볼 때, 교육 주체로서 '학습자'의 고전시가 활동이 그 다음의 고려 대상이 되어야 할 것이다. 고전시가 활동의 기본 단위를 '고전시가 개별 작품을 대상으로 그 고유한 미적 특성을 독자가 이해, 해석, 감상, 비평하는 것'이라고 본다면, 우리는 자연스럽게 학습자의 '이해, 해석, 감상, 비평' 활동에 주목하게 된다. 우리가 다음으로 주목해야 하는 과제는 중등학교 상황에서 학습자들이 고전시가의 개별적 장르를 어떻게 이해하고 해석하고 감상하고 비평할 수 있도록 이끌 것인가이다. 본고에서는 이해, 해석, 비평, 감상 등의 활동 중에서 '이해'에 그 범위를 한정하였다.

연구자에 따라 이해, 해석, 비평, 감상 등의 개념을 다르게 설정하지만, '해석'을 작품 의미의 구조화로, '비평'을 작품에 관한 평가적 판단과 그에 관한 기술로, '감상'을 작품 가치의 향유와 즐김으로 규

---

11) 중등학교 교사와 학생들의 고전시가에 대한 이해 역시 중요한 연구 주제이다. 본고에서 이에 관해 본격적인 논의하지 않지만, 대학교 1~2학년 학생들의 시조 감상문을 통해 중등학교 상황에서 고전시가 이해가 평면적이라는 가설을 어느 정도 확인할 수 있었다. 학생들은 강호시조에 대해 "자연과의 물아일체"라는 일률적인 답을 하는데, 학생들의 감상문을 보면, "자연과의 물아일체"를 '일상을 벗어난 여행지에서의 여가 중에 누리는 자연에서의 여유' 정도로 이해하고 있음을 알 수 있다.

정하는 일반적인 논의의 틀[12]을 수용하고자 한다. 본고에서 말하는 '이해(理解, comprehension)'는 독자가 작품을 접함으로써 그것의 특징과 성격이 어떠한지를 여실(如實)히 파악하는 과정을 뜻한다. 즉, 이해란 대상의 특징과 성격에 대한 종합적인 앎을 지향한다. 이해의 개념으로 볼 때, '강호시조의 이해'는 강호시조 작품을 중심에 두고 그것을 거듭 읽는 과정에서 강호시조의 특징과 성격에 대한 종합적인 앎을 획득하는 것을 뜻한다. 이때 강호시조의 특징과 성격이란 시조 장르의 하위 유형으로서 강호시조가 가지는 내재적인 특징과 성격을 뜻한다.

그렇다면 학생들은 어떤 방법을 통해 강호시조의 이해에 도달할 수 있을 것인가? 본고에서는 학생들이 강호시조를 이해하기 위해서는 시조라는 특정 장르의 하위 유형으로서 강호시조의 가치를 여실히 드러내 줄 이해의 범주를 설정할 필요가 있다고 보았다. 본고에서는 여러 가지 이해 범주 중의 하나[13]로 '공간'이 유용하다고 보아, '공간을 중심으로 한 강호시조 이해 교육'으로 연구의 범위를 한정하였다. 여기

---

12) 이에 관해서는 조하연의 연구를 참조할 수 있다.
조하연, 「문학 감상 교육 연구」, 서울대 박사논문, 2010, 1-6면.

13) 본고의 목적이 '고전시가 이해 범주의 체계화'에 있지 않으므로 이에 대한 본격적인 논의는 이후의 연구를 기약하고자 한다. 본고에서 가정하는 바, 장르 개별적인 접근을 전제로 한 이해 교육의 설계에서 구안 가능한 범주는 시조의 형식, 음악성 등이나 시조의 상징, 비유, 알레고리 등과 같은 수사학적 층위, 공간과 동등한 축으로서의 시간 등으로 다양하게 선정될 수 있다. 이 범주들의 역할과 교육적 가치는 앞으로 논증되어야 할 것이다.
그러나 이를 위해서는 지금까지 교육과정(curriculum)에서 구조주의 비평적 요소들, 예를 들어 시적 화자, 상징, 비유 등이 목표(성취 기준) 중심의 교육과정 구성과 결합되면서 고전시가 작품이 그 목표에 종속되도록 하는 경향이 있었음을 반성적으로 성찰해 보아야 한다. 이 요소들은 시간, 공간과 같은 인식적·체험적 범주의 특성과 달리 특수한 표현적 질서를 갖고 있기 때문에 그 개념 자체 혹은 배경 이론에 대한 학습이 전제되어야 한다. 교육적 설계의 맥락에서 볼 때는 각 범주들의 성격이 다르기 때문에 이런 점들이 고려되어야 할 것이다.

에서 강호시조의 공간은 학생들에게 이해와 탐구의 대상이자, 시조의 하위 유형으로서 강호시조의 서정시적 세계에 대한 이해를 돕는 이해의 도구이다. 철학 연구에서는 공간 범주를 "인식의 도구이자 현상의 분류 체계"[14)]라고 보았는데, 본 연구의 구도와도 통하는 면이 있다.

강호시조의 이해 범주로서 '공간'이 유용하다는 점이 이론적인 검토로만 확인되는 것은 아니다. 시조의 하위 유형으로서 강호시조의 성격을 검토해 보면, 공간이 유용한 범주라는 점을 확인할 수 있다.

강호시조는 중세의 사대부들이 정치 경제의 중심지인 서울을 벗어나 향촌(鄕村) 사회에 거(居)하게 되면서 창작한 작품군이다. 중세의 향촌은 사대부들이 중앙 정계에 진출해 치인(治人)의 사명을 다한 뒤에 귀향하거나, 당쟁(黨爭)과 사화(士禍)의 소용돌이 속에서 때를 피해 은거(隱居)한 공간이었다. 중앙 정계에 진출한 관력이 없더라도 향촌 사회에서 재지(在地)적 기반을 닦아 온 향촌 사족(士族)들 역시 향촌의 거주지와 승경을 미화한 강호시조의 창작에 참여하였다. 정치 경제의 중심지인 '서울'과 중세 사대부의 복거지인 '향촌'은 유가(儒家)의 이념적 지향과 실천을 매개하는 중요한 공간들로 중세 사대부들의 내면에 조화롭게 공존하는 세계였다.

사대부들의 내면에 중요한 공간적 의미를 차지하고 있던 '향촌'은 강호시조 창작과 향유의 배경이 되는 특수한 공간으로 강호시조의 창작과 밀착되어 있다.[15)] 향촌이라는 공간은 중세 사대부들의 삶의 터전으로서, 그들의 유자(儒者)적 이념이 실현되고, 생활이 이루어지며,

---

14) Lefebvre, H., *La production de l'espace*, Economica(양영란 역, 『공간의 생산』, 에코리브르, 2000/2011), 40면.

15) 고전시가 연구사에서 중세 사대부의 향촌 생활과 시조 창작 및 향유 사이의 연관성을 밝히고 있는 연구는 최재남에 의해 이루어져 왔다.
최재남, 『사림의 향촌 생활과 시가 문학』, 국학자료원, 1997.
최재남, 『서정시가의 인식과 미학』, 보고사, 2003.

문화가 형성되는 공간이었다. 강호시조의 창작과 향유는 향촌이라는 특정한 공간과 그 속에서 삶을 지속하던 사대부들의 생활 및 문화와 밀착되어 있기에, 공간과 이념, 공간과 사회, 공간과 문화, 공간과 주체 등, 공간과 인간의 삶에 대한 이해 없이는 강호시조의 이해에 다가가기 어렵다.

이와 같이, '공간'은 강호시조 창작과 향유의 다양한 층위에 영향을 미친 주요 변인이며, 작품의 미학을 구성하는 중심축이다. 중세의 사대부들이 자신들의 거주지와 그 주변의 자연을 미화할 때 선택했던 몇몇 장르 중에서 시조는 우리말 노래이자 정형시라는 장르적 특징의 자장 안에서 특수한 역할을 수행하고 있다. 공간을 중심으로 강호시조를 이해하면, 이와 같은 시조 장르의 특성에 관한 이해에 역시 이를 수 있으리라 본다.

이상과 같은 점을 고려할 때, '공간 중심의 강호시조 이해 교육'의 과정에서, 학습자들은 다음과 같은 탐구의 문제를 갖고 그에 관한 답을 찾는 활동을 수행할 수 있으리라 기대된다.

> 중세의 사대부가 정치 경제의 중심지를 벗어나 향촌(鄕村)에 기거하면서 시조 창작을 통해 자신의 주거지와 그 주변의 자연 공간에 새로운 의미를 부여한 까닭은 무엇인가?

중세의 공간적 상상력은 강호시조를 비롯해 누정기(樓亭記), 집경시(集景詩), 강호가사, 산수화, 별서도(別墅圖), 정원(庭園) 조영, 다양한 장르의 여행 문학 등으로 표출되었다. 그러므로 공간을 중심으로 강호시조를 이해하는 가운데 학생들은 중세인의 공간 애호가 문학과 문화로 다양하게 표출된 의미를 이해하는 데로 탐구 과제를 확장할 수 있다.[16)]

한편, “공간은 모든 경험의 필수적인 토대”[17]이기에, 자신의 경험에 비추어 과거 혹은 타인의 경험을 통찰하는 데 유용한 범주라는 점 역시 강조할 수 있다. 우리는 일상적으로 공간을 구획하고 구성하며, 대부분의 일과를 공간을 이동하며 보낸다. 또한, 우리는 시대와 지역을 초월해 보편적인 공간 지향을 갖기도 한다.[18] 우리는 의식적으로든 무의식적으로든 공간에 대해 사유하고 공간을 체험하므로 그에 비추어 과거인들을 이해하고 현재를 되짚어 볼 수 있다. 이렇게 현대의 독자에게 ‘공간’은 그 자체로 과거의 문학을 탐구하기 위한 유용한 도구이다.

이와 같이, ‘공간’은 중세에 창작된 강호시조의 특수성 이해에 이르도록 하는 데 도움을 주는 유용한 이해의 범주이다. 동시에 우리의 일상 경험이 공간에 대한 이해와 체험으로 연속되므로, ‘공간’은 현재의 나에 비추어 과거의 타인들에 대해 통찰도록 도울 수 있다.

이와 같은 점들을 고려하면서 본고에서는 다음과 같은 세 가지 연구 문제를 해결하고자 한다.

첫째, ‘공간’이 강호시조의 이해를 위해 유용하고 가치로운 범주임을 논증한다.

둘째, 강호시조 공간의 특징, 강호시조에서 공간의 역할, 강호시조

---

16) 이것은 동아시아적 중세 문화의 특징이기도 하다. 그러므로 공간을 이해 범주로 한 시조 이해는 중세 문화의 종합적 이해로 확장될 가능성 또한 갖고 있다.

17) Kern, S., *The culture of time and space 1880-1918,* Harvard University Press(박성광 역, 『시간과 공간의 문화사』, 휴머니스트), 1983/2004, 21-26면.

18) 예를 들어, 바슐라르의 공간적 상상력 논의에서 이와 같은 점을 확인할 수 있다. 하나의 예를 들자면, 인간은 자신의 몽상과 평화, 사상, 추억, 꿈 등을 한데 통합하는 자신의 참된 주거지로서의 ‘집’에 관한 이미지를 갖고 있다.
Bachelard, G., *La Poétique de L‘espace*, Presses Universitaires de France(곽광수 역, 『공간의 시학』, 동문선.), 1957/2003, 80면.

공간의 문화적 의미와 소통에 관한 내용을 중심으로 '강호시조의 이해에서 공간 이해의 성격'이 어떠한지를 작품을 축으로 하여 논한다.

셋째, '공간 중심의 강호시조 이해'를 중등학교 교실에서 구현하기 위한 교수·학습의 실제를 제안한다.

2. 연구사

'공간 중심의 강호시조 이해 교육'이라는 연구 문제의 설정과 관련해, 먼저 그간의 시조교육 연구의 주제 설정, 연구 방법 등에 관해 검토해 볼 필요가 있을 것이다. 연구사를 검토해 보면, 고전시가교육연구에서 시조교육에 관한 논의가 본격적으로 이루어진 것은 10여 년에 불과하다. 이렇듯 인접 학문 분야에 비해 연구물이 절대적으로 부족하다는 점이 연구사 검토에서 전제가 되어야 한다. 이러한 상황에서는 각 연구물들이 어떤 한계를 가졌건 간에 시조교육연구의 출발점으로서 각각의 위치를 점하고 있으며, 그럼으로써 이후의 논의를 위한 기반이 되고 있다는 점이 인정되어야 할 것이다.

먼저, 고전시가교육의 가치론적 문제, 읽기 방법 문제, 강호시가의 교육적 가치 문제를 포괄적으로 다룬 한창훈의 연구[19]를 살펴 보자. 그의 논의는 '강호시가'를 범위로 삼고 시대별 강호시가의 특징이 무엇인지를 밝혀, 강호시가가 예술로서, 역사로서 가지는 가치에 관해 논했다. 이 논의의 결과를 강호시가의 교육적 가치로 연결 짓고자 한 것이다. 연구 대상을 '강호시조'로 한정한 것은 아니지만 이 연구는 다음과 같은 면에서 시사점을 준다.

19) 한창훈, 앞의 책.

먼저, 교육의 맥락에서 고전시가의 내재적 가치를 중시할 필요가 있음을 역설한 점이다. 이러한 관점에서 그는 '강호시가'가 가진 내적 특징에 따라 강호시가가 가지는 교육적 가치를 입증하려고 하였다. 또한, 강호시가 교육과 관련해 이에 유용하다고 판단되는 읽기의 방법을 제안하였다는 점 역시 주목할 만하다. 그러나 이 논의는 강호시조에만 한정한 논의가 아니어서 '시조'와 '가사'를 하나로 묶어 논하고 있다는 점, 이 논의에서 제시한 읽기 방법으로서의 '역사적 원근법' 논의는 여타의 고전시가 장르에도 적용 가능한 읽기의 방법이라는 점에서 시조교육적 측면에서 후속적인 논의가 필요하다.

그 이후에 시조교육론의 공백을 메운 논의로는 염은열[20]과 고영화[21]의 연구가 있다. 이 두 연구는 초등학교에서부터 수준을 달리해 시조를 가르칠 수 있다는 점을 강조하는 위계화론이라는 면에 공통점이 있다. '고전시가의 저변 확대'라는 고전시가교육의 중요한 목표 실현[22]에 관한 진전된 논의를 보여 준다는 점에서 가치 있는 논의들이다.

물론 이 둘 사이에 차이점이 없는 것은 아니다. 먼저, 염은열의 연구는 범위를 '시조의 형식'에 한정하였는데, 교육 내용의 선정과 관련

---

20) 염은열, 「시조 교육의 위계화를 위한 방향 탐색」, 『고전문학과 교육』 8, 한국고전문학교육학회, 2004.

21) 고영화, 「시조 교육의 위계화 연구」, 서울대 박사논문, 2007.

22) '고전시가의 저변 확대'는 기실 고전시가교육의 가장 중요한 목표라 할 수 있다. 고전시가교육을 통해 학습자들은 학교에서뿐만 아니라 일상에서도 고전시가 작품을 즐겨 읽고 그 가치를 알며, 그것을 다른 학습자들과 공유하는 문화를 누릴 수 있어야 한다.
'문학의 저변 확대'가 교육적으로 중요하다는 점에 대한 선구적인 주장은 김대행에 의해 제기된 바 있다. 김대행은 문학교육적 관점에서 '일상인들의 삶을 위한 문학'의 관점을 회복할 필요가 있다고 주장하였다. 이는, 이해의 수준을 막론하고 문학이 삶의 문제에 관해 답하는 바를 수용할 필요가 있다는 주장으로 고전시가교육연구의 지향을 제시해 준다는 면에서 중요한 견해이다.
김대행, 앞의 책.

해 '교육적 인식론'[23]을 논의의 구도로 삼고 있다는 점이 특징적이다. 이 연구에서는 시조의 형식 교육과 관련해 시조 입문 단계에서 전문가의 수준에 이르기까지 교육 내용이 달리 제공될 수 있다는 점을 강조했다. 특히, 시조 입문 단계의 학습자에게 현재의 시조 연구사에서 오류로 판명된 지식이 유용하게 제공될 수 있다고 주장하고 있다는 점에 주목할 필요가 있다. 이는 고전시가교육의 인식론적 측면에서 이전에는 없던 새로운 주장이다. 학습은 수준과 관심사에 맞는 활동 과제로부터 이루어지며, 이런 점은 고전시가교육에서 역시 예외가 아니다. 이 연구에서는 교육 내용 선정에서 학습자의 수준이 매우 중요한 기준이라는 점을 포착했다. 또한, 시조의 장르적 성격을 대변하는 시조의 형식 내적 측면을 강조한 논의라는 점에서도 주목할 만한 가치가 있다.

한편, 고영화의 연구는 시조교육의 범위를 형식이나 내용 등으로 한정하지 않고 '위계화'에 대한 포괄적인 논의를 폈다. 이 연구에서 위계화의 기준으로 삼은 것이 '인간 발달 단계'라는 점이 특징적이다. 그런데 학습자가 어떤 발달 단계에 있느냐가 시조교육을 위해 중요한 기준으로 다루어져야 하는지에 관해서는 특별한 고찰을 요한다. '인간 발달 단계'는 보편적 층위의 논의로, 이것이 특정 영역으로서 '문학 능력의 발달'로 치환될 수 있는지의 여부는 논증되어야 할 중요한 쟁점이다. 이 논의에는 독자 요인을 중심으로 시조교육을 설계한다고 할 때 무엇을 기준으로 삼고 어떤 요소를 고려해야 하는지에 관한 본격적인 논의가 이어져야 할 것으로 보인다.

한편, 특정한 개념을 가정해 시조교육을 설계하고자 한 논의들도

---

23) '교육적 인식론'이 고전시가교육에 줄 수 있는 시사점에 관해서는 다음의 논의 참조. 졸고, 「중등학교 상황 속 고전시가 해석의 상대성에 관한 교육적 인식론의 시사점」, 『교육원리연구』 15권 2호, 한국교육원리학회, 2010.

있다. 태도 교육의 구도[24)]나 성찰적 사고 교육의 구도로 시조 교육을 설계하고자 한 논의[25)]이다. '태도'나 '성찰적 사고'는 이 연구들에 의해 고전시가교육연구에서 새롭게 다루어진 개념이다. 그런 만큼 이 개념들의 성격을 어떻게 보아야 하는가는 면밀한 고찰을 필요로 한다.

이 논의들을 검토해 보면, '태도'의 개념은 심리학에서, '성찰적 사고'의 개념은 철학에서 왔다는 점을 확인할 수 있다. 논의 내에서 다른 개념들과의 연관성을 논하고 있기는 하지만 이 개념들이 시조의 이해나 해석, 감상과 같은 활동으로 전환될 수 있다고 본 근거는 무엇인지, 혹은 시조가 지닌 성격과는 어떤 관련이 있는지에 대한 논의가 생략되어 있다는 한계가 있다. 그렇기 때문에 이 연구들에서 '태도' 개념이나 '성찰적 사고' 개념은 시조 작품의 성격과는 거리가 먼 일종의 목표처럼 범주화되어 있다. 이에 따라 시조 작품이 가진 미적 특질이나 장르적 특질 등이 이 목표에 종속되는 한계가 있었다.[26)]

이 이후에도 시조교육의 목표, 교육 방법, 교육 내용 선정, 해석이나 창작에 관한 연구물들이 지속적으로 제출되었다. 시조교육의 목표에 관한 논의로는 고영화의 연구[27)]가 있다. 이 연구에서는 '시조의 형식'에 그 범위를 한정하여 시조교육의 목표를 점검한 결과, 시조교육

---

24) 서명희, 「시조 교육에서 태도의 개념」, 『국어교육』 119, 한국어교육학회, 2006.
서명희, 「시조 수용 태도 교육을 위한 <오우가> 읽기 - 절차로서의 태도를 중심으로」, 『고전문학과 교육』 12, 한국고전문학교육학회, 2006.

25) 최홍원, 「시조의 성찰적 사고 교육 연구」, 서울대 박사논문, 2008.

26) 이 경우, 시조 작품은 태도 교육이나 성찰적 사고 교육을 위한 도구로서 기능할 가능성이 커진다. 그렇기 때문에 '태도'나 '성찰적 사고'가 시조의 성격이나 다양한 문학 체험과 관련 있다는 점이 작품의 특질이나 문학 체험의 특질로부터 논증될 필요가 있다.

27) 고영화, 「시조 형식 교육의 목표론 연구」, 『국어교육연구』 23, 서울대 국어교육연구소, 2009.

의 목표가 의미성, 실용성, 흥미성의 측면에서 진술될 필요가 있다는 점을 주장하고 있다. 시조교육의 목표에 대한 메타적인 논의가 그동안 없었던 점을 생각하면 연구사에서 중요한 연구 분야를 개척한 논의라고 볼 수 있다.

시조교육의 내용론적 측면에서는 염은열의 연구[28]가 하나의 사례를 보여주고 있다. 이 연구는 <고산구곡가(高山九曲歌)>를 예로 하여, 지식·수행·경험·태도를 중심으로 한 고전시가교육의 내용론[29]이 어떻게 구현될 수 있는지를 구체적으로 보여주고 있다. 이 논의는 '<고산구곡가>의 경관 읽고 쓰기'를 중심으로 교육내용을 설정할 수 있다고 본 점이 특징적이다. 작품의 내적 특질과 교육 내용적 지식·경험이 만날 수 있는 접점에 관한 사례를 보여 주고 있다는 점에서 가치 있는 논의이다.

교육 내용론적 맥락에서 '시조의 경험 교육'에 관해 논한 최홍원의 연구[30] 역시 주목할 만하다. 이 연구는 신흠의 시조를 예로 하여 시조의 경험 교육에 관해 논하고 있는데, 신흠의 시조가 수록된 가집의 편집 체제에 따라 동일한 시조를 다르게 해석할 수 있는 여지가 있으며, 이것이 교육적으로도 유의미한 자료가 됨을 논증하였다.

시조교육의 방법에 관한 논의로 흥미로운 것은 류수열의 연구[31]이

---

28) 염은열, 「고전시가교육의 내용 탐색 - <고산구곡가(高山九曲歌)> 읽기를 예로」, 『선청어문』 36, 서울대 국어교육과, 2008.

29) 국어교육의 내용론을 지식(knowledge)·수행(performance)·경험(experience)·태도(attitude)의 네 가지 측면에서 구안할 수 있다는 주장은 김대행에 의해 제기된 바 있다. 이론적·경험적 측면에서 이 개념들의 정당성이 검증될 필요는 있으나, 이는 국어교육의 내용 설계를 위한 연구 문제의 설정과 관련하여 진전된 관점을 보여준다.
김대행, 「내용론을 위하여」, 『국어교육연구』 10, 서울대 국어교육연구소, 2002.
김대행, 「수행적 이론의 연구를 위하여」, 『국어교육학연구』 22, 국어교육학회, 2005.

30) 최홍원, 「신흠의 시조와 경험 교육 연구」, 『문학교육학』 25, 한국문학교육학회, 2008.

31) 류수열, 「시조 스토리텔링의 교육적 가능성」, 『시조학논총』 28, 한국시조학회, 2008.

다. 이 연구는 '스토리텔링(storytelling)'이라는 일종의 서사 문맥을 가정해 그 안에 개별적 시조 작품을 배치함으로써 시조를 이해하도록 돕는 교수 · 학습의 방법을 제안하고 있다.

한편, 시조교육을 '정전 교육에 대한 반성'의 구도로 접근한 고정희의 연구[32]는 16세기의 도학적 시조가 19세기의 독자들에게 어떻게 수용되고 있는지를 가집을 통해 보여준 연구이다. 이 연구는 과거의 시조에 대한 독자의 이해가 독자들의 지평 위에서 한계와 가능성을 노정하고 있음을 보여주었다는 점에서 진전된 연구 성과를 보여 주고 있다.

이 외에도 시조의 창작이나 해석에 관한 연구물들이 있다. 관습성과 탈관습성을 기준으로 시조 창작 교육에 관해 논한 연구물[33]이나, <어부사시사>를 예로 하여 숙련된 독자와 미숙한 독자 사이의 해석을 비교한 연구물[34]이 그 예이다.

이와 같이 연구사를 일별해 보면, 지금까지 시조교육 연구의 경향은 크게 두 가지로 대별된다고 볼 수 있다. 그 하나는 시조교육의 목표, 내용, 방법, 위계화 등을 검토해 그 결과를 학교에서 실천적으로 적용하고자 하는 연구의 경향이고, 다른 하나는 '성찰적 사고'나 '태도'와 같은 교육적 경험을 위해 시조를 활용할 방안을 마련하는 연구의 경향이다.

이러한 논의 구도가 가지는 의의와 역할이 분명하지만, 시조의 장르성을 중심으로 교육론을 마련할 필요가 있다는 문제의식이 표면으

32) 고정희, 「<흥비부>를 통한 시조 정전 교육의 반성적 고찰」, 『국어교육연구』 24, 서울대 국어교육연구소, 2009.

33) 송지언, 「시조의 관습성과 탈관습성을 통한 고전문학교육의 구상」, 『고전문학과 교육』 9, 한국고전문학교육학회, 2005.

34) 졸고, 「<어부사시사>의 해석에 대한 교육적 접근」, 『고전문학과 교육』 20, 한국고전문학교육학회, 2010.

로 드러나고 있지는 않다. 또한, 시조를 접하는 학습자의 문학 활동, 즉 학습자의 시조 이해, 해석, 비평, 감상 등에 관한 이론적·실제적 검토가 절실하다. 이에 대한 검토가 부족한 채로 '목표-내용-방법-평가'의 커리큘럼을 구안하는 것으로는 고전시가 학습을 꺼리는 학습자들이 직면한 문제를 해결하는 데 한계가 있을 것이기 때문이다.

학습자들이 고전시가를 이해, 해석, 비평, 감상하는 숙련된 독자로 성장하도록 도우려면 고전시가교육연구는 '고전시가의 이해, 해석, 비평, 감상' 등의 활동 그 자체에 주목할 필요가 있다. 이들 고전시가 활동이 어떻게 이루어지는지, 이를 위해 학습자들에게 필요한 지식과 기능(技能), 전략, 필수적 체험은 무엇인지, 고전시가 활동을 구성하는 주요 변인인 고전시가의 작품의 특성은 학습자들에게 어떻게 받아들여지는지 등에 관한 교육적 고려가 필요하다.

한편, 본고에서 이해 범주로 가정한 '공간'이 최근 고전문학교육연구에서 주목의 대상이 되고 있어, 이를 검토할 필요가 있다. 최근 고전문학교육연구에서는 중세 여행 체험 교육에 관한 연구물들[35]을 비롯해 인문지리적 사고력 교육[36]이나 문화교육적 맥락의 공간 교육[37]

35) 김종철, 「중세 여행 체험과 문학교육의 시각」, 『고전문학과 교육』 13, 한국고전문학교육학회, 2007.
염은열, 「기행가사의 공간 체험이 지닌 교육적 의미」, 『고전문학과 교육』 12, 한국고전문학교육학회, 2006.
이승복, 「유배 체험의 형상화와 그 교육적 의의」, 『고전문학과 교육』 14, 한국고전문학교육학회, 2007.
정충권, 「<간양록>의 피로 체험 글쓰기와 그 문학교육적 의미」, 『고전문학과 교육』 17, 한국고전문학교육학회, 2009.
정한기, 「19세기 금강산 기행가사에 나타난 사경(寫景)의 문학교육적 의의」, 『고전문학과 교육』 14, 한국고전문학교육학회, 2007.
주재우, 「고전기행문학과 경험 교육」, 『고전문학과 교육』 15, 한국고전문학교육학회, 2008.

36) 황혜진, 「문학을 통한 인문 지리적 사고력 교육의 가능성 탐색」, 『고전문학과 교육』 13,

에 관한 연구물들이 제출되었다. 중세의 여행 체험이란 공간의 이동을 전제한 것이며, 인문지리적 사고력은 공간적 상상력의 하위 범주에 속하므로 이 논의들을 모두 중세 문학의 공간 체험, 공간 인식, 공간적 상상력 등에 관한 논의의 맥락에서 접근할 수 있다고 본다.

먼저, 김종철의 연구[38]는 중세 여행 체험의 성격과 고전문학교육적 가치를 밝힘으로써 이후의 여러 논의들을 견인하고 있는 중요한 연구이다. 이 연구에서는 중세의 '여행 체험'과 '표현', 그 표현의 '수용'과 '소통'이 중세인들의 삶을 지탱하는 중요한 문화였음을 보여주고 있다. 고전문학교육을 통해 현대의 학습자들이 이를 수용한다면, 중세의 여행 문학에 대한 이해에만 머무르지 않고 우리 시대의 기행 문학을 생산하는 문화적 주체로 성장할 수 있도록 돕는 고전문학교육의 구상이 가능하다고 보았다.

이 연구에서 밝히고 있는 바와 같이, 중세인들이 '여행'과 같은 특수한 방식의 공간 체험을 문학을 통해 표현할 수 있었던 것은 그들이 공간을 체험하고 인식하며 표현하는 방법을 문화적으로 개발하고 있었음을 뜻한다. 이러한 점이 다음의 언급[39]에 나타나 있다.

> 중세 기행문학의 학습을 통해 시·공간을 중층적으로 인식할 수 있는 능력을 길러야 하며 적절한 문학 양식을 선택하거나 복합하여 그 체험을 표현하는 능력을 길러야 한다. 문물(文物)을 이해

한국고전문학교육학회, 2007.

37) 박연호, 「원림 문학의 공간의 위상과 문화교육적 의미」, 『한국시가연구』 17, 한국시가학회, 2005.
박연호, 「문화 코드 읽기와 문학교육 - <면앙정가>와 <성산별곡>을 대상으로」, 『문학교육학』 22, 한국문학교육학회, 2007.

38) 김종철, 앞의 논문.

39) 김종철, 앞의 논문, 25면.

> 하고 경물(景物)에 감응할 줄 알아야 하며, 그 시·공간에 존재했거나 존재하고 있는 사상(事象)에 관해 관찰하고 논변할 수 있어야 한다. 중세의 기행 문학은 이러한 능력의 산물이었다.

강호시조는 '여행'과는 대비되는 '일상'의 공간 체험을 우리말 노래라는 형식에 담아 표현한 것으로서 중세 문학 문화의 거대한 지도 안에서 중요한 자리를 차지한다.

김종철의 연구에 뒤이어 제출된 여러 논의들은 이러한 맥락에서 가치로운 논의들이다. 조선 후기 국문 일기 자료를 검토해 유배 체험의 문학교육적·표현교육적 의의를 다룬 이승복의 연구[40]나, <간양록(看羊錄)>을 자료로 왜(倭)의 포로로 잡혀간 상황에서 '공간의 인식과 점유'가 '피로(被虜)'의 고난을 극복하고 새로운 자기를 발견하는 데 도움을 주었음에 주목하여 피로 체험 글쓰기의 문학교육적 의미를 밝힌 정충권의 연구,[41] 금강산 기행가사의 사경(寫景)이 지닌 문학교육적 의미를 밝힌 정한기의 연구,[42] <열하일기(熱河日記)>에 나타난 연암의 여행 체험이 독자의 감상 경험으로 어떻게 이어질 수 있는지를 보여 준 주재우[43]의 연구 등이 그 예이다. 이 연구들은 공간의 이동인 여행 체험이 인간이 처한 삶과 죽음의 문제와 관련되어 있으며, 중세인들이 이를 문학으로 표현하는 방법을 양식화하고 있다는 점에서 고전문학교육적 가치를 지니고 있다고 보았다.

이 외에도 기행가사의 '공간 인식과 표현'의 문화가 지닌 교육적 의미를 밝힌 염은열의 연구[44]나, 지역성에 기반한 인문지리적 사고력이

40) 이승복, 앞의 논문.
41) 정충권, 앞의 논문.
42) 정한기, 앞의 논문.
43) 주재우, 앞의 논문.
44) 염은열, 앞의 논문.

고전문학교육을 통해 학습자가 획득해야 할 핵심적인 능력 중의 하나임을 논한 황혜진의 연구,[45] 중세의 사대부들이 조성한 원림(園林) 공간을 구성하고 있는 문화적 약호(略號)를 현대의 독자들이 체험해 이를 중세 문학에 대한 이해로 확장하는 문학교육적 가능성에 관해 논한 박연호의 연구[46] 등이 모두 '공간'이 고전문학을 이해하는 데 중요한 이해의 대상이자 도구가 됨을 논하고 있다는 면에서 본고의 문제의식과 궤를 같이 하고 있다.

고전문학교육연구의 공간에 대한 관심과 연구의 결과로 보건대, 고전 문학의 여러 장르에 걸쳐 공간은 중세 문학의 특수성과 가치를 알게 하는 흥미로운 이해 범주임을 알 수 있다. 이로부터 학습자가 공간을 축으로 하여 중세의 여러 문학 장르에 관한 나름의 지도를 구성할 수 있으리라는 기대를 가질 수 있다.

한편, '공간'은 국문학 연구인 강호시조 연구에서도 중요한 위치를 차지하고 있으므로 이에 대해서도 검토할 필요가 있을 것이다.[47] 여기에서는 비교적 최근의 논의 중에서 강호시조의 공간에 관한 연구물[48]들을 중심으로 연구사를 검토해 본 연구의 기반으로 삼되, 고전

---

45) 황혜진, 앞의 논문.

46) 박연호, 앞의 논문, 2005.
박연호, 앞의 논문, 2007.

47) 강호시조에 대한 그간의 연구사는 권정은의 연구나 신영명의 「강호시조 연구사의 행방」에 정리되어 있으므로 이를 참조할 수 있다.
권정은, 「자연시조의 구성 공간과 지향 의식」, 서울대 박사논문, 2004, 4-10면.
신영명, 「강호시조 연구사의 행방」, 신영명 · 우응순 외, 『조선 중기 시가와 자연』, 태학사, 2002, 397-415면.

48) 누정 문학 관련 논의들도 중요한 참조점이 된다.(김은미, 「조선초기 누정기의 연구」, 이화여대 박사논문, 1991.; 김성룡, 「고려 중기 누정문학의 형성과 산수미 발견에 대한 연구」, 『국어교육』 107, 한국어교육학회, 2002). 또한 '생활 공간'을 대상으로 한 기문(記文) 쓰기가 사대부들의 정체성 확인과 소통적 의미를 갖고 있음을 논한 최기숙의 연구 역시 참조할 만하다.(최기숙, 「조선후기 사대부의 생활 공간과 글쓰기 문화 - 이계(耳溪) 홍양호의 기(記)를 중심으로」, 『고전문학연구』 33,

시가연구와 고전시가교육연구의 차이로 인해 논의의 방법과 방향이 달라지는 지점에 관해 언급할 필요가 있겠다.

강호시조 연구사에서 공간에 관한 논의로는 최재남의 연구[49], 김창원의 연구[50], 권정은의 연구[51]가 대표적이다.

먼저, 최재남의 연구는 향촌(鄕村)에서의 중세 사대부들의 생활과 문화가 시조의 창작과 향유, 전승에 중핵적인 영향을 끼치고 있음을 밝히고 있어 주목할 만하다. 그의 연구에서는 강호시조를 특정한 공간에서 향유하는 것이 사대부들의 문화였으며, 그 과정에서 공간의 의미가 새롭게 창출되고 있음을 밝히고 있다. 이에 따라 강호시조의 창작과 향유, 전승이 사대부들의 도학적 이념 지향에만 머무르는 것이 아니라 사대부들의 다양한 체험적 현실과의 관련성 속에서 문화적 현상으로 존재하고 변화·확장하고 있었음을 확인할 수 있다. 이런 점에서 이 연구는 고전시가 연구사에서 강호시조의 공간을 이해하는 시각을 확장한 연구로서 가치가 있다.

다음으로, 김창원은 16세기 강호시조의 공간적 특징에서 '호중천지(壺中天地)의 원림 미학'[52]을 읽어 냈다. 권정은은 강호시조의 유형을

한국고전문학회, 2008). 금강산 가사의 지리적 상상력에 관해 논한 염은열의 연구 역시 여러 가지 면에서 시사점을 준다.(염은열, 「금강산 가사의 지리적 상상력과 장소 표현이 지닌 의미」, 『고전문학연구』 38, 한국고전문학회, 2010.)

49) 최재남, 앞의 책, 1997.
최재남, 앞의 책, 2003.
최재남, 「어부 지향 공간으로서 여강(驪江)의 인식」, 『한국문학논총』 44, 한국문학회, 2006 등 참조.

50) 김창원, 『강호시가의 미학적 탐구』, 보고사, 2004.

51) 권정은, 앞의 논문.

52) 이외에도 다음과 같은 연구를 참조할 수 있다. 중세 문학과 원림의 관계에 관해서는 최근 박연호의 연구가 주목할 만하다. 또한 문경 지방의 구곡원림과 구곡시가의 현황을 조사해 구곡문화의 실상을 보고자 한 김문기의 연구가 있다.
김문기, 『문경의 구곡 원림과 구곡시가』, 한국학술정보, 2005.
박연호, 「16세기 이전 민간 원림문학의 공간 특성 연구」, 『개신어문연구』 21, 개신

육가(六歌), 구곡가(九曲歌), 어부가(漁父歌), 전원시조(田園時調)로 구분하고 각 유형의 공간 구성 방식을 언어 조직, 심상 구성, 지향 의식 차원에서 고찰하였다. 김창원의 연구는 공간적 특징으로부터 미적 특징을 추출하고 이를 역사적 철학적 상황 속에서 조명하는 논의의 구도를 갖고 있다. 공간을 중심으로 강호시조를 검토하면, 강호시조를 미학적으로도 읽고 역사적으로도 읽을 수 있음을 보여 준 사례이다. 권정은의 연구는 강호시조의 유형별로 구성 공간적 특징을 다르게 볼 수 있으며, 이것이 언어, 심상 등과 같은 여러 층위에서 복합적으로 구현되는 것임을 보여주고 있어 논의의 구도 면에서 시사점을 준다.

한편, 최근 고전문학연구에서는 지역성에 관한 관심이 증대되었는데, 강호시조 연구에서도 이러한 흐름을 찾을 수 있다. 지역성에 관한 관심은 '공간'이 작품 내적 배경에 그치는 것이 아니라는 점을 보여준다. 특히 강호시조에서는 지역성이 시적 주체의 의식적 위치 설정과 밀접한 관련이 있어 작품의 의미와 특징을 규명하는 중요한 요소라는 점을 알 수 있다. 김창원[53]과 신영명[54]의 연구가 그 사례인데, 근기

어문학회, 2004.
박연호, 「식영정 원림의 공간 특성과 <성산별곡>」, 『한국문학논총』 40, 한국문학회, 2005.
박연호, 「광주 풍영정 원림의 공간 특성과 그 의미」, 『인문학연구』 36, 조선대 인문학연구소, 2008.

53) 특히, 김창원은 지역성을 구도로 한 연구 결과물을 다수 제출하고 있다. 지역성에 기반한 고전시가 연구의 방법과 방향에 관한 그의 논의(김창원, 「지역 문학 연구의 방법과 방향-조선후기 근기 국문시가를 예로 하여」, 『우리어문연구』 29, 어리어문학회, 2007a.)를 참조하여 지역성 논의의 구도, 역할, 의의 등을 검토할 수 있다.
김창원, 「17~8세기 서울 및 근기(近畿) 일대 전가시조(田家時調) 형성의 사회사」, 『고시가연구』 17, 한국고시가문학회, 2006.
김창원, 「중앙-지방의 권력과 17세기 어부가의 갈등 구도」, 『국제어문』 40, 국제어문학회, 2007.
김창원, 「조선시대 서울인의 심상지도와 연군 시가의 지역성」, 『서울학연구』 31, 서울시립대 서울학연구소, 2008.

(近畿) 지역에서 창작된 작품군이 보이는 특수성을 밝히고 있는 논의들이다.

사례를 들지 않더라도 강호시조에 나타난 자연 인식과 자연 체험의 특수성에 관해 논한 다수의 논의들도 '공간'의 맥락에서 재배치될 수 있는 논의들이다. 자연은 공간과 동격의 범주가 아니지만 강호시조의 공간을 구성하는 중요한 요소이기 때문이다. 이상과 같은 점들로 볼 때, 강호시조 연구사에서 공간은 창작의 상황, 자연 인식과 체험, 시적 주체의 위치 설정, 작품의 미적 특질 등과 관련해 중요한 연구 대상의 역할을 하고 있다.

검토한 바와 같은 강호시조의 연구사는 특정한 독자 집단의 강호시조 이해, 해석, 감상, 비평의 사례를 보여준다는 점에서 강호시조교육연구에 시사점을 준다. 고전시가의 가치를 탐색해 온 전문가 집단의 관점과 방법, 지향, 연구의 결과 등이 구체적인 사례이자 흥미로운 배울 거리로 여겨질 수 있는 것이다. 그런 점에서 지금까지 강호시조 공간에 관한 연구사에서 밝혀진 내용과 방법 등은 중요한 참조점이 된다.

그러나 고전시가 연구자들이 지금까지 수십년 동안 쌓여 온 연구사적 기반 위에서 관점과 방법을 발전시킴에 반해, 학교에서 고전시가를 접하는 학생들은 고전시가 연구사는 물론 고전시가 작품을 접한 경험이 별로 없다는 점이 반드시 고려되어야 한다. 학적(學的) 연구로서의 고전시가 연구는 '연구사적 기반' 위에서 매우 구체적인 논의의 맥락을 갖기 마련이다. 그 구체적인 논의의 맥락은 연구자들에게 매우 흥미로운 연구 질문을 던져 주며 그 결과의 타당성에 관해 고민할

김창원, 「조선후기 근기(近畿) 지역 강호시가의 지역성」, 『시조학논총』 28, 한국시조학회, 2008.

54) 신영명, 「시골로 내려온 서울, 서울로 오르지 못한 시골」, 『시조학논총』 26, 한국시조학회, 2007.

수 있는 장이 된다.

하지만 대다수의 학습자들은 그 구체적인 논의의 맥락을 인지하기조차 어려우며, 그렇기 때문에 기대와 달리 그것이 학습자들에게 '지식'이나 '유의미한 경험'으로 전달되기는 어렵다. 고전시가 연구자들과 중등학교의 학습자들은 다른 성격을 지닌 독자 집단이라는 점을 고려한다면, 강호시조 연구의 방법이나 결과가 그대로 중등학교에서 수용되기는 어렵다는 점을 확인할 수 있다.

고전시가교육연구에서 '인식론적 접근'이 중요한 이유가 여기에 있다. 인접 학문 분야인 교육학 연구에서 '교육 인식론' 혹은 '교육적 인식론'에 관한 풍성한 연구 결과를 갖고 있는 것은 교육 주체인 학습자의 '외부'에 존재하는 '지식'이나 '경험'이 있는 그대로 학습자들에게 전달될 수 없다는 점이 늘 문제가 되기 때문이다. 기실 고전문학연구와 고전문학교육 연구가 달라지는 지점이 여기에 있다.

그렇기에 고전시가교육연구에서는 고전시가연구의 성과를 수용하되, '중등학교 학습자들의 이해, 해석, 감상, 비평' 등을 분석의 주된 맥락으로 삼을 필요가 있다. 본고에서는 이들 중에서 '이해'에 주목하였으며, '공간'을 '이해의 범주'로 보고 접근한다는 면에서 강호시조 연구와 차이가 있다.

3. 연구 대상 및 연구 방법

지금까지 논한 바, 본 연구의 논의 구도를 다음과 같이 정리할 수 있다. 본고에서는 고전시가에 대한 장르적 접근의 필요성에 의해 시조에 주목하였으며, 그 하위 유형인 '강호시조'에 연구의 범위를 한정하였다. 또한, 이를 학습자의 '이해'의 맥락에서 조명한다. 또한 강호시조 작품의 특성과 가치의 면에서나 학습자의 이해의 면에서나 '공간'이 유용한 이해의 범주라고 보았다. 본고에서의 가정에 따르면, 학습자는 강호시조 공간에 대한 이해 능력을 향상시켜 이를 '우리말 노래인 시조의 하위 유형으로서 강호시조의 서정시적 세계에 대한 이해'로 확장할 수 있다.

이러한 논의의 구도 안에서 중요한 것은 '학습자의 공간 이해 능력의 향상'이며, 그렇기에 본고의 연구 대상은 '학습자의 공간 이해'라 할 수 있다. '학습자의 공간 이해'를 연구의 대상으로 삼는다면, 우리가 고려해야 하는 주요 변인은 두 가지이다. 학습자의 공간 이해란 이해의 대상으로서 강호시조 작품과 학습자의 상호작용 속에서 이루어지는 것이기 때문에 '작품'과 '학습자'가 이해에서 고려되어야 하는 중요한 내재 변인이다. 한 편의 논문에서 이 두 가지를 모두 다루기 어렵다는 점을 고려해, 본고에서는 작품 변인에 주목하고자 한다.[55)]

정리하자면, '학습자의 강호시조 공간 이해'의 내재 변인으로서 '작품'을 자료로 삼는다는 것이다. 그렇기 때문에 본고에서 강호시조 작품 분석은 '학습자의 강호시조 공간 이해'의 구도와 맥락 안에서 이루어진다는 점이 전제가 되어야 한다. 이해의 문제를 이해의 대상을 중심으로 논한다면, 다음과 같은 사항이 고려의 대상이 되어야 할 것이다. 이해의 주체가 대상을 보는 목적과 관점, 활용할 수 있는 이해 기준과 방법, 이해의 적용과 확장 등이다. 즉, 본고에서는 '학습자의 강호시조 공간 이해'와 이를 기반으로 한 '강호시조 이해'의 맥락에서 강호시조 작품을 분석해, '강호시조 이해의 성격'을 어떻게 볼 수 있

55) 이해, 해석, 감상 등에서 학습자 변인에 주목한 사례는 현대시교육 연구에서 찾을 수 있다. 학습자의 이해, 해석, 감상 사례를 연구 대상으로 삼아 그 양상을 분석하는 것이 대표적인 연구의 방법이다. 학습자의 강호시조 공간 이해 양상에 대한 연구는 이후의 연구를 기약하기로 한다.

을 것인지를 보이고자 한다. 이러한 분석의 결과에 따라 공간 중심의 강호시조 이해 교육을 설계할 것이다.

이와 같은 논의를 위해 본고에서 자료로 선정한 강호시조 작품은 총 45편의 연시조이다. 목록을 정리하면 다음과 같다.

no	작가	작품명
1	이현보(李賢輔, 1467-1555)	〈어부단가(漁父短歌)〉
2	이황(李滉, 1501-1570)	〈도산십이곡(陶山十二曲)〉
3	강익(姜翼, 1523-1567)	〈단가삼결(短歌三関)〉
4	김우굉(金宇宏, 1524-1590)	〈개암십이곡(開巖十二曲)〉
5	이정(李淨, ?-?)	〈풍계육가(楓溪六歌)〉
6	권호문(權好文, 1533-1587)	〈한거십팔곡(閑居十八曲)〉
7	이이(李珥, 1536-1584)	〈고산구곡가(高山九曲歌)〉
8	장경세(張經世, 1547-1615)	〈강호연군가(江湖戀君歌)〉
9	곽기수(郭期壽, 1549-1616)	〈만흥삼결(漫興三関)〉
10	조존성(趙存性, 1553-1627)	〈호아곡(呼兒曲)〉
11	김득연(金得研, 1555-1637)	〈산중잡곡(山中雜曲)〉
12		〈회작국주가(會酌菊酒歌)〉
13		〈계우제회가(契友齊會歌)〉
14		〈산정독영곡(山亭獨咏曲)〉
15		〈영회잡곡(咏懷雜曲)〉
16		〈희영적벽가(戲咏赤壁歌)〉
17	신계영(辛啓榮, 1557-1669)	〈전원사시가(田園四時歌)〉
18	박인로(朴仁老, 1561-1642)	〈입암(立巖)〉
19	강복중(姜復中, 1563-1639)	〈수월정청흥가(水月亭淸興歌)〉
20	정훈(鄭勳, 1563-1640)	〈월곡답가(月谷答歌)〉
21	김광욱(金光煜, 1580-1656)	〈율리유곡(栗里遺曲)〉
22	나위소(羅緯素, 1582-1666)	〈강호구가(江湖九歌)〉
23	윤선도(尹善道, 1587-1671)	〈어부사시사(漁父四時詞)〉
24		〈산중신곡(山中新曲)〉
25		〈산중속신곡(山中續新曲)〉
26		〈몽천요(夢天謠)〉
27		〈견회요(遣懷謠)〉

28	이홍유(李弘有, 1588-1671)	〈산민육가(山民六歌)〉
29	이중경(李重慶, 1599-1678)	〈오대어부가(梧臺漁父歌)〉
30		〈어부사(漁父詞)〉
31		〈어부별곡(漁父別曲)〉
32	장복겸(張復謙, 1617-1703)	〈고산별곡(孤山別曲)〉
33	이휘일(李徽逸, 1619-1672)	〈저곡전가팔곡(楮谷田家八曲)〉
34	김기홍(金起泓, 1635-1701)	〈관곡팔경(寬谷八景)〉
35	신교(申灚, 1641-1703)	〈귀산음(歸山吟)〉
36		〈동유음(東遊吟)〉
37		〈귀임경음(歸臨鏡吟)〉
38	안서우(安瑞羽, 1664-1735)	〈유원십이곡(楡院十二曲)〉
39	권섭(權攝, 1671-1759)	〈황강구곡가(黃江九曲歌)〉
40	권구(權榘, 1672-1749)	〈병산육곡(屛山六曲)〉
41	신지(申墀, 1706-1780)	〈영언십이곡(永言十二曲)〉
42	채헌(蔡瀗, 1715-1795)	〈석문가(石門歌)〉
43	위백규(魏伯珪, 1727-1798)	〈농가(農歌)〉
44	유박(柳璞, 1730-1787)	〈화암구곡(花庵九曲)〉
45	남극엽(南極曄, 1736-1804)	〈애경당십이월가(愛景堂十二月歌)〉

[표 1-1 강호시조 작품 목록]

본고에서는 16세기에서 19세기에 이르기까지 창작된 강호시조 중 연시조 작품을 연구의 자료로 삼았다. 강호시조 중 단시조(單時調)가 아닌 연시조(連時調)에 주목한 것은 강호시조의 미적 성취가 연시조에 잘 나타나 있다고 보았기 때문이다. 또한, 단시조의 공간이 주로 관습적 상징을 수용하는 맥락에서 형상화됨에 반해, 연시조의 공간은 연의 반복적 배열이라는 형식적 특징 안에서 보편적 심상과 상징을 수용하고 변형하기도 하면서 다른 장르와 구분되는 강호시조의 미적 특질을 구현하는 데 기여하고 있다고 판단했기 때문이다.[56] 중세 사

56) 강호시조 공간의 이해를 위해서는 단시조 역시 학습자들이 이해해야 할 중요한 대상이다. 본고에서는 연구의 범위를 연시조에 한정하되, 필요에 따라 단시조 작

대부들은 육가(六歌)나 구곡가(九曲歌), 어부가(漁父歌)와 같은 연시조의 하위 장르 전통을 수용해 중세 문화적 자장 속에서 공간을 형상화하였다. 연시조의 특수성과 창작 주체의 상황 등이 복합적으로 영향을 끼쳐 미적 특수성을 지니는 강호시조의 작품 공간이 탄생했다고 볼 수 있으므로, 이에 주목해 보고자 한다.

목록에서 확인할 수 있는 바와 같이, 강호시조 중 대다수의 작품들이 16세기에서 18세기에 이르는 동안에 창작되었다. 위 목록에서 19세기에 창작된 작품으로는 남극엽의 <애경당십이월가>가 있다.[57] 시조 연구에서는 18세기에서 19세기에 창작된 작품들이나 17세기에 창작된 작품들 중 일부를 전원(田園) 시조나 전가(田家) 시조라고 칭해 16세기에서 17세기에 집중적으로 창작된 사림(士林)들의 시조와 구분하기도 하지만, 본고에서는 이를 모두 강호시조로 통칭해 다루고자 한다. 그 이유는 다음과 같다.

먼저, 이 작품들은 창작 주체가 향촌(鄕村)이라는 특수한 공간에 처해 있을 때 창작한 작품이라는 공통된 공간적 배경을 갖고 있기 때문이다. 앞서 언급한 바와 같이, 대부분의 강호시조 작품에서[58] 시적 주체는 자신의 주거지와 그 주변의 자연을 작품을 통해 미화하고 있다.

품을 수용하는 방식으로 논의를 진행하고자 한다.

57) 이상보에 의하면, 이 작품은 창작과 개작을 거쳐 전해진 작품이다. 이 작품은 남극엽의 말년인 1796년 경에 창작되었으나 1803년에 종장 부분을 완전히 바꾸면서 개작되어 전해진다. 이런 점들로 미루어 작품의 창작 연대를 19세기 초엽으로 볼 수 있다.
이상보, 「애경 남극엽의 시가 연구」, 『어문학논총』 7, 국민대 어문학연구소, 1988, 14-15면.

58) 박인로의 <입암>은 장현광(張顯光)의 입암 28경을 배경으로 하고 있으며, 권섭의 <황강구곡가>는 권섭의 백부(伯父) 권상하(權尙夏)의 한수재(寒水齋)를 배경으로 하고 있다. 또한 신교의 <동유음>은 이황의 도산과 이현보의 애일당(愛日堂)을 배경으로 하고 있다. 이 세 작품들에는 다른 작품들과 달리 자신의 주거지가 아닌 곳을 배경으로 삼고 있다는 특징이 있다.

이는 소상팔경(瀟湘八景)과 같이 평생 가볼 기회를 잡기 어려운 중국의 명승지를 그림과 시로 상상 속에서 그려내거나, 금강산과 같은 우리나라의 명승지를 유람한 체험을 바탕으로 경관을 묘사하는 것과는 다른 방식의 공간 체험과 공간 형상화이다.

강호시조는 그 이전에는 주목받지 못했던 자신의 주거지와 그 주변의 자연을 서정시의 공간으로 전환한 일종의 전원문학으로서 공통점을 갖고 있다. 수세기에 걸쳐 자신의 주거지와 그 주변의 자연을 시조를 통해 미화하는 과정에서 창작 주체들은 작품 공간을 통해 유가(儒家)적 이념 지향과 유자적 생활 문화를 표출하고 있으며, 이는 시조라는 특정 장르 고유의 미학을 창출하는 미적 성취로 이어지고 있다.

16세기에서 19세기에 이르기까지 오랜 시간에 걸쳐 창작된 다수의 강호시조를 공통된 특성을 가진 작품군으로 묶어 논의를 전개하는 것은 학생들의 강호시조 이해의 면에서 몇 가지 장점을 가진다. 이는 '교육 자료의 다양화'와 '중세의 강호시조 공간에 대한 포괄적 이해'의 면에서 갖는 장점이다. 학생들에게는 몇 편의 핵심 작품들을 중심으로 강호시조를 이해하는 것도 중요하지만, 다수의 작품을 접해 그것을 하나의 유형으로 인식하는 오랜 시간에 걸친 이해 과정도 중요하기 때문이다. 이러한 과정에서 학습자들은 이를 시조 장르의 이해로 확장할 수 있으리라 본다. 교과서에 수록된 몇몇 작품에만 국한하여 강호시조 공간 이해를 지향하는 기존의 고전시가교육 방법은, 다양한 작품을 읽고 그 안에서 강호시조 공간이 갖는 공통적 특징을 탐구하는 방법에 의해 보완될 필요가 있다.[59)]

59) 물론 중등학교 상황의 한정된 수업 시수를 고려한다면 효율성이나 실제성의 면에서 중요한 작품과 그렇지 못한 작품 사이의 차이를 인지해야 한다. 그러나 학생들에게는 학교 수업에서뿐만 아니라 일상에서도 고전시가 작품을 읽는 지속적인 체험이 필요하다. 또한, 고전시가교육이 일회적인 수업으로 끝나는 것이 아니라는 점 역시 고려할 필요가 있다. 학생들에게는 오랜 시간에 걸쳐 다양한 작품을 읽으

또한, 중등학교 상황의 학습자들은 대부분 문학사적인 구도[60] 내에서 시조를 하나의 장르로 인식하는 것, 그 하위 유형인 강호시조를 유사한 작품군으로 인식하는 것에 어려움을 느낀다.[61] 그들에게는 문학사 전체를 통괄하는 체계가 성립되어 있지 않기 때문이다. 학습자들에게는 다양한 시조 작품을 접해 그 특징을 종합적으로 분별해 내는 오랜 시간에 걸친 교수·학습 과정이 필요하다. 이런 가운데 시조를 다른 장르들과 구분하게 되면, 문학사적인 구도 내에서 시조와 다른 장르들의 관계를 고려하게 되리라 본다. 이런 과정을 거치고 나서, 학습자들은 각각의 개별적 시조들이 시대별로, 작가별로, 혹은 지역별로 가지는 특징들을 스스로가 가진 문학사적 지도 안에서 정리할 수 있을 것이다.

문학 작품으로서 강호시조를 이해하는 것은 강호시조 공간의 특징이 무엇인지 그 실체를 확인하고 그 기저에 깔린 세계관과 문화의 의미를 탐구해 가는 과정에서 완성될 수 있다고 본다. 이런 점에서 본고에서는 연구의 범위를 수세기에 걸쳐 창작된 강호시조의 공간적 특징 가운데 공통적인 특징을 시조의 하위 유형으로서 강호시조의 성격으로 분별해 내어, 이를 강호시조의 작품 세계에 대한 포괄적인 이해로 확장하는 것에 한정한다.[62] 이는 강호시조 작품 공간의 특징을 중심

면서 강호시조의 세계를 체험하는 것이 중요하다.

60) 물론, 시조가 과거의 문학이라는 점을 부인할 수는 없으므로, 시조를 보는 현대 독자의 관점에는 반드시 현대와 중세 사이의 거리를 고려하는 역사적 관점이 개입하게 마련이다. 그러나 여기에서 언급한 '문학사적 구도'란 역사적 추이(推移)를 중심으로 하여 세기와 세기 간의 차이와 그 차이를 초래한 세계관, 인식론적 기반 등에 관해 고찰하는 방식을 의미한다.

61) 구체적인 자료를 통해 입증해야 할 바이지만, 대학에 입학해 '국문학사' 강좌를 수강하기 이전의 1~2학년 학생들을 통해 경험적으로 이를 확인한 바 있다.

62) 강호시조 공간의 역사적 추이(推移), 작품의 개별적 특징 등도 교육적인 고려가 필요한 중요한 연구 주제이지만 이는 개별적 논문을 통해 상세히 논할 필요가 있을 것으로 보인다. 후속 논의를 기약한다.

에 두고 강호시조를 이해하는 구도이다. 즉, 본고에서는 작품 공간의 특징을 중심으로 이해에 관해 논하되, 그 이해의 범위를 확장할 가능성에 관해서 역시 몇 가지 차원에서 고려하고자 한다.

연구 자료와 연구의 범위를 이렇게 한정하여 다음과 같은 방법과 절차로 논의를 진행하고자 한다. 먼저, 공간에 관한 몇몇 이론들로부터 강호시조의 공간 이해에 유용한 공간 분석의 기준을 도출한다. 공간 분석의 기준 선정에서 고려하는 주요 변인은 학습자의 이해 변인이다. 학습자가 강호시조 작품을 접해 강호시조 공간의 실체가 무엇인지를 여실히 파악할 줄 알게 되는 '공간 이해 능력의 향상'을 목표로 해 강호시조 공간 이해의 기준을 도출하고, 이에 따라 강호시조 공간의 특징을 강호시조를 자료로 분석한다.

이어서, 그러한 특징을 가지는 공간이 강호시조의 작품 세계에서 어떤 역할을 하는지를 검토함으로써 '강호시조의 공간 이해 능력'을 '강호시조의 이해 능력'으로 확산할 수 있는 가능성에 관해 생각해 보고자 한다. 강호시조 작품을 해석함으로써 강호시조의 유형적 특성과 강호시조 공간 사이의 관계에 대해 검토하는 방법을 통해 이에 대해 논할 수 있다. 이렇게 분석한 자료를 바탕으로 하여 학습자의 공간 이해 능력을 향상시킬 수 있는 교수·학습 활동을 구안할 것이다.

공간에 관한 이론들을 검토해 보면, 각 이론에서 공간의 분석에 활용하는 세부적인 기준들 사이에는 일정한 공통점이 있다. 흔히 발견되는 공간 분석의 기준들은 위치, 거리, 개폐(開閉), 분포, 배치, 이동, 공간의 체험과 공간 재현 등이 있다. 여러 이론들에서는 이러한 기준들에 따라 공간의 특징을 분석한 뒤에 그것을 각각의 이론적 맥락에서 해석하는 방식을 취한다. 강호시조의 공간을 분석할 때 역시 이러한 분석 기준들이 적용될 수 있는데, 분석의 1차적 결과들은 강호시조의 창작과 향유, 장르적 특성, 중세의 예술 문화, 강호시조 창작층의 세계관 등의 맥락에 따라 해석될 수 있다. 즉, 강호시조의 공간을 분석할 때는 여러 공간 이론에서 차용한 세부적 기준들을 활용하되, 그것을 시조의 창작과 향유, 문화 등의 맥락에서 재배치할 수 있다고 본다.

본고에서 강호시조 공간의 분석을 위해 활용한 기준들은 학습자들이 활용할 수 있는 분석의 기준이 될 수 있다. 학습자들은 고전시가 수업에서 강호시조를 거듭 읽으면서 강호시조의 공간에 어떤 특징이 있는지 그 실체를 하나씩 확인할 수 있어야 한다. 이 실체들은 시조의 창작과 향유, 문화적·세계관적 기반 속에서 해석됨으로써 강호시조에 대한 종합적인 이해로 상승·확장될 수 있다.

이상에서 논한 바와 같은 연구 방법에 따라 본 연구는 다음과 같이 전개된다.

먼저 Ⅱ장에서는 현상학과 사회학에서 참조할 수 있는 공간 이해의 방법과, 문학 이론에서 참조할 수 있는 공간 이해의 방법에 관해 논한다. 이로부터 적절한 기준을 도출하는데, 그 지향점으로서 '공간 이해 능력'이 무엇이며, 이것이 시교육적 의미로 확산될 수 있는 가능성이 어디에 있는지에 관해 논할 것이다.

Ⅲ장에서는 도출된 분석의 기준과 방법에 따라 강호시조 공간의 특징을 분석하고, 이것이 우리말 노래인 시조 장르의 하위 유형으로서 강호시조가 갖는 서정시적 세계에 대한 이해로 확산될 가능성에 관해 논한다. 강호시조 공간의 특징을 공통점을 중심으로 파악해 그것을 강호시조의 성격으로 보는 관점이 전제되어 있으므로, 당대의 강호시조 창작 주체들이 소유했던 공간 이해 능력이 강호시조라는 특정 장르에 의해 표현될 수 있었던 문화적 의미에 관해서도 논할 수 있다.

Ⅳ장에서는 Ⅲ장에서 논한 강호시조 이해의 성격에 따라, 학습자의 공간 이해 능력을 향상시킬 수 있으며, 이를 '시적 이해 능력'으로 끌어올릴 수 있는 교수·학습의 실제를 구안할 것이다. 공간을 중심으

로 한 강호시조의 이해는 작품 분석과 감상, 문화 분석을 수행하는 과정에서 성취될 수 있는 것으로서, 학습자의 활동을 중심으로 교육의 실제를 구안할 필요가 있다.

II. 공간 이해 능력의 개념과 교육적 의의

"공간을 이해의 범주로 삼아 강호시조의 서정시적 세계에 대한 이해로 나아가는 공간 중심의 강호시조 이해 교육"을 구안한다면, 이때 중요한 것은 학습자가 획득하리라고 가정되는 '공간 이해 능력'의 실체가 무엇인가 하는 점일 것이다. 이 장에서는 이에 관해 논함으로써 공간이라는 이해의 범주가 강호시조 이해 교육에서 중요한 역할을 할 수 있음을 보이고자 한다.

이를 위해서는 본고에서 말하는 '공간 이해'란 무엇인지를 논할 필요가 있다. 공간의 개념과 이해의 방법을 중심으로 몇몇 분과 학문의 이론을 검토해 강호시조의 공간 이해를 위한 시사점을 찾고자 한다. 이와 같은 과정을 거쳐 유의미한 관점이나 참고할 만한 분석 기준과 방법을 수용하고자 한다. 또한 공간에 관한 문학 이론을 검토해 문학 이해에서 공간 이해가 어떤 역할을 할 수 있는지를 검토해 보고자 한다. 여기에서도 공간 이해에 유의미한 관점, 기준, 방법을 도출할 수 있을 것이다.

다음으로는 '강호시조의 이해'에서 '공간 이해'가 갖는 위상을 몇 가지 층위에서 점검해 보고자 한다. 이 가운데 본고에서 말하는 '공간 이해 능력'이 강호시조의 이해에 어떤 역할을 할 수 있을지가 드러날 것이다. 또한, '공간 이해 능력'이 시교육에서 어떤 의의를 가질 수 있는지 점검해 보고자 한다. 학습자들이 강호시조 공간에 대해 이해하게 되면, 중세적 공간에 대한 이해에 기반하여 현대시에 나타난 근대적 공간과의 대비 속에서 시적 공간에 대한 이해를 확장할 수 있으리라 본다.

1. 공간 이해의 의미

(1) 공간 이해의 개념과 방법

각종 분과 학문에서 '공간'은 연구의 대상으로서 중요한 자리를 차지해 왔다. 수학이나 물리학은 물론이고 철학, 지리학, 사회학, 문학, 심리학, 각종 예술론 등 인간에 관해 논하는 자리라면 '공간'에 관한 논의를 하지 않는 경우가 없다고 말해도 과언이 아닐 정도이다. 이들 분과 학문의 연구 대상이 되는 공간의 개념과 범위, 형태 또한 다양하며 분석의 방법도 여러 가지이다. 이는 "공간은 본질적으로 다층적"[63] 이라는 점을 말해 준다. 공간이 다층적인 만큼, 그에 대한 이해 역시 다양한 층위에서 이루어진다. 이는 또 한편으로, '공간'이 인간의 경험적·상상적 산물에 대해 다면적으로 이해하도록 돕는 개념 틀이라는 점을 짐작하게 한다.

이 여러 논의들 중에, 본고에서는 현상학과 사회학의 공간 개념을 검토해 이 분야들에서는 공간을 어떻게 이해하고 있는지에 관해 살펴

63) 여기에서 공간이 다층적이라는 것은, 같은 공간에 대해서도 수학적 공간, 물리적 공간, 사회적 공간, 미적 공간 등과 같이 다층위에서의 개념화가 가능하다는 의미이다.
장상호, 『학문과 교육』 중3, 서울대학교출판부, 2009, 413면.

보고자 한다. 이에 대해서는 주목할 만하다고 판단되는 몇몇 논자들의 견해를 중심으로 검토하고자 한다.

먼저, 현상학적 공간 개념과 공간 이해 방법은 다음과 같은 논자들의 논의를 검토하여 그 일면을 짐작해 보고자 한다. 하이데거(Heidegger)와 메를로 퐁티(Merleau-Ponty)의 현상학이 그것이다.

철학 연구에서 공간에 대한 관심은 칸트(Kant)가 공간을 "감각 현상들을 정리하는 하나의 선험적 범주"[64]라고 말한 이래로 주목의 대상이 되어 왔는데, 그 중에서 현상학이 공간에 가장 관심을 가졌던 분야라고 여겨진다. 현상학의 공간 개념이나 공간 이해 방식은 문학 이해의 측면에서도 주목할 필요가 있다. 현상학에서는 공간을 '체험 공간'으로 보기 때문이다.

먼저, 하이데거의 현상학[65]을 보자. 그에 따르면 사물[66]은 '자리(Platz)'[67]에 있다는 점에서 공간성(Räumlichkiet)을 가진다. 여기서의 '자리'란 과학적 순수 공간이 아니라 방향과 적소성(適所性)과 관련되는 방역(方域, Gegend)을 뜻한다. 방역의 예로는 천체의 방역인 동・서・남・북, 위와 아래의 방역인 천장과 마룻바닥, 일출・대낮・일몰 등 영속성을 가지는 방역적 지표를 들 수 있다.

사물뿐만 아니라 주체[68] 역시 공간성을 지니는데, 이는 '가까이 함

---

64) Lefebvre, H., 앞의 책, 23면.

65) 하이데거의 논의는 하이데거의 『존재와 시간』의 해설서인 소광희의 논의를 참조하고자 한다.
소광희, 『존재와 시간 강의』, 문예출판사, 2003, 75-80면.

66) 현상학적 개념으로는 '용재자(用在者, Zuhandenes)'이다.

67) 공간에 관한 이론들과 연관지어 보면, 이 '자리' 개념은 '장소(place)' 개념과 유사하다고 볼 수 있다. 공간(space)과 장소(place)의 차이에 대해서는 이-푸 투안(Yi-Fu Tuan)의 논의를 참조할 수 있다.
Yi-Fu Tuan, *Space and Place(the perspective of experience)*(구동회・심승희 역, 『공간과 장소』, 대윤), 1977/1995.

68) 현상학적 개념으로는 '현존재(現存在, Dasein)'이다. 현존재는 "자기의 존재 가능

(Entfernung)'과 '방향 엶(Ausrichtung)'이라는 '거리 제거(Näherung)'가 행해진 환경 세계를 뜻한다. 쉽게 말하자면, 주체의 체험 공간은 거리 제거를 통해 형성된다는 것인데, 우리에게 옆의 모르는 사람보다 멀리 오는 친구가 더 가까이 느껴지는 것, 앉아 있는 의자보다 책상 위의 컴퓨터 모니터가 더 가까이 느껴지는 것을 보면 이를 이해할 수 있다. 주체에게는 거리가 제거된 '저기'에서 자신이 서 있는 '여기'에로 이르는 환경 세계가 존재한다.

한편, 메를로 퐁티[69]는 '지각된 세계'와 관련해 공간의 중요성을 역설했다. 그는 공간이 "사물이 그 안에 배치되는 환경의 역할을 하는 것이 아니라 사물들의 위치가 가능해지는 수단"이라고 보았으며, 그렇기에 공간은 사물들의 관계에서 나오는 보편적인 힘이라고 했다.[70] 또한, 그는 체험된 공간과 관련해 중요한 점을 포착해 내었는데, "연속적이면서 동시적인 경험의 흐름들로부터" 공간 체험이 가능하다고 본 것이다. 그에 의하면, 예를 들어 '파리(Paris)'라는 특정한 공간에 대한 체험은 카페, 사람들의 얼굴, 강변의 나무, 세느 강 등에 대한 연속적이고 동시적인 지각을 통해 파리의 양식이나 의미를 지각해 내는 것을 의미한다.[71] 이때 공간 체험의 주체에게 지각되는 것들은 주체의 태도에 의해 주체가 의미를 부여하는 것에 한정된다. 그에 의하면, 공간 체험의 주체는 공간에 존재하는 모든 것을 지각하거나 수용하지

을 스스로 선택할 수 있는 존재자"라는 면에서 실존한다. 소광희, 위의 책, 35면.

69) 메를로 퐁티의 논의는 『지각의 현상학』을 참조하고자 한다. 메를로 퐁티는 이 책에서 신체의 공간성, 지각된 세계와 관련한 공간의 중요성에 관해 많은 지면을 할애해 심도 있는 논의를 전개하고 있다. 본고에서는 이중에서 문학의 공간 이해에 시사점을 줄 수 있는 부분에 한정해 논의를 정리하고자 한다.
Merleau-Ponty, M., *Phénoménologie de la Perception*, Gallimard(류의근 역, 『지각의 현상학』, 문학과지성사), 1945/2002.

70) Merleau-Ponty, 위의 책, 371면.

71) Merleau-Ponty, 위의 책, 425면.

않고 공간을 선택적으로 조립한다.

공간에 대한 이 두 논자들의 현상학적 탐구는 체험 공간으로서의 문학 공간을 이해하는 데 도움을 준다. 먼저, 소설의 인물이나 서술자의 공간, 시적 주체의 공간은 현상학적으로 볼 때, 각각의 입장에서 '거리가 제거된 방역'으로 한정되는 세계라는 점을 생각할 수 있다. 특히 자아와 세계가 동일시된 시적 주체의 체험 공간은 시적 주체가 무엇을 가깝고 무엇을 멀다고 느끼느냐에 따라 전체적인 작품 공간의 구성 요소와 성격이 결정된다. 그 한정된 방역의 체험된 공간이 시적 주체가 중요하게 생각하는 세계로서의 작품 공간이다. 작품 공간에 대한 분석에서 현상학적 기준을 수용하거나 활용한다면, 체험 주체를 중심으로 한 위치, 거리, 방역적 지표들, 깊이, 너비, 운동, 크기 등이 주요한 분석 기준이 될 것이다.

한편, 우리가 공간을 체험하는 방식과 관련해서 경청할 만한 것은 공간의 체험이 연속적이거나 동시적인 지각을 통해 가능하다는 메를로 퐁티의 견해이다. 공간적 관계들을 구성하는 사람, 장소, 사물들의 연속적이고 동시적인 지각을 통해 공간을 체험할 수 있다는 점은 일상의 공간 체험뿐만 아니라 언어로 표현된 시적 공간의 이해에도 적용 가능할 것으로 보인다. 시적 공간을 이해할 때 독자는 시적 언어를 통해 연속적이고 동시적인 이미지나 상징으로 표현되는 공간적 관계들을 받아들이게 되기 때문이다.

이와 같은 현상학자들의 논의와 더불어, 바슐라르의 상상력 이론 역시 공간 이해에 대한 시사점을 준다. 바슐라르[72]는 인간에게 집, 서

72) 바슐라르의 논의는 그의 저서인 『공간의 시학』과 곽광수・김현의 논의를 참조하였다.
Bachelard, G., *La Poétique de L'espace*, Presses Universitaires de France(곽광수 역, 『공간의 시학』, 동문선), 1957/2003.
곽광수・김현, 『바슐라르 연구』, 민음사, 1976.

랍, 상자, 장롱, 새집, 조개껍질과 같은 내밀하고 안정된 공간에 대한 상상적 지향이 존재한다고 보았다. 그리하여 인간에게는 '은자의 오두막'과 같은 안온한 공간에 대한 상상이 원초적으로 존재하는 것이다. 바슐라르의 상상력 이론은 이러한 공간들이 가진 이미지의 상상적 탄생 과정을 보여 주고 있어, '상상적 이미지'를 중심으로 문학 공간을 분석하는 데 도움을 준다.

이상에서 살핀 바와 같은 현상학적 논의들은 체험 공간에 대한 분석 기준, 이해의 방법, 혹은 보편적인 공간에 관한 상상과 관련해 여러 가지 시사점을 준다. 하지만 이것이 온전히 문학 공간에 대한 이해로 대체될 수 없다는 점 역시 유의해야 할 것이다. 왜냐하면 현상학적 접근은 시대와 역사, 문화 양식 등을 초월한 인간의 보편적인 체험과 의미 지향에 관심이 있기 때문이다. 그런 면에서 현상학적 접근만으로는 공간이 '특정한 양식의 예술 문화 안에서 특수한 방식으로' 구현되는 다양한 양태를 분석해 내기 어렵다.

다음으로는 사회학적 공간 개념과 공간 이해 방법을 참조할 수 있다. 사회학적 공간 개념이나 공간 이해에 관해서는 르페브르(Lefebvre)나 벤야민(Benjamin)의 논의[73)]가 흥미로우며, 국내 연구자들의 논의로는 이진경[74)]과 주은우[75)]의 논의가 주목할 만하다. 르페브르의 공간의 사회학은 공간을 '공간적 실천', 인지된 공간으로서의 '공간 재현', 이

73) 르페브르(Lefebvre)의 논의는 그의 저서로 최근에 번역된 『공간의 생산』을, 벤야민의 논의는 벅-모스(Buck-Morss)의 논의를 참조하고자 한다. 르페브르와 벤야민의 공간의 사회학은 매우 흥미로운 논의이지만 본고의 관심사와 관련해서는 부분적인 면을 보완해 주기 때문에 본격적으로 논하지는 않는다.
Lefebvre, H., 앞의 책.
Buck-Morss, S., *Dialectics of Seeing: Walter Benjamin and the Arcades Project*, MIT Press(김정아 역, 『발터 벤야민과 아케이드 프로젝트』, 문학동네), 1991/2004.

74) 이진경, 『근대적 주거 공간의 탄생』(개정판), 그린비, 2007.

75) 주은우, 『시각과 현대성』, 한나래, 2003.

미지와 상징을 통해 체험된 공간인 '재현 공간'으로 구분해 공간이 생산·체험·재현되는 양상의 사회적 의미를 추적했다. 그의 논의에서 흥미로운 점은 사회를 지탱하는 이념이 공간에 근거하고 있으며, 공간을 기술하는 어휘와 공간적 코드를 가지고 있다는 사실에 대한 통찰이다. 그에 의하면 이념은 공간적 어휘와 실제 공간의 코드를 통해 지탱된다.

한편, 벤야민의 공간론은 도시의 소비 공간을 오가는 개별적 주체들의 체험을 통해, 도시 공간이 지니는 정치적·문화적 의미에 대한 통찰을 보여 주었다. 이는 근대적 공간의 특징에 관한 통찰로서, 이진경과 주은우의 연구에서도 이와 같은 맥을 확인할 수 있다. 이진경[76]은 '분포와 배치로서의 공간' 개념에 주목해 근대적 의미의 공적(公的)·사적(私的) 공간의 성격에 관해 논했다. 주은우의 연구[77]는 공간만을 연구 대상으로 삼은 것은 아니지만, '원근법적 시각' 주체에 의해 포착되는 공간적 질서에 관한 접근을 통해 '시각'이 현대성과 관련 있는 지점에 관해 논하고 있다. 이들 연구자들의 접근은 공간이 중세성이나 근대성이라는 시대적이고 사회적인 맥락에 따라 실제적으로 다르게 구현된다는 점을 보여주고 있다. 또한, 이들이 공간 분석에서 활용한 기준으로서 '주체의 시선이나 이동, 공간의 전체적인 분포와 배치, 공간의 개방과 폐쇄 등'은 문학 공간의 분석에서도 활용할 만한 기준들이다. 이 기준들은 사회학의 맥락에서 공간의 사적(私的)·공적(公的) 성격을 규정한다. 문학 공간의 성격 역시 이념적·정치적·사회적 맥락을 갖기 마련이므로, 사회학의 공간 이해 방법들 역시 문학 공간의 이해를 위해 참조할 만한 점이 있다.

이상에서 살핀 바와 같은 현상학과 사회학의 공간 개념과 그 이해

76) 이진경, 앞의 책.
77) 주은우, 앞의 책.

의 방법은 문학의 공간을 이해하는 데 여러 가지 면에서 도움을 준다. 문학의 공간 역시 인간의 인식적, 체험적, 사회적, 문화적, 시대적 측면이 끼치는 영향 하에 탄생된 창조물이기 때문이다.

먼저, 현상학의 공간 개념은 체험 공간으로서 시조의 공간을 이해하는 데 도움을 준다. 시간은 연속성이라는 자연적 질서를 갖고 있지만, 공간은 주체에 의해 선택적으로 배열된다는 점[78]에서 체험 공간적 특징을 지니는데, 현상학은 공간의 이러한 성격을 이해하기에 적합한 관점과 기준을 제공해 준다. 현상학의 관점에 따라 우리는 시조의 공간을 이해할 때, 시적 주체의 위치와 시선, 시적 주체가 가깝다고 느끼는 구성물, 공간의 방역을 한정짓는 시적 주체의 관점 등을 기준으로 삼아 창작 주체의 체험 공간이 시적 질서 속에서 작품 공간화하는 방식에 관한 이해에 이를 수 있다.[79]

또한, 공간 체험의 동시성과 연속성에 관한 현상학의 통찰은 시조 공간의 특징, 공간을 중심으로 한 시조의 향유와 그에 대한 이해에 도움을 준다. 현상학의 공간 개념을 참조하면, 강호시조 공간에 형상화된 사람, 사물, 장소 등은 시적 형식과의 관련성 속에서 창작 주체의 태도와 의미 부여에 따라 연속적이고 동시적인 흐름들로 질서화된 것이라 할 수 있다. 공간을 중심으로 한 시조의 이해는 시적 질서 속에 공간의 특징을 드러내는 구성물들의 연속성과 동시성에 대한 인식에 기반하여 이루어질 수 있다.

---

78) Chatman, S. B., *Story and discourse : narrative structure in fiction and film*, Cornell University Press(김경수 역, 『영화와 소설의 서사구조 - 이야기와 담화』, 민음사, 1978/1995(5쇄)), 115면.

79) 이러한 기준들은 공간의 구성 요소와 구성 방식을 중심으로 강호시조 공간의 특징을 이해하는 기준을 마련하는 데 시사점을 준다. 강호시조 공간의 구성 요소와 구성 방식에 관한 이해는 창작 주체의 체험 공간이 작품 공간으로 변환되는 현상에 관한 이해에 이를 수 있도록 도움으로써 강호시조 공간의 특징을 변별할 수 있도록 돕는다. 이에 관해서는 Ⅲ장에서 더 자세하게 논할 것이다.

사회학의 공간 개념 역시 강호시조의 공간 이해에 도움을 준다. 앞서 펴 본 바와 같이, 사회학 이론에서는 공간의 이동과 분포, 배치, 개방과 폐쇄 등을 공간 이해의 기준으로 활용하고 있다. 이 기준은 공간과 인간의 공적(公的)·사적(私的) 삶 사이의 영향 관계를 조명하는 데 유용하다. 강호시조의 공간 이해에서도 역시 이러한 기준들이 활용될 수 있다.[80] 사회학의 공간 개념과 그 이해는 공간과 삶 사이의 영향 관계를 규명하는 데 유용하므로, 강호시조의 공간 이해에서도 이러한 기준들을 활용하되, 강호시조의 공간과 그 속에 반영된 공적·사적 삶의 양상 사이의 관계를 파악하는 방식으로 그 이해를 심화할 수 있다.

그러나 이러한 공간 개념과 공간 이해의 방법들이 언어로 표현된 구성물이자 특정한 문화적 배경이 반영된 역사적·문화적 산물로서의 문학 공간의 특수성까지를 모두 해명해주기는 어렵다. 그런 점에서, 문학 이해에서 공간 이해에 관한 이론적 논의를 검토해, 문학적 맥락을 중심으로 공간을 어떻게 볼 수 있는지 역시 검토해 볼 필요가 있을 것이다.

(2) 문학 이해에서 공간 이해

문학이론에서 공간 개념은 주로 서사 이론의 관심 대상이었다. 가장 널리 알려진 것이 바흐친(Bakhtin)의 '시공성(時空性, chronotope)' 개념[81]이다. 바흐친의 시공성 개념이 '문학 이해'의 맥락에서 제기되

80) 이러한 기준들은 공간의 구성 방식이나 공간의 성격과 관련하여 주목할 만한 것들이다. 또한, 사회학에서는 이를 공간과 인간의 사회적 삶 사이의 연관성에 대한 탐색으로 확장하고 있다는 점을 참조해 이해의 깊이를 심화할 수 있다.

81) 여기에서 바흐친의 '시공성' 개념은 다음을 참조하였다.
여홍상 편, 『바흐친과 문학 이론』, 문학과지성사, 1997.

었다는 것은 흥미로운 지점이다. 체험을 이해하는 한 방식으로서 '시공성'은 "사건과 행위의 본질을 이해하기 위한 특정한 형태 갖추기"[82]이다. 시공성은 행위와 상황 맥락 간의 관계에 대해 질문을 제기하도록 만드는 유용한 개념이다. 다시 말하면, 문학의 시간과 공간은 문학적으로 형상화된 체험의 성격을 특정한 상황적・사회적・역사적 맥락으로 규정하는 성격을 지닌다는 것이다. 독자의 입장에서 체험의 형상화인 문학을 이해하기 위해서는 시간과 공간의 축을 중심으로 문학에 형상화된 체험을 질서화할 필요가 있다.

문학의 시공성에 대한 이해는 맥락의 확인에만 그치지 않고 독자들에게 여러 가지 질문을 불러일으킨다. 문학과 문화에 나타난 행위와 장소의 관계, 사회적 상황과 행위의 관계, 정체성과 사건의 관계, 생활세계와 역사적 세계의 존재 등에 관한 무수한 질문들이 그것이다. 이런 점을 참고할 때, 문학 이해를 위해 공간성이나 시간성에 주목하는 것이 유용한 방법임을 알 수 있다. 우리는 공간에 주목해 문학 작품의 창작과 작품 내적 세계에 반영된 경험들, 예를 들어 행위와 장소, 사회적 상황, 개인적 정체성, 생활 등에 관해 탐구할 수 있으며 이것은 문학 작품의 미적・세계관적 특수성에 대한 이해로 확장될 수 있는 것이다.

바흐친의 시공성 개념에 의하면, 소설이 가장 풍부한 시공성을 갖고 있다고 평가된다. 이는 소설이 구체적이고 다양한 경험적 맥락 속에서 사건과 행위를 전개해 나가는 문학 양식이라는 점에서 기인한 것으로 보인다. 이런 점들로 보면 바흐친의 시공성 개념은 서술자의 서술을 통해 다변화하는 사건과 행위의 맥락들, 혹은 경험의 전형성 등을 설명하고 이해하기에 유용한 개념이다.

82) 여홍상 편, 앞의 책, 152-157면.

서사 이론에서 공간 개념은 채트먼(Chatman)의 서사 이론에서도 중요하게 다루어졌다. 채트먼은 소설의 공간을 스토리(story) 공간과 디스코스(discourse) 공간으로 구분하였다.[83] 채트먼이 소설의 공간을 이렇게 구분한 것은 '서술자'가 존재하는 소설의 장르적 특수성에 기인한 것으로 보인다. 채트먼의 논의를 참조하면, 문학 작품의 공간을 분석할 때, 그 배경이 된 실제 공간, 혹은 형상화된 공간의 이해에만 주목할 것이 아니라 서술자가 발화하는 공간에 대한 이해 역시 중요하다는 점을 알 수 있다. 이는 문학의 공간이 여러 가지 차원에서 이해될 수 있음을 뜻하는 것이다. 또한 문학은 장르적 특성에 따라 발화의 방식이 달라지므로, 이에 따라 공간 이해의 층위와 방식이 달라질 수 있음을 알 수 있다.

한편, 문학 공간의 성격에 관해 이해하고자 할 때, 프랭크(Frank)의 '공간 형식(spatial form)' 개념에서 몇 가지의 힌트를 얻을 수 있다. 프랭크[84]는 현대시가 공간적 논리에 기반해 의미를 전달한다는 점에 주목해, 이것이 현대시의 새로운 미학이라고 보았다. 프랭크는 시간적 연속의 논리로는 이해할 수 없는 시의 언어를 공간적 동시성(同時性)의 논리로 이해할 수 있다고 보았으며, 이것이 그의 '공간 형식' 개념이다. 시간은 '과거'-'현재'-'미래'의 계기(繼起)적인 질서로 인해 연속성과 인과 관계를 중심적인 특징으로 갖지만, 공간은 '저기'와 '여기'

---

83) 채트먼의 공간론은 다음 논의를 참조하였다.
Chatman, S. B., 앞의 책.
장일구, 「소설 공간론, 그 전제와 지평」, 한국소설학회 편, 『공간의 시학』, 예림기획, 2001, 14면.
한편, 김근호의 연구에서 스토리 공간과 담론 공간을 소설교육적으로 적용하고 있어 이를 참조할 만하다.
김근호, 「소설 텍스트 중층적 읽기의 공간론」, 『독서연구』 19, 한국독서학회, 2008.

84) 여기서 프랭크의 '공간 형식' 개념은 이호의 다음 논의를 참고하였다.
이호, 「소설에 있어 공간 형식의 가능성과 한계」, 한국소설학회, 앞의 책, 38-45면.

의 병치(竝置)와 동시성으로 인한 등가(等價)적 관계를 그 특징으로 갖게 된다.[85] 이것이 시의 언어와 형상화의 논리에도 그대로 적용되어 독자의 시 이해에 영향을 끼친다는 것이다. 프랭크의 공간 형식 개념이 흥미로운 것은, 문학 언어의 특징으로 인한 공간의 병치와 동시성, 등가적 관계는 독자의 입장에서 보면 독자의 상상력의 주도 하에 다양한 의미론적 연결 관계를 창출할 수 있다는 점이다.

이상과 같이 몇 가지 문학 이론을 검토한 결과, 다음과 같은 점을 확인할 수 있었다. '문학의 공간'은 서사와 서정을 막론하고 작품 안에 표현된 다양한 경험들의 배경이자 상황적·역사적 맥락으로서 의미를 가질 수 있다.[86] 문학의 이해를 위해서는 경험의 배경이나 맥락에 대한 이해가 필수적이므로, 공간의 이해는 그만큼 중요하다. 또한 '문학의 공간'은 소설의 예를 들자면 '서술자'나 '인물'과 같은 장르적 요소들에 의해 다차원적으로 실현된다. 이런 점들로 미루어 서정시의 공간은 서정시에서는 시적 주체, 시의 이미지, 상징, 시적 발화, 그 이외의 시적 형식 등과의 관련성 속에서 다차원적으로 실현될 것임을 짐작할 수 있다. 이로부터, 서정시의 공간에 대한 이해가 서정시에 대한 포괄적인 이해로 확장될 가능성과 경로가 있으리라는 기대를 가질 수 있다.

또한, 공간의 병치적 질서와 동시성, 공간들 사이의 등가적 관계 등은 문학 공간의 특징이면서, 공간의 이해에서 독자의 상상력이 중요

---

85) 다음의 논의들에서 이에 대해 언급하고 있다.
권정은, 앞의 논문, 24면.
이호, 앞의 논문, 40면.
한광구, 『목월시의 시간과 공간』, 시와시학사, 1993, 27면.

86) 물론 강호시조에서 공간은 경험의 단순한 배경으로서의 역할을 하는 것은 아니다. 강호시조 공간의 특수성에 주목한 이해의 문제는 이후의 논의를 통해 자세하게 논할 것이다.

함을 상기시킨다. 이는 우리가 공간을 체험하고 표현할 때, 공간적 관계를 갖는 여러 요소들을 연속적으로 병치하며 그것들이 동시적 이미지로서 등가적인 관계를 갖는 것으로 받아들여진다는 점을 말해준다.[87] 이는 시조 공간의 이해와 관련해서도 적지 않은 시사점을 가진다.

널리 알려진 바와 같이, 시조는 '초장-중장-종장'으로 이루어진 3단의 시적 형식을 지니며, 특히 이중 '초장'과 '중장'은 4개의 음보로 이루어지는 규칙성을 지닌다. 단시조의 3단 형식을 연 단위로 확장한 연시조는 단시조 형식의 규칙적 반복으로 구성될 수 있다. 그만큼 시조에서는 공간적 관계를 갖는 장소나 사람, 사물 등이 시조의 행 단위와 연 단위 안에서 병치적 질서와 동시성을 갖기 쉽다. 중세의 사대부들이 자신이 거하는 공간을 미화하고자 했을 때 시조라는 장르를 선택한 것은 시조의 이와 같은 형식적 특성과 관련지어 볼 때, 우연한 일이 아니다. 이러한 특성은 작품 공간의 이해에도 중요한 참조점이 될 것이다.

이상에서 살펴본 바와 같이, 문학 이해에서 공간 이해는 공간의 특징과 성격을 문학의 언어로 귀속시킨다. 이는 공간이 문학의 장르적 성격의 이해와 밀접한 관련성을 가짐을 말해준다. 이와 같은 이론적 검토가 강호시조 공간의 이해에 어떻게 적용될 수 있을 것인가? 이에 관해 검토하기 위해서는 먼저, 강호시조 이해에서 공간 이해가 갖는 특수성을 고려할 필요가 있다. 또한, 이에 대한 문학교육적 관점 역시 고려되어야 한다.

먼저, 문학 이론 일반에서는 문학 작품의 공간이 배경 맥락으로서 갖는 일반적 속성에 주목함에 반해, 강호시조의 유형적 특징으로 볼 때, 강호시조의 공간은 작품 속에서 단순한 배경으로서의 기능만을

87) 공간 체험의 연속성과 동시성은 메를로-퐁티에 의해서도 지적된 바이다.

갖지 않는다는 점이 반드시 고려되어야 한다. 강호시조의 공간은 중세인들의 성리학적 지향 속에서 탄생한 이념적, 문화적, 미적 구성물로서 갖는 특수성이 있다. 강호시조는 시적 주체와의 관련성 속에서 공간에 관해 말하는 공간의 문학이기에, 강호시조 공간에 대한 이해는 중세 사대부의 삶과 문화, 그들의 지향 등과의 관련성 속에서 심화될 필요가 있다.

또한, 강호시조가 우리말 노래이자 정형시인 시조의 하위 유형으로서 갖는 특수성 역시 생각할 필요가 있다. 시조는 노래로 창작되고 노래로 향유된 장르이다. 시조의 향유는 다양한 장소에서 이루어질 수 있었기 때문에 향유의 실제에서 역시 공간이 중요한 역할을 하고 있다. 강호시조의 공간 이해를 위해서는 향유의 실제에 대한 이해 역시 중요하다 하겠다. 시조는 특정 집단에 의해 향유된 특수성이 있으며, 시조의 창작 주체들은 시조의 정형시적 특성을 수용하면서 공간 형상화의 보편성과 개별성을 실현하고 있다는 점 역시 강호시조 공간 이해에서 중요한 참조 사항이 되어야 한다.

한편, 문학교육적 관점에서는 '체험'-'표현'-'소통'의 문학 활동을 지향한다.[88] 이는 문학에 대한 이해를 기반으로 하여, 학습자들이 자신들의 체험을 적절한 문학 양식을 통해 표현하고 소통하는 문학 활동의 적극적 주체로 성장하는 것을 궁극적인 목적으로 두는 관점이다. 고전문학교육이라면, 고전문학 작품 창작의 기반이 된 체험, 양식의 선택과 표현, 작품을 중심으로 한 문화 공동체 안의 소통 등이 현대의 학습자에게로 이월(移越)되는 효과를 기대한다.

이런 구도 안에서 '강호시조 공간의 이해'는 '강호시조 창작 주체들의 공간 이해'가 기초적인 범위여야 할 것이다. 중세의 사대부들이 공

88) 김종철, 앞의 논문, 6-7면.

적이고 사적인 삶의 다양한 영역에서 공간을 어떻게 구획하고 체험하고 인식했는지, 공간의 이동과 공간의 구성 등은 어떻게 이루어졌으며, 강호시조에 형상화된 공간은 이러한 공간들 중에 특별히 어떤 것인지 등이 고려의 대상이 되어야 한다. 강호시조의 창작 주체들이 미화하고자 했던 공간에는 어떤 질서에 의해 어떤 사물들이 배치되어 있으며, 창작 주체들은 그러한 공간과 그 안에 배치된 사물들에 어떻게 감응하였는지 등도 중요한 이해의 대상이 된다.

학습자들이 중세의 강호시조 창작 주체들의 공간 체험, 공간 인식, 공간 구획, 공간적 상상력 등을 적극적으로 수용한다면 이러한 수용은 '자기 이해와 표현'으로 전환될 수 있다. 중세인들의 체험에 비추어 현대인의 공간 체험이나 공간의 문화에 대해 검토해 보는 것이 가능하기 때문이다. 창작 주체와 관련된 공간의 이해에는 앞서 살펴 본 다양한 분과 학문들의 공간 개념과 공간 이해 방법 등이 활용될 수 있다.

'창작 주체의 공간 이해'는 '강호시조 공간', 즉 작품 공간의 이해를 위한 기반으로서 의미를 지닌다. 이를 기반으로 하여 '강호시조 공간의 특징을 이해하는 것'이 중요한 이해의 대상이라고 볼 수 있다. 이와 관련하여서는 시적 주체의 공간성을 실현하는 시적 공간의 이미지, 시적 공간의 구성, 시적 주체의 방역 설정, 공간 성격의 부여 등 다양한 점들이 이해의 대상이 된다. 또한, 공간의 언어적 실현, 즉 장르적인 발화와 공간의 관계 등에 대한 검토 역시 필수적이다.

한편, 강호시조가 수세기에 걸쳐 창작되면서 강호시조 속의 공간이 변형을 거듭하면서도 변화되지 않는 원형을 간직하고 있었던 것은 그러한 공간에 대한 지향과 소통의 문화가 창작 주체들에게 존재했다는 증거가 된다. 이에 대한 이해 역시 공간 이해의 중요한 범위에 속한다.

문학교육적 구도에서는 공간 이해의 범위와 지향을 위와 같이 두고, 앞서 살핀 공간 이해의 관점이나 기준, 방법 등을 활용할 수 있을 것으로 보인다.

2. 강호시조의 이해에서 공간 이해의 위상

다음으로는 '강호시조 이해 교육'의 맥락에서 '공간 이해'가 어떤 역할을 하는지에 관해 조명해 볼 필요가 있겠다. 이를 위해서는 이론적 검토뿐만 아니라, 강호시조의 이해에서 공간 이해가 갖는 위상을 강호시조라는 역사적 실체에 대한 조망을 통해 확인해 보는 실제적인 작업 역시 필요하다. 이 절에서는 이에 관해 논하고자 한다.

(1) 강호시조의 이해에서 공간 범주의 필요성

(가) 강호시조 이해교육론의 필요성과 구도

현대의 대중 문화나 현대의 예술품은 '우리에게 익숙한 문화의 산물'이기 때문에 이를 이해하고 감상하는 일은 상대적으로 어렵지 않다. 중등학교의 학습자들은 별다른 학습 과정 없이도 대중 가요나 대중 영화, 현대 예술품을 기꺼이 손쉽게 감상한다. 현대 문화 속에서 자라온 학습자들은 '문화화'의 과정을 거치면서 의식적·무의식적으로 현대 문화에 대한 가치 감식안을 향상시켜 왔을 것이기 때문이다.

그러나 학습자들이 옛 그림이나 도자기와 같은 고미술품을 접한다고 가정해 보자. 현대의 문화적 산물에 익숙한 학습자들이 고미술품의 가치를 감식하려면 특별한 노력을 기울여야 한다. 우리 시대의 문화가 아니기에 이른바 '학습'이 필요한 것이다. 학습자들에게는 아마도 다음과 같은 과정이 필요할 것이다. 학습자들에게는 옛 그림이나 도자기를 접하는 지속적인 체험이 누적되어야 한다. 그들은 의식적으로 고미술품의 가치를 판별할 준거 또한 개발할 수 있어야 한다. 또한, 고미술품의 가치를 감식하는 문화를 접해 그 안에서 공감하고 소통할 필요도 있다.

비유하자면, 학습자들에게 고전시가는 이러한 고미술품과 같다. '교육의 맥락'이라면 고전시가에 대한 가치 감식안을 갖지 못한 학습자들이 가치 감식안을 가진 독자로서 성장할 수 있도록 도와야 한다. 학습자들에게는 고전시가를 접하는 체험의 누적, 가치 판단 준거의 개발, 고전시가를 향유하는 다른 독자들과의 만남 등이 필요하다. 즉, 학습자들의 고전시가 체험이 그 자체로 중요한 고려의 대상이 되어야 한다는 것이다.

본고에서 주목한 '이해'는 학습자들의 문학 체험 양상 중의 하나로서 중요하다. 과거의 문화 예술적 산물인 고전시가의 교육은 고전시가에 대한 학습자의 가치 감식안의 향상을 지속적으로 고려해야 하며, 그렇기에 고전시가 체험 양상에 대한 고려가 절실하다. 이해·해석·감상·표현·소통 등의 '체험 양상의 맥락에서' 고전시가교육의 내용과 방법에 대해 검토할 필요가 있는 것이다.

그렇다면, '강호시조'라는 시조 장르의 하위 유형을 대상으로 한 학습자의 '이해'를 어떻게 규정할 수 있을 것인가? 문학교육연구에서 '이해(comprehension)'는 해석학적 맥락에서 사용되는 용어이다. '예술작품의 이해를 그 작품의 진리(truth)에 대한 이해로 보는 가다머(Gadamer)의 견해'[89)]를 수용한다면, 작품을 이해한다는 것은 그 작품

89) Warnke, G., *GADAMER: Hermeneutics, Tradition and Reason*, Blackwell Publishers (이한우 역, 『가다머-해석학 전통 그리고 이성』, 민음사), 1987/1999, 122면.

이 열어 보이는 새로운 지평과의 만남 속에서 작품이 우리 삶에 주는 의의(significance)를 파악하는 것이다.

그러나 이러한 의미의 '이해' 개념이 '학습'의 수준에서 바로 적용될 수는 없다는 점에 유의해야 할 것이다. 독자가 한 작품의 의의를 이해할 수 있는 수준의 가치 감식안을 가진 독자로 성장하게 되기까지 숱하게 겪어야 하는 체험, 시행 착오 등이 고려되어야 한다. 작품이 열어 보이는 지평을 읽어낸다는 것이 쉬운 일이 아니기 때문이다. 또한, 본고에서는 이해 대상의 층위를 개별 작품이 아닌 시조의 하위 유형으로서 '강호시조'라는 작품군에 두고 있다는 점 역시 고려되어야 한다.

본고에서는 이해 즉 'com-prehension'이 지니는 본원적인 의미로 돌아가, 학습자들이 강호시조에 대한 종합적인 앎을 획득하게 할 수 있도록 하는 긴 시간의 학습을 '이해 교육'이라고 칭하고자 한다. 즉, 전문가 집단이 고전시가의 가치를 감식하고, 작품을 해석할 줄 아는 수준의 가치 감식안을 가졌다면, 그러한 수준에 도달하기 위해 겪었으리라고 가정되는 '이해를 위한 다양한 활동'을 생각해 보는 것이다.

그런 의미에서 본고에서는, 서론에서 논한 바와 같이, '이해'를 '독자가 작품을 접함으로써 그것의 특징과 성격이 어떠한지를 여실(如實)히 파악하는 과정'으로 규정하고자 한다. 즉, '강호시조의 이해'는 강호시조의 특징과 성격에 대한 종합적인 앎을 획득하는 활동과 과정을 뜻한다. 학습자들이 강호시조를 공통적인 특징을 지닌 시조 장르의 하위 유형으로 인식하여 그 공통점이 무엇인가를 여실히 파악해, 그것을 자신의 고전시가 작품 해석에 활용할 수 있게 하도록 돕는 것이 강호시조 이해교육론의 목표이자 지향이라고 볼 수 있다. 학습자들이 고전시가의 특정 장르에 관한 포괄적인 이해를 지향해야 할 필요가 있는 것은 개별적 작품에 대한 이해가 그 작품이 속한 장르의 보편성과 작품의 개별성 간의 관계 속에서 획득되는 것이기 때문이다.

이상의 논의를 정리하자면, '강호시조 이해 교육'이란 "미숙한 독자로서의 학습자들이 강호시조를 시조의 하위 유형으로서 특수성을 가진 하나의 작품군으로 이해하고 분별할 수 있도록 돕는 교사와 학습자의 협력적인 활동"을 의미한다. 강호시조 이해 교육을 이런 관점에서 본다면, 학습자들에게 중요한 것은 여러 강호시조 작품을 오랜 시간에 걸쳐 거듭 읽고 탐구하는 경험, 즉 강호시조 작품의 실체를 접하는 오랜 시간에 걸친 경험을 획득할 수 있느냐일 것이다. 또한 그 과정에서 시조의 하위 유형으로서 강호시조가 가지는 공통적인 특징을 파악할 기준과 방법을 개발할 수 있도록 도와야 한다는 점 역시 고려되어야 한다. 이러한 점들을 고려했을 때, 학습자들을 위해 이해의 범주를 가정해 그것을 이해의 대상이자 도구로 삼아 강호시조를 이해하도록 돕는 것은 좋은 방법 중의 하나라 여겨진다.

강호시조의 독자인 학습자들에게 강호시조 작품을 여러 번 접하는 경험이 누적된다면 그에게는 강호시조에 대한 어느 정도의 직관적 판단이 생기게 된다. 이 직관적 판단, 혹은 나름의 임의적인 이해가 하나의 체계를 갖추어 지식이나 경험으로 학습자에게 수립될 수 있으려면 작품을 통해 이 직관을 뒷받침해 줄 객관적인 증거를 확보하는 일이 필요하다. 작품에 대한 직관적 판단과 객관적 증거의 확보, 종합적 이해와 개별적 이해의 상호 보완 등이 교직되어 작품과 장르에 대한 이해가 이루어진다고 할 때, 학습자들에게는 객관적인 증거를 확보하고 개별적 판단을 가할 특정한 범위와 기준이 필요하다. 그 중의 하나로 본고에서는 '공간'을 가정해 보는 것이다.

강호시조 이해 교육의 구도를 이상과 같이 본다면, 강호시조의 '공간'은 강호시조에 대한 이해로 나아가기 위한 비계(scaffolding)[90]이자 일종의 가시 목표(end-in-view)가 된다. 널리 알려진 바와 같이, 가시 목표는 듀이(Dewey)의 용어이다.[91] 가시 목표란 학습자가 학습의 초기에 발생하는 내적 불균형[92]을 해소하기 위해 스스로 선택하게 되는 몇 가지의 방법을 뜻하는 말이다. 이를 강호시조 이해 교육에 적용한다면, 학습자가 강호시조를 읽고 탐구할 때 생기는 내적 불균형을 해소하기 위해 택하는 특정한 이해의 범주, 이해의 기준 등이 가시 목표가 될 수 있을 것이다.

공간이 가지는 보편적인 인식 범주로서의 특징 때문에 강호시조 이해의 초기 학습자에서부터 고급 학습자에 이르기까지 '공간'은 능동적으로 활용할 수 있는 범주라고 본다. 교육의 맥락에서는 공간이 지니는 보편적이고 다층적인 성격이 오히려 유용한 면이 있다. 공간이 지니는 보편성은 과거의 창작 주체와 현대의 독자를 연결해 준다. 창작의 맥락에서 '공간'은 창작 주체의 체험, 장르의 선택과 표현 등과도 밀접한 관련을 갖고 있으니, 학습자는 공간을 매개로 하여 창작 주체의 체험, 장르 선택, 표현의 문제로 관심사를 확장할 수 있다. 작품 내적으로는 작품의 형식, 시적 주체의 발화, 이미지, 상징 등이 공간이라는 체험적・상상적 중심축에 의해 지탱되므로 공간을 매개로 이에 대한 이해로 나아갈 수 있다. 이 외에도 '공간' 범주가 지니는 다층적

90) 비계는 비고츠키(Vygotsky)의 용어로 구성주의 교육학 이론의 관심 대상이 되어 왔다. 구성주의 이론에 의하면, 비계는 학습자들이 활용할 수 있는 일종의 탐구 과제로서, 학습자의 수준에서 예측할 수 있고 해결할 수 있는 과제를 뜻하는 말이다. 비계는 그것 자체가 목표라기보다 "능력이 획득되면 버리고 갈 사다리"이다. 관련되는 논의로는 다음을 참조할 수 있다. Fosnot, C. T. et al., 조부경 외 편역, 『구성주의 이론, 관점, 그리고 실제』, 양서원, 2006(2쇄)

91) Dewey, J., 이돈희 편역, 『존 듀이 교육론』, 서울대출판부, 1992, 147-166면.

92) 여기에서 '내적 불균형'이란 자신이 기존에 갖고 있던 지식이나 경험 체계로 설명할 수 없는 낯선 지식과 경험을 접하게 되었을 때 겪는 혼란을 말한다. 내적 불균형을 겪고 있음을 알 수 있는 쉬운 증거로는 '질문'이 있다. 학습자의 내부에 끊임없이 질문이 생성되면, 그 질문에 대한 답을 찾기 위해 여러 가지 방법을 선택하게 되는데, 이것이 '비계'이자 '가시-목표'이다.

성격이 문학의 다양한 국면들과 관련될 여지가 충분하므로 '공간' 범주는 문학 교실 안에서 작품에 대한 여러 이야기들을 가능하게 해 주리라고 기대할 수 있다.

한편, 학습자들의 강호시조 이해는 일반적으로 선조적이거나 논리적인 과정을 통해서만 이루어지지 않는다는 점을 생각할 필요가 있다. 학습자들의 강호시조 이해가 전문가들이 연구 결과물로 내놓은 것과 같은 '정확하고 논리적인 이해'로 수렴될 수 있을 것이라고 보는 것은 교육적으로 보기에 위험한 면이 있다. 전문가들이 이해나 해석의 결과로 내놓은 연구물들은 결과로서의 논리만을 말해주는 것으로서 그 결과가 만들어지기까지 있었던 체험이 생략되어 있다. 그러나 그런 결과물을 내놓기까지 전문가들 역시 시행착오, 비약적인 상상, 작품의 분절, 대화와 토론, 습작, 새로운 방법의 시도 등의 무수한 체험을 했을 것이다. 교육의 맥락에서라면, 오히려 '정확하고 논리적인 결과'가 아니라 이러한 '과정적 체험'에 주목해야 한다. '공간'은 문학 체험 주체에게 이러한 다양한 체험을 가능하게 하는 실체이다.

(나) 강호시조 이해 범주로서 공간의 필요성

지금까지 강호시조 이해 교육에서 이해 범주로서 공간이 필요한 까닭을 활동에 관한 메타적인 검토를 통해서 찾아보았다. 이제는 강호시조라는 역사적 실체와의 직접적 연관 속에서 강호시조의 공간이 강호시조의 이해에 필요한 이유에 대해 검토해 볼 필요가 있겠다. 대상에 대한 '이해'란 주체와 대상의 상호작용 속에서 성취되므로 대상 그 자체가 지닌 속성에 관한 논의 역시 생략할 수 없는 중요한 논의이기 때문이다.

강호시조 작품을 검토해 보면, '공간'은 강호시조의 창작과 향유와 관련해 매우 중요한 자원이 되었음을 알 수 있다. 강호시조를 이해하기 위해서는 '공간'에 대해 논하지 않을 수 없다는 것인데, 어떤 면이 그럴까?

먼저, '공간'은 강호시조의 창작에 중요한 자원을 제공하였다. 강호시조의 창작은 향촌(鄕村)이라는 특정한 공간에서 이루어졌다. 강호시조의 창작 주체들인 중세의 사대부들이 향촌에 거하게 된 이유는 여러 가지이다. 그들은 오랜 시간 동안의 관직 생활을 완전히 마치고 귀향하거나, 사화(士禍)와 당쟁(黨爭)의 소용돌이를 피하기 위해 잠시 은거하기도 했다. 또는 학자로서의 삶을 가치로운 삶으로 보고 그에 몰입하기 위해 은거하는 부류도 있었다. 중앙 정계에 진출한 관력은 없더라도 향촌 사회에서 재지(在地)적 기반을 갖고 있으면서 그 안에서의 유자(儒者)적 삶의 지향과 현실을 그려낸 부류도 있었다.

이와 같이 다양한 이유로 향촌 사회에서의 삶을 영위하던 창작 주체들에게 향촌의 산천(山川)이라는 공간이 갖는 의미는 매우 중요했다.[93] 강호시조의 창작 주체인 중세의 사대부들은 자신의 앞에 놓인 삶의 문제를 해결하는 곳으로서 향촌(鄕村)의 산천을 선택해 이동하였으며, 시조를 통해 그 안에서의 삶에 특수한 의미를 부여했다. 중세의 사대부들은 향촌의 산천을 특별한 의미를 지닌 공간으로 전환하였

93) 슐츠(Noberg-Schultz)에 의하면 공간은 지리학적 단계(geographical level), 경관적 단계(landscape level), 도시적(촌락적) 단계(urban level), 주거적 단계(house level)로 나뉜다. 강호시조는 이 네 가지 단계 면에서 독특한 공간적 성격을 지닌다. 그가 말하는 '지리적 단계'는 정치 문화적 공간 성격으로서, 강호시조는 '향촌(鄕村)'이라는 특징을 가지며, 경관적 단계에서는 '산수'(산, 강, 골짜기, 시내 등)라는 공간적 구역의 특징을 지닌다. 또한 강호시조에는 강촌, 어촌, 산촌 등의 촌락과 시적 주체의 주거지가 독특한 방식으로 형상화되어 있다.

Norberg-Schulz, C., *Existence, Space and Architecture*, New York : Praeger(김광현 역, 『실존 · 공간 · 건축』, 태림문화사, 1971/1985), 57-68면.

으며, 그 구체적인 전환의 양태가 강호시조 작품 안에 드러나고 있는 것이다.

중세의 사대부들에게 향촌의 산천은 자신이 거(居)하고 유(遊)할 수 있는 공간이라는 중요성을 갖고 있었다. 또한, 향촌의 산천은 자연이 지닌 우주적 질서를 읽을 수 있도록 해 주는 공간이었다. 또한, 향촌의 산천은 정치 경제의 중심지에서 겪던 갖가지 욕망의 충돌이나 경쟁의 긴장으로부터 이완할 수 있는 공간이다. 이들에게 자연은 단순한 감각적 즐거움을 주는 곳이 아니라 이치를 깨닫게 하면서 정신적인 속박으로부터 벗어나는 자유를 선사하는 곳이었다. 이런 점들 때문에, 중세의 사대부들은 정치 경제의 중심지로서 서울[94]이라는 특정한 공간에 머물면서도 끊임없이 지방의 산천으로의 귀환, 즉 귀거래(歸去來)를 지향했던 것이다.

강호시조의 창작은 그들의 귀거래 지향이 현실 속에서 실현되었음을 말해주는 표지이다. 강호시조의 창작 주체들은 귀거래 지향의 실현으로 인한 즐거움을 강호시조로 표현했다고 볼 수 있는데, 이는 작품 내에서 자신의 주거지와 그 주변의 자연을 미화하는 '공간 형상화'로 표출되었다. 작품 내에서 산수 자연뿐만 아니라 시적 주체의 주거지가 중요한 장소로 형상화된 것 역시 중요한 공간적 의미를 가진다. 중세의 사대부들에게 거(居)의 문제는 삶의 지향과 실현에 있어서 중요한 부분이었기 때문이다.

이와 같은 점들로 볼 때, 강호시조의 창작 주체인 사대부들은 그들 나름의 공간 인식 방식, 자연 인식과 체험의 방식을 갖고 있었으며, 이를 문학 작품을 통해 표현하는 문화에 익숙한 사람들이었다고 할

94) 강호시조 작품에서 '서울'은 임금이 존재하는 곳으로 향촌 사회와 연결되어 조화로운 공간으로 설정되는 것이 일반적이다. 그러나 삶의 실제에서 '서울'은 현실 정치의 중심지로서 세속적 욕망이 충돌하는 공간으로서의 의미를 갖기도 한다.

수 있다. 강호시조의 창작에서 공간 인식, 공간 체험, 공간 형상화 방식 등이 매우 중요한 축을 담당하고 있었으므로 이에 대한 이해는 강호시조의 이해를 위해 필수적이라 하겠다.

다음으로는 작품 내적 공간을 중심으로 논해 보겠다. 강호시조는 '공간을 지향하고 체험하며, 공간을 상상한 결과로 탄생한' 작품군으로서 강호시조의 작품 공간은 특정한 구성 원리와 내적 미학을 갖고 있다. 강호시조가 공간 지향과 체험, 상상의 결과로 탄생했다고 할 때, 그러한 공간의 실체가 무엇이냐는 강호시조를 이해하기 위한 핵심적인 이해 대상일 것이다. 강호시조 공간이 어떤 장소를 배경으로 하여 어디에 위치해 있는지, 공간적 관계를 구성하는 내적 요소들은 무엇이며 이것들이 공간의 성격을 어떻게 구현하고 있는지, 현실의 공간이 서정시의 공간으로 전환될 수 있었던 기반은 무엇인지 등은 작품의 이해를 위해 검토해 보아야 하는 중요한 이해의 대상들이다.

한편, 강호시조의 향유에서도 공간이 중요했다는 점 역시 중요한 고려 대상이 된다. 강호시조의 창작 주체는 자신의 주거지에서 자신의 가족이나 벗들, 혹은 문도(門徒)들과 시조를 함께 향유하였다. 그들은 주거지 주변의 자연 공간에서 '유(遊)'를 즐기며 시조를 향유하기도 했다.[95] 주거지 주변의 자연에서 시조를 노래하고 감상하는 흥에 취하는 것은 중세 사대부들에게 중요한 문화 중의 하나였다. 이로 볼 때, 그들의 시조 향유 역시 특정한 공간과의 연관성을 지니고 있다.

이런 점들로 미루어, 강호시조의 이해를 위해 공간 이해는 필수적

95) 이현보가 분천(汾川)에서 뱃놀이를 즐기며 어부가를 향유했던 것은 널리 알려진 일이다. <어부가>의 풍류와 흥취는 후대에도 수용되어 꾸준히 이어졌다.
이에 관해서는 최재남, 앞의 책, 1997, 194-205면; 최재남, 앞의 책, 2003, 131-148면 참조.

이다. 공간에 대해 이해한다는 것은 중세의 문학 담당층으로 중요한 위치를 차지하는 사대부들의 공간 지향과 공간 체험, 그들이 시조 창작에 활용한 공간 구성 원리, 공간을 중심으로 한 시조 향유의 실제 등을 이해한다는 것이다. 또한, 강호시조 공간의 실체를 확인하고 그 의미에 관해 탐구함으로써 우리는 강호시조 창작 주체의 자아 지향, 미적 인식, 세계관 등 강호시조의 세계에 대한 이해로 이해의 범위를 확장할 수 있다.

이렇게 이해의 대상이자 기준, 관점으로서 '공간'에 주목한다면, 학습자들에게는 다양한 기준을 통해 공간을 분석해 보고 그것을 강호시조 전체와 연결 짓는 체험들이 누적될 필요가 있다. 그것은 작품의 내(內)와 외(外) 어느 곳에 한정될 이유가 없다. 오히려 다양한 방식으로 공간을 분석해 보는 경험 그 자체의 활성화가 중요하리라고 본다.

(2) 강호시조 이해에서 공간 이해의 층위

다음으로는 강호시조의 이해에서 공간 이해가 어떤 층위에서 가능한 것인지를 논할 필요가 있겠다. 이상에서 논한 바를 참조하여, 본고에서는 강호시조의 이해에서 공간 이해가 세 가지 층위에서 가능하다고 보았다. 구체적인 내용은 다음과 같다. 이에 대해서 역시 강호시조라는 역사적 실체와의 연관성 속에서 기술하고자 한다.

(가) 강호시조 창작 동기로서의 공간 체험의 의미 이해

먼저, '강호시조의 공간 이해'는 강호시조의 창작 동기로서 '공간 체험의 의미 이해'라는 위상을 갖는다. 강호시조의 창작 주체들에게 공간 체험은 그 자체로 중요한 창작 동기였다. 강호시조의 창작층인 중세 사대부들에게 귀거래 지향이 실현된 것은 창작의 심회를 불러일으켰다고 볼 수 있다. 자신의 주거지와 그 주변 공간에서 흥을 즐길 수 있는 자연적 자아가 실현되었기 때문이다.[96] 정치 경제의 중심지인 서울에서는 산수화나 일상 외적인 여행 등을 통해서만 접할 수 있던 자연을 일상에서 체험하게 되었다는 사실이 강호시조의 창작 주체에게는 창작의 중요한 동기였던 것이다.

이현보의 예들 들자면, 그는 관직에 진출해 있을 때는 고향으로 돌아가고 싶은 소망을 <귀거래도>와 같은 그림으로 표출했다. 또한, 이현보는 낙향하기 2년 전부터 고향에 돌아가고 싶은 소망을 별서도(別墅圖) 제작을 통해 표출했다.[97] 그가 분천과 이천에 마련한 별서를 그린 이 그림이 그가 별서에 기거할 때 제작한 것이 아니라는 점은 주목을 요하는 부분이다. 미술사학 연구에 의하면, 서울을 중심으로 하여 특수한 문화를 형성하고 있었던 경화세족들도 중심지에 기거하면서 관념 산수 배경의 산거도(山居圖)를 소유하는 문화를 형성하고 있었다.[98] 그들 스스로는 서울의 산 속에 화려한 제택(第宅)을 지어 살고 있으면서도 소박한 주거지 안에서 기거하는 전형적인 은자의 모습을 그려 낸 그림을 애호하는 문화를 형성하고 있었던 것이다.

이렇듯 중세의 사대부들에게 '자연 속에서의 삶'은 지방의 산천에서 멀리 떨어졌을 때 마음속의 이미지로만 이상화되어 있었다. 그러

96) 사대부들에게는 성리학적 이념 지향의 사회적 자아와 그로부터 벗어나 유(遊)를 즐기고자 하는 자연적 자아가 조화롭게 합일되어 있었다. 현실에서 한 부분이 실제적으로 만족되면 다른 부분에 대한 지향이 남아 있게 된다. 예를 들어, 그들이 겸제천하(兼齊天下)의 사회적 자아를 실현했을 때, 자연적 자아의 지향은 산수화를 감상하는 와유(臥遊)를 통해 만족되었던 점이 그 사례가 된다.
조송식, 「조선초기 사대부의 이중적 자연관과 '와유'적 산수의 변화」, 『미학』 33, 한국미학회, 2002, 34-35면.

97) 조규희, 「조선시대 별서도 연구」, 서울대 박사논문, 2006, 60-63면.

98) 조규희, 「조선시대 산거도 연구」, 서울대 석사논문, 1998, 68-92면.

나 '자연 속에서의 삶'이 현실이 되었을 때, 그들은 시조를 창작할 수 있었다. 그 안에서 누리는 유(遊)를 통해 세속을 벗어나 있으면서도 세상과 담 쌓지 않는 가운데 흥(興)과 락(樂)을 즐길 수 있었기 때문이다. 중심지에 있을 때는 그림으로만 간직하던 산수 지향을, 고향으로 돌아온 이현보가 <어부단가>를 통해 표출할 수 있었다는 것은 시조의 창작이 향촌이라는 특수한 공간에서의 삶과 밀접한 관련을 갖고 있음을 말해준다.

강호시조 공간 체험을 통해 유발된 흥(興)과 락(樂), 자연에서의 유(遊)와 자연 완상(玩賞)이 주는 이완과 미적 체험 등은 강호시조의 창작 주체들로 하여금 노래로 이를 표현하고자 하는 욕구를 불러일으킨 것으로 보인다. 강호시조의 공간 형상화는 시적 주체의 공간 체험과 그 안에서 누릴 수 있는 흥(興)과 락(樂)의 정서를 중심으로 질서화되고 있기 때문이다.

三公이 貴타 ᄒᆞᆫ들 이 江山과 밧골소냐
扁舟에 ᄃᆞᆯ을 싯고 낙대를 흣더질 제
이 몸이 이 淸興가지고 萬戶侯ㅣㄴ들 부르랴

[율리유곡 8장 / 청구영언(靑丘永言) 진본(珍本) 153][99)]

이 작품에서 시적 주체의 '율리(栗里)'에서의 삶은 그 안에서 누리는 청흥(淸興)을 중심으로 질서화되어 있다. 시적 주체는 율리에서 공

99) 이하, 본문의 작품 인용에서 인용 작품명과 원문 출처를 이와 같이 표기하고자 한다. "[작품명 장 / 원문 출처]". 본고에서 작품의 원문은 대부분 창작 주체의 문집에서 인용하였으며, <청구영언>을 인용한 경우도 있다. 작품 원문을 구하기 어려운 경우, 연구자의 논문에 소개된 작품이나 '연시조 주해집'을 참조하기도 하였다.

명(功名)과 부귀(富貴)의 속박에서 벗어나 자기를 잊을 정도의 자유를 누리고 있다고 한다.(2장) 시적 주체는 거친 보리로 술을 빚고,(3장) 샘물을 길어다 팥죽을 쑤고 김치를 곁들여 먹는 것은(4장) 남에게 알게 하기 아까울 정도의 흥(興)이라고도 하였다. 율리에서의 시적 주체의 체험과 거기에서 오는 흥, 즉 청흥(淸興)은 강호시조 공간의 일상적 체험에서 오는 흥이며, 이러한 정서가 창작의 동기가 되었다고 볼 수 있다.

강호시조 공간의 체험에서 오는 흥과 락의 정서는 강호시조 공간이 갖는 성격과 밀접한 관련을 갖는다. 강호시조 공간은 시적 주체에게 일상적 공간이다. 일상적 공간의 일상적 체험 속에서 누리는 속박없는 유(遊)는 감정의 폭발이나 감정의 지나친 절제와 어울리지 않는다. 일상적 공간에서 그 공간에 조화로운 상태로 시적 주체가 누리는 속박 없는 평정한 정서가 강호시조 공간 체험이 주는 혜택이며, 이는 창작의 동기가 되기에 충분하다.[100)]

이와 같이 강호시조 공간에서의 체험과 그에서 유발되는 정서가 창작의 동기가 되었으므로, 학습자들의 강호시조 이해는 강호시조 창작 주체들의 공간 체험, 그 안에서 유발되는 정서 등에 대한 이해의 위상을 가질 수 있다.

(나) 강호시조 작시 원리로서의 공간 구성 원리 이해

둘째로, '강호시조의 공간 이해'는 강호시조의 작시 원리로서 '공간 구성 원리 이해'라는 위상을 갖는다. 본고에서는 강호시조의 공간 구

100) 이러한 평정한 정서는 유가(儒家)의 미학이자 시조의 미학이기도 하다. 이에 관해서는 김학성의 논의를 참조할 수 있다.
김학성, 『한국고전시가의 전통과 계승』, 성균관대학교 출판부, 2009, 15-44면.

성 원리가 당대 강호시조의 창작 주체들에게 일종의 작시 원리로 받아들여졌기에 수세기에 걸쳐 강호시조가 창작될 수 있었다고 본다. 강호시조 공간의 구성 요소와 구성 방식 등은 일정한 경향이 있으며, 이것은 작품 내에서 다양한 의미를 갖고 강호시조의 주제 실현에 기여하고 있다. 작시 원리로서 공간 구성 원리를 이해하는 것은 강호시조를 하나의 유형적 특성을 갖는 작품군으로 이해하도록 도우면서 작품의 개별성이 어떻게 실현되고 있는지를 판단하게 하는 중요한 기준이 된다.

문학 작품의 작시 원리는 단일한 층위의 것이 아니기에, 강호시조의 작시 원리로서 공간 구성 원리를 이해한다는 것 역시 여러 층위에서 설명이 가능하다. 강호시조의 공간 구성 원리 이해가 어떤 층위에서 가능한지를 작품을 들어 설명해 보겠다.

물아 어듸 가는 나 갈 찔 미러셔라
뉘 누리 다 취와 지내노라 여흘여흘
滄海예 몬 밋츤 젼의야 근칠 쭐이 이시랴

[단가삼결 1장 / 개암선생문집(介庵先生文集) 상(上)]

芝蘭을 갓고랴 ᄒᆞ야 호믜를 두러메고
전원을 도라보니 반이 나마 荊棘이다
아히야 이 기음 몬 다 ᄆᆡ여 ᄒᆡ 져믈까 ᄒᆞ노라

[단가삼결 2장 / 개암선생문집(介庵先生文集) 상(上)]

柴扉예 개 즛는다 이 山村의 긔 뉘 오리

댓닙 푸른 듸 봄ㅅ 새 울 소릐로다
아히야 날 推尋 오나든 採薇 가다 ᄒᆞ여라

[단가삼결 3장 / 개암선생문집(介庵先生文集) 상(上)]

이 작품은 강익의 <단가삼결>이다. 강익은 함양 출신으로 일생을 향촌 사회에서 보냈다. 그는 관계에 진출하지는 않았으나, 남명(南冥) 조식(曹植)의 문도(門徒)로 유학자적 생활을 지속했다.[101)]

강익의 <단가삼결>은 강호시조 공간의 전형적인 구성 방식을 취하고 있다. 작품의 3장에서 알 수 있는 바와 같이, 시적 주체의 소박한 은거지[柴扉]는 사람들의 왕래가 없는 산촌에 위치해 있다. 산촌의 주거지 주변에는 물이 흐르고 있다.

대다수의 강호시조는 소박한 주거지와 그 주변의 산과 물을 배경으로 하고 있다. 이 작품의 구성물인 소박한 주거지와 그 주변의 산과 물, 주거지 주변의 대숲과 새 울음 소리, 개 짖는 소리, 지란(芝蘭) 등은 은자의 주거지를 구성하는 전형적인 구성물들이다. 이것들은 시적 주체에게 거리감 없는 구성물들로 선택되어 강호시조의 공간 안에 질서화되어 있다.

특히, '산촌(山村)의 시비(柴扉)'와 '사람 없음', '시적 주체가 데리고 있는 동자'와 '사람 없는 산 속으로 고사리를 캐러 다니는 은자'인 시적 주체 등의 이미지는 한시나 다른 시조 작품에서도 발견되는 것으로, 당대에 보편적인 이미지였다. 이는 널리 알려진 도상(圖像)이기도 해서 그림으로도 그려졌다.

이 작품에서 사람들의 왕래가 없는 고요한 주거지의 일상을 지탱하

101) 강익의 유자(儒者)적 일생에 관해서는 다음 논의를 참조할 수 있다.
문범두, 「개암 강익의 學行과 文學」, 『한민족어문학』 56, 한민족어문학회, 2010.

는 것은 은자로서 시적 주체가 가지고 있는 의식적 지향이다. 작품의 1장에서 시적 주체는 주거지 주변을 흐르는 물을 보며, 저 물과 같이 한 순간도 그침이 없이 지속적으로 흐르고자 한다. 부단히 흐르는 물과도 같이 은거한 군자로서 가치 지향을 잊지 않음으로써 수기(修己)하는 삶을 살고자 하는 중세 사대부의 의식을 엿볼 수 있다. 또한, 전원의 형극(荊棘)처럼 은자의 고고한 삶의 지향에 방해 요소가 되는 것은 손수 호미를 둘러 매어 없애고자 한다. 이 작품의 구성물을 질서화하고 작품의 의미 지향을 지탱하는 것은 이와 같이 은거한 군자로서의 의식적 지향을 잃지 않는 시적 주체의 태도이다.

이와 같은 구성물들이 배치된 공간 구성 방식은 강호시조에서 반복적으로 발견된다. 강호시조의 창작 주체들은 당대에 보편화되었던 이와 같은 공간 구성 방식을 활용해 작품을 창작했다고 볼 수 있다. 미숙한 독자로서 학습자에게는 이렇게 보편적으로 발견되는 공간 구성 요소들과 그것들이 질서화되는 방식을 발견하는 일이 중요하다. 이런 가운데 강호시조를 하나의 유형적 특성을 가진 작품군으로 이해하게 되기 때문이다. 또한, 학습자들은 이 과정에서 발견한 공통점들을 준거로 삼아 개별적인 작품들의 개성적인 특질을 발견할 수 있다.

한편, 시적 주체의 공간 체험과 그 안에서 실현하는 삶의 실제가 어떠하냐에 따라 강호시조 공간의 성격이 변화하는 점 역시 이해의 중요한 대상이 된다. 이런 경우에는 공간의 구성 요소와 그것들의 배치, 공간의 이미지나 상징 등이 공간의 성격에 따라 달리 표현된다고 볼 수 있다. 그러므로 공간의 성격을 기준으로 보면, 공간 구성의 원리에서 또 다른 측면을 발견할 수 있다. 그러므로 학습자들은 공간의 성격을 이해의 대상으로 삼아 이에 합당한 기준과 관점에 따라 공간 구성 원리를 탐색할 필요가 있다.

작시 원리로서의 공간 구성 원리는 '시조'라는 장르적 질서 안에서 공간이 구현되는 서술적·표현적 층위를 의미하기도 한다. 이는 시행이나 연의 구성과 같은 시조의 형식적인 면을 기반으로 하여 창작 주체가 공간을 표현하는 데 활용했을 것으로 보이는 원리를 뜻한다. 행이나 연을 통해 특정한 장소에 관해 말하는 방식, 공간을 중심으로 시상을 전개하는 방식 등이 이와 관련된다.

이상에서 살핀 바와 같이, 공간 구성 원리는 일종의 작시 원리라 할 수 있다. 그렇기 때문에 강호시조의 공간은 시적 주체의 경험을 설명하는 단순한 배경이라고 보기 어렵다. 이런 점에 의해, 강호시조의 공간 구성 원리를 이해하는 것은 강호시조 장르와 작품에 대한 이해로 확장될 가능성을 충분히 갖고 있다.

(다) 공간적 상징과 공간 이상화의 문화사적 이해

셋째로, '강호시조 공간의 이해'는 '공간적 상징과 공간 이상화에 대한 문화사적 이해'의 관점을 확보하는 것과도 관련될 수 있다. 강호시조 공간에 대한 이해는 시와 노래, 회화 등을 통해 산수 자연과 그 속에 위치한 사대부들의 주거지, 누정(樓亭)과 같은 유(遊)의 공간을 상징화하고 이상화하는 중세적인 문화에 대한 이해를 필요로 한다.

강호시조의 창작 주체들이 자신의 주거지와 그 주변의 자연을 미화할 수 있었던 배경에는 시(詩), 서(書), 화(畵), 원림(園林) 조영 등을 통하여 산수 자연을 상징화하고 이상화하던 중세적인 문화가 있다. 이는 '강호시조 이해의 동아시아 미학적 관점 획득'이라는 위상으로도 확대될 수 있다. 중세의 산수 애호가 우리나라에 특수한 현상이었던 것은 아니기 때문이다. 예를 들어, 송대 사대부들의 산수 애호 역시 시(詩)·서(書)·화(畵), 대규모의 원림(園林) 조영 등을 통해 드러났다. 산수 애호는 이와 같이 동아시아적 특징을 가진다. 그러므로 강호시조의 공간을 이해한다는 것은 공간적 상징과 이상화를 동아시아 미학적 관점에서 이해하는 것과도 관련될 수 있다.

사대부로서 산수를 애호한다는 것이 어떤 의미를 지닐 수 있는지를 『임천고치(林泉高致)』102)의 「산수훈(山水訓)」을 통해 짐작할 수 있다.

> 군자가 산수를 사랑하는 이유는 어디에 있을까? 산릉과 전원에서 심성을 기름은 늘 처하고자 하는 바이고, 천석 속에서 노래 부르며 노닒은 늘 즐거워하는 바이고, 물고기를 잡고 나무를 하며 세상을 피하여 숨어 지냄은 늘 마음에 들어하는 바이고, 원숭이와 두루미가 날고 우는 정경은 늘 보고자 하는 바이고, 시끄러운 티끌세상의 굴레와 속박은 사람의 마음에 늘 싫증이 나는 바이고, 안개와 노을 속의 선성(仙聖)의 모습은 마음에 늘 그리워하면서도 볼 수 없는 바이다.
>
> 다만 태평한 시대의 성대한 날에 살면서 임금과 어버이의 마음이 모두 극진하거늘 어찌 자기 한 몸만을 결백하게 하려고 할 수 있겠는가? 나아가고 물러남은 오직 절개와 의리가 어떠한가에 매여있을 뿐이다. 어찌 인자처럼 걸음을 높이 들어 먼 곳으로 물러나 속세를 버리고 떠나는 행동을 하여 기필코 기산, 영수에 은거하던 허유와 같은 품성을 지니고자 하며 상산에 은거하던 하황공, 기리계와 더불어 아름다움을 함께해야만 하겠는가? 「백구(白駒)」의 시와 「자지(紫芝)」의 노래는 모두 어쩔 수 없어서 길이 떠나가 은둔함을 읊었을 뿐이다.
>
> 그렇다면 임천(林泉)을 사랑하고 안개와 오늘을 벗하고자 자나깨나 늘 그리워하면서도 귀와 눈으로는 이를 접할 수 없을 것이다. 하지만 지금 그림에 솜씨가 뛰어난 사람을 만나 성대하게 그

102) 곽희, 신영주 역, 『임천고치(林泉高致)』, 문자향, 1117/2003.

> 려낸다면 방을 나서지 않고도 앉은 채로 시내와 골짜기를 다 접할 수 있으니, 원숭이의 소리와 새의 울음이 실재로 귀에 들리는 듯하고 산색과 물빛이 황홀하게 시선을 사로잡을 것이다. 어찌 사람의 마음을 통쾌하게 만들고 참으로 나의 마음에 바라던 바를 얻었다 하지 않겠는가? 이것이 곧 사람들이 산수 그리는 일을 귀하게 여기는 본래의 뜻이다.[103)]

여기에서 사대부들이 산수 유람을 산수화(山水畵)로 대신했던 '와유(臥遊)' 문화의 일면을 짐작할 수 있다. 사대부들이 산수를 지향하는 것은 심성을 수양하고 자연 속에서 노닐며, 속세의 어지러움으로부터 벗어날 수 있는 것으로 늘 원하는 바이다. 그러나 임금과 어버이를 외면하고 홀로 자유를 누릴 수는 없으므로, 산수화를 통해 자연에서 노니는 즐거움을 누리겠다는 것이다. 인용에서 볼 수 있는 바와 같이, 사대부들에게는 이상적인 삶과 이상적인 인간형, 이상적인 국가의 문제가 중요했다. 이상적인 삶과 인간형의 추구에 걸맞은 공간은 산수인데, 현실적으로 산수를 늘상 누리기는 어려우므로 산수화 속에 이상적인 산수를 그려 넣어 방안에서도 산수에서 노니는 경지를 실현할 수 있다고 본 것이다.

사대부들의 이러한 지향은 때에 따라 산수화로, 시 창작으로, 시조 창작으로, 원림 조영으로 표출되었다고 볼 수 있다. 강호시조 공간에

103) 신영주의 번역(곽희, 앞의 책, 10-11면)을 인용한다. 원문은 다음과 같다.
君子之所以愛夫山水者, 其旨安在? 丘園養素, 所常處也; 泉石嘯傲, 所常樂也; 漁樵隱逸, 所常適也; 猨鶴飛鳴, 所常觀也; 塵囂韁鎖, 此人情所常厭也; 烟霞仙聖, 此人情所常願而不得見也. 直以太平盛日, 君親之心兩隆 苟潔一身? 出處, 節義斯係. 豈仁人高蹈遠引, 爲亂世絶俗之行, 而必與箕潁埒素, 黃綺同芳哉? 白駒之詩, 紫芝之詠, 皆不得已而長往者也. 然則林泉之志, 烟霞之侶, 夢寐在焉, 耳目斷絶. 今得妙手, 鬱然出之, 不下堂筵, 坐窮泉壑 猨聲鳥啼, 依約在耳; 山光水色, 滉瀁奪目. 斯豈不快人意, 實獲我心哉? 此世之所以貴夫畵山水之本意也.

대한 이해는 이러한 문화적 맥락에 대한 이해와 동궤의 것이다.

3. 공간 이해 능력의 시교육적 의의

학습자들의 강호시조 공간에 대한 이해는 현대시의 공간에 대한 이해와 상호 보완적 관계를 가질 수 있다. 학습자들은 중세의 강호시조 공간과 현대시의 근대적 공간을 대비적인 관계 속에서 이해함으로써 공간에 대한 상상력의 지속과 변화에 관해 생각할 수 있기 때문이다. 강호시조 공간에 대한 이해를 시교육으로 확장한다면, 학습자들은 자신들이 속한 문화적 자장에서 창작된 현대시 공간의 의미와 강호시조 공간의 의미를 비교함으로써 공간에 대한 이해의 깊이를 심화할 수 있다. 본고에서는 이러한 맥락에서 '공간 이해 능력'이 다음과 같은 세 가지 측면에서 시교육적 의의를 가진다고 보았다.

(1) 서정시의 공간 분석 능력 향상

먼저, 강호시조의 공간을 이해함으로써 학습자들이 공간 이해 능력을 갖게 되었다면, 이는 서정시의 공간 분석 능력으로 전이될 수 있다고 본다. 공간의 이해를 위한 중핵적 활동인 '공간 분석'은 공통점과 차이점을 가진 다른 대상과의 비교와 대조 속에서 더 잘 수행될 수 있다. 이는 이해 학습에 관한 몇몇 이론들을 통해 짐작할 수 있는 바이다. 임철일의 연구[104]에 의하면 한 대상에 대한 이해는 그것과 관련되는 등위적 지식과의 비교와 대조 속에서 상위 지식 속에 포섭됨으

104) 임철일, 『교수 설계 이론 - 학습 과제 유형별 교수 전략』, 교육과학사, 2000, 108-115면.

로써 의미가 더 명료해진다. 예를 들자면 시조에 대한 이해는 시조와 등위적 관계에 있는 하위 장르, 예를 들어 현대시와의 관련성 속에서 '서정시'라는 상위 지식에 포섭됨으로써 의미가 명료해질 수 있다는 것이다. 비교와 대조 이외에도 비유, 추론, 사례화, 함의 탐구 등이 발전된 이해의 방법으로 활용될 수 있다.

이런 점들로 볼 때, 학습자는 강호시조 공간과 현대시의 공간이 가지는 특징을 대비적인 구도 속에서 파악하는 과정에서 시의 공간 분석 방법을 조금 더 다양화할 수 있다. 이 과정에서 학습자들의 시 장르에 대한 이해 역시 심화될 수 있다고 본다.

더 구체적으로 논의하기 위해 현대시 작품의 예를 들어 보자. 강호시조의 창작 주체와 마찬가지로 자연과 공간에 관심을 가진 현대시인들로 『청록집(靑鹿集)』(1946)을 함께 낸 박목월, 조지훈, 박두진을 들 수 있다. 『청록집』에 실린 시들의 중심 소재는 대부분 자연이다. 이 시들에 나타난 자연에 대한 관점이나 시적 형상화 방식에는 특수한 면이 있어, 강호시조와 비교 분석하기에 용이하다.

청록파 시인들은 시의 전통에 관심을 갖고 있었다. 그들은 식민지적 현실과 해방 전후의 혼란한 상황에서 자연에 주목함으로써 그들 나름의 대안을 마련하고자 했다는 평가를 받는다.105) 이들이 지녔던 자연에 대한 관심은 조지훈의 다음과 같은 언급을 통해 그 의미를 짐작할 수 있다.

> 그러므로, 우리는 人間은 機械的이나 動物的이어서 自然的이 되는 것이 아니라 도리어 人間的이고 自律的이어야 더 自然的이라는 眞理를 찾을 수 있는 것입니다. 문학은 文化 産物의 하나로

105) 이런 점은 문학사에서 비판의 대상이 되기도 했다. 이들이 자연에 주목한 것이 현실에서의 도피로 여겨지기도 했던 것이다.

> 서 人間만이 享有한 것입니다. 그러나, 文學을 한다는 것은 人間이 태어나면서부터 절로 發生하지 않을 수 없었던 生命의 慾求였읍니다. 生命의 慾求라는 것은 一切가 自然입니다. 그러므로, 自然의 原理가 人間이란 主體를 契機로 하여 만들어진 文學은 人間의 技術을 거쳐서 自然에 還元되는 本質을 가지는 것이고 다만 技術에 멈춰서는 것이 아닙니다. 따라서, 좋은 作品은 분명히 한 個人이 만든 作品이면서도 一段 그 지은 사람의 分身이 되어 새로운 個體의 生命을 받아 가지고 지은 사람의 生死興亡에 完全히 定律化되지 않는 運命을 가지는 것이며, 이 事實은 곧 文學作品이 하나의 人格으로서 하나의 自然에 핏줄을 통한다는 말이 됩니다.
>
> 이와 같이, 文學은 自然과 人間 사이에서 살고 있으므로 文學은 人間을 통해 나타나는 自然總體의 結晶이요 自然을 통해 나타나는 人間精神의 究竟的 具現이라 할 수 있읍니다.[106] (밑줄:필자)

그에 의하면 시를 쓴다는 것은 생명의 욕구를 발현하는 것이며, 문학을 통해 자연을 형상화하는 것은 인간 정신의 구현이다. 그는 서정시의 정신이 "자연과 한 덩어리가 되는"[107] 것이라고 보았다. 그가 자연과 한 덩어리가 되어 생명의 욕구를 발현하는 것이 시라고 한 것은, 시는 생명으로서의 자연에 대한 존중과 자연에 대한 미적 체험을 표현해야 한다는 그의 관점을 보여준다. 그는 자연을 지배하려는 서양의 문화에 비해 동양의 문학이 시정신을 더 잘 드러내고 있으며 이런 점에서 현대 사회에서는 서양의 과학적 기계 문명 이상으로 동양의 시정신이 존중되어야 한다고 보았다.[108] 『청록집』에 실린 그의 시들

---

106) 조지훈, 「自然과 文學」, 『조지훈 전집』 3, 일지사, 1973, 312-315면.
107) 조지훈, 위의 글, 315면.
108) 조지훈, 위의 글, 313-314면.

은 박목월이나 박두진의 시와 더불어 생명으로서의 자연에 대한 그의 관점을 보여주고 있다. 대표적인 작품으로 꼽을 수 있는 <낙화>를 보자.

꽃이 지기로소니
바람을 탓하랴.

주렴 밖에 성긴 별이
하나 둘 스러지고

귀촉도 우름 뒤에
머언 산이 닥아서다.

초ㅅ불을 꺼야하리
꽃이 지는데

꽃지는 그림자
뜰에 어리어

하이얀 미닫이가
우련 붉어라.

묻혀서 사는 이의
고운 마음을
아는이 있을까
저허하노니

꽃이 지는 아침은
울고 싶어라.

[조지훈, 「落花」 / 청록집(靑鹿集)]

그는 생명으로서의 자연에 주목함으로써 자연 문학으로 대표될 수 있는 동양적인 전통을 계승하고자 하였다. 논자에 따라서는 이 작품을 전통적인 이기(理氣) 철학의 맥락에서 해석하기도 한다.[109] 1연의 '꽃이 지기로소니 / 바람을 탓하랴'라는 표현에서 볼 수 있는 바와 같이, 시적 주체가 생장(生長)과 쇠로(衰老)의 자연적 순환을 존중하는 마음으로 받아들이고 있기 때문이다.

이 작품에서 시적 주체가 위치한 공간은 '주렴'과 '미닫이'로 표현되는 방안이다. 시적 주체는 '지는 꽃'처럼 '스러지는 별'을 주렴 너머로 바라본다. 또한, 하얀 미닫이 너머로 꽃이 지는 모습을 보며 함께 울고 싶은 마음에 젖어 든다. 시적 주체가 위치하고 있는 방안은 시적 주체로 하여금 '꽃'과 '별', '귀촉도의 울음 소리'와 '먼 산' 등으로 표상되는 자연물들이 서로 그 자리에 있어 아름다운 상태인 것을 관조하도록 만들어 주는 공간이다. 그러나 시적 주체는 자연이 그 자리에서 아름다운 것을 보면서도 울고 싶은 슬픔에 젖고 있다.

이는 생명의 상징인 자연에 동화되고 싶지만 관조할 수밖에 없는 자신의 한계에 대한 슬픔으로 해석될 수 있다. 혹은 혼란스러운 현실에서 찾아내고 추구한 자연에서 얻을 수 있는 위안에는 한계가 있기 때문에 시적 주체가 어쩔 수 없는 슬픔을 느끼고 있는 것으로도 볼 수 있다.[110] 생명으로서의 자연에 대한 존중이라는 서정시적 전통을

109) 최승호, 『한국적 서정의 본질 탐구』, 다운샘, 1998, 99-123면.
110) 을유문화사에서 2006년에 새로 편집해 출판한 『청록집』의 해설에서 김기중은 이

계승하고자 하는 노력에도 불구하고, 이 시에서 중요한 공간인 '방'과 '자연'은 시적 주체의 생의 문제에서 비롯된 이 '슬픔의 정서를 환기하는' 감정이입적 도구이자 배경으로서 기능하고 있다. 이런 면에서 이 작품에서 발견되는 성리학적 자연관은 창작 주체가 처한 현실과의 관련 속에서는 실현되기는 어려운 관념이라 평가할 수 있다.

그러나 강호시조의 공간은 공간에 대한 성리학적 성찰로부터 탄생된 것으로서 <낙화>의 공간과 유사성이 있지만 이는 관념에만 그치지 않는다. 강호시조 창작 주체들의 성리학적 성찰은 특정 공간에 처한 자신의 삶에 대한 인식, 미적 체험, 향촌에서 누리는 생활과 문화 등과의 밀접한 관련 속에서 심화되고 있기 때문이다. 성리학적 이념의 자장 안에서 창작 주체의 삶과 밀착되어 있는 강호시조의 공간은 강호시조 특유의 미학을 구축하는 중심축이다.

중세 혹은 근대라는 역사적 현실, 혹은 그들이 처한 구체적 삶의 현실은 자연을 비롯하여 자신이 처한 삶의 공간을 이해하는 데 뚜렷한 영향을 끼친다. 공간에 대한 중세인과 근대인들의 이해가 중세의 우리말 노래인 시조, 근대의 문자 문학인 시로 표현되었을 때는 이런 점들로부터 비롯된 차이가 그 안에 담기게 된다.

<낙화>의 공간에서 발견되는 특유의 자연관에 대한 이해는 학습자들이 강호시조 공간에 대한 이해 능력을 기반으로 성취될 수 있는 것이다. <낙화>에 담긴 자연관은 자연에 대한 성리학적 관점의 전통을

에 대해 다음과 같이 말하고 있어 이를 참고할 만하다. "이러한 내재적 초월의 지향은 실상 관념의 깊이에서만 가능한, 무너지기 쉬운 것이다. 그러므로 관념이 아닌 현실적인 감각의 섬세함에 의해 포착된 시적 자아의 모습은 대개 고립감과 상실감을 동반한 슬픔의 정서로 물들여진다. 「낙화」는 이 같은 시인의 정서를 담고 있는 대표적인 작품이다."
김기중, 「자연의 재발견과 존재론적 생명의식의 형상화」, 박목월 외, 『청록집(青鹿集)』, 을유문화사, 1946/2006, 77면.

수용하려고 한 창작 주체의 지향이 반영되어 있기 때문이다. 강호시조 공간을 이해하는 과정에서 공간 이해 능력을 획득한 학습자는 강호시조 공간과 일정 정도 유사성을 가지는 이와 같은 현대시 공간의 특징을 손쉽게 파악할 수 있다.

또한, 현대시와 강호시조 사이에 존재하는 차이점에 대한 인지 역시 강호시조 공간 이해 능력에 기반하여 이루어질 수 있다. 위에서 살핀 바와 같이, 현대시와 강호시조 공간 사이에는 창작 주체가 처한 현실과 문화, 시적 형식 사이의 차이로 인한 무시할 수 없는 상이함이 있다. 이와 관련하여서는, 강호시조 공간에 대한 이해를 기반으로 하여 대비적인 구도 속에서 강호시조와 현대시의 공간에 대한 이해가 분명해 질 수 있다고 본다.

이와 같이, 학습자들은 강호시조 공간에 대한 이해를 기반으로 하여 자신이 감상할 수 있는 자료들을 현대시로 확장하는 과정에서 서정시의 공간 분석 능력을 향상할 수 있으리라 기대된다. 이는 강호시조 공간에 대한 이해를 기반으로 삼되, 작품과 작품을 대비하는 과정에서 강호시조와 현대시의 차이점을 확인하는 활동을 통해 활성화될 수 있다.

(2) 공간 중심의 시적 주제 구성 능력 향상

두 번째로 강호시조의 공간을 이해함으로써 얻게 된 공간 이해 능력은 공간을 중심으로 시적 주제를 구성하는 능력으로 전이될 수 있다고 본다. 시에서 시적 주체가 주된 대상으로 공간을 형상화했다는 것은 대체로 공간의 형상화를 통해 시적 주체의 의식, 상황, 정서 등을 표출하고자 했음을 뜻한다. 이를 시적 주제라 칭할 수 있을 것이다. 공간 이해 능력을 습득한 학습자들은 시적 공간을 시적 주체의 의식, 상황, 정서와 연결 지으면서 시의 주제를 구성하는 능력을 향상시킬 수 있다.

공간을 중심으로 시의 주제를 구성하는 능력 역시 강호시조 공간과 현대시 공간 사이의 대비적 구도, 혹은 상호보완적 구도 속에서 분명해질 수 있다. 조지훈과 함께 『청록집』에 시를 수록해 주목을 받은 박목월의 작품을 통해 이에 관해 논해 보겠다. 다음 작품은 박목월의 <靑노루>이다.

머언 산 靑雲寺
낡은 기와집

山은 紫霞山
봄눈 녹으면

느릅나무
속ㅅ잎 피어가는 열두구비를

靑노루
맑은 눈에

도는
구름

[박목월, 「靑노루」 / 청록집(靑鹿集)]

이 작품에는 '자하산'이 대표하는 자연 공간이 주로 묘사되어 있다. 이 작품은 주관적 감정의 개입이 없이 자연 그 자체를 "감성적 차원에서 미학적으로" 묘사하고자 한 작품군에 속한다는 평가111)를 받기도 했다. 이 작품에서 자연 공간은 시각적 감각 차원에서 묘사되고 있는데, 푸른 구름과 자줏빛 산, 푸른 노루가 환기하는 바와 같이 이를 현실적인 공간이라고 보기 어렵다. 이 작품의 공간은 현실과는 거리가 먼 상상 속의 자연으로, 이미지를 통해 이상적으로 묘사된 자연이라고 볼 수 있다.

이 시의 공간에 대한 묘사를 이해하는 것은 시의 주제를 구성하는 데 있어 핵심적이다. <청노루>의 자연 공간은 신비로운 상상적 공간으로서, 현실 세계에서 인간들이 추구하는 가치 지향과 단절되어 있다는 특징이 있다. 이를테면, 이 작품의 공간은 자유나 평등과 같은 근대적인 이념과 관련되어 있거나, 인간이 보편적으로 지향하는 낭만이나 행복 추구와 관련되어 있다고 보기 어렵다. 이러한 가치 지향들과의 단절로부터 추측하건대, 오히려 이 시의 시적 주체는 식민지적 현실의 부조리함과 근대적인 이념 담론들의 부침(浮沈) 속에서 현실에 대한 절망으로 인해 현실과 철저히 단절된 공간을 묘사했다고 볼 수 있다. 시적 주체는 이렇게 현실 세계, 현실적 가치 지향과 단절된 상상적인 자연 공간을 그리고 있으며, 이에 대해서만큼은 그것이 환기하는 신비로운 이미지만큼 스스로 호의적인 시선을 갖고 있다. 이를 맑은 눈에 구름을 머금은 청노루의 이미지가 집약하고 있다.

이상에서 볼 때, 학습자들이 <청노루>의 주제를 구성하기 위해서는 작품 분석을 상세화해 공간의 특징을 변별해 내야 하는데, 이 과정에서 학습자는 공간의 특징을 창작 주체가 처한 현실과 관련지을 필요가 있다. 학습자들은 식민지적 현실, 해방 공간의 혼란 속에서 창작 주체가 시적 공간을 특정한 가치와 관련짓고 있는지의 여부를 확인해

111) 오세영, 「현대시와 자연 그리고 문화」, 유종호 외, 『현대 한국문학 100년』, 민음사, 1999, 325면.

보아야 한다. 이러한 분석 과정은 강호시조 공간의 분석 과정에서 획득한 분석의 기준과 방법을 활용하는 가운데 수행될 수 있다.

강호시조에는 중세 사대부들의 유가적 현실 대응 방식이 나타나 있다. 그들은 유가적 지향의 실현으로서 향촌이라는 공간을 선택하였으며, 강호시조 작품에는 거기에서 즐기는 흥(興)과 락(樂)을 형상화되어 있다. 이는 강호시조의 중심 주제와 관련된다. 강호시조 작품에서 공간은 창작 주체의 자아 의식이나 세계관과 동떨어져 존재할 수 없는 것으로서, 강호시조의 공간을 중심으로 주제를 구성하려면 공간과 자아 의식, 공간과 세계관 사이의 관련성을 반드시 탐색해야 한다.

학습자들은 강호시조 공간에 대한 이해에 기반하여 <청노루>의 공간과 창작 주체의 사회적 정체성, 세계관, 자아 의식 등과의 관련성을 탐색해 볼 수 있다. 그 과정에서 이들 사이의 관련성이 미미하며 이 시의 주제가 시 내적인 이미지를 중심으로 구현되고 있음을 파악하게 될 것이다. 이와 같이, <청노루>의 공간은 강호시조의 공간과는 상당한 차이를 갖고 있기 때문에 학습자는 이 둘을 대비하는 과정 속에서 시적 주제 구성 능력의 향상을 꾀할 수 있다.

이상에서 볼 수 있는 바와 같이, 학습자들은 강호시조 공간을 이해하는 과정에서 획득한 기준과 방법을 활용해 현대시의 공간을 중심으로 시의 주제를 구성해 볼 수 있다. 이 과정에서 학습자들은 강호시조와 현대시 사이의 공통점과 차이점을 발견할 수 있는데, 이 역시 시적 주제 구성 능력의 향상에 기여할 수 있는 기본 자료가 된다.

(3) 공간적 상징의 문화적 소통에 대한 이해 능력 향상

세 번째로, 강호시조 공간의 이해를 통해 획득된 '공간 이해 능력'

은 '공간적 상징의 문화적 소통에 대한 이해 능력'으로 전이될 수 있다. 강호시조 공간 이해를 통해 학습자가 공간 이해 능력을 획득하게 되면, 학습자들은 시대적·문화적 상황의 변화에 따라 그 시대의 주체들이 공간적 상징을 만들어 내고 그에 대해 소통하는 현상에 대해 이해하게 될 가능성이 크다.

시에 나타난 공간적 상징의 문화적 소통이란 '문화'라는 말이 함의하는 바와 같이 시대나 집단의 성격에 따라 다른 양상을 보이게 된다. 강호시조의 공간적 상징은 중세 사대부 문화 속에서 보편적이면서도 특수한 성격을 지니고 있다. 그들은 성리학적 이념의 질서 안에서 공간적 상징을 집단적으로 공유하였으며, 이를 일정한 질서에 따라 시조 속에 표현하고 있다. 공간적 상징의 표현과 소통의 측면에서 볼 때, 중세 사대부들은 보편적인 공간적 상징을 수용하고 변형하고 있음을 알 수 있다.

청록파 시인들은 자연에 대한 존중에 기반하여 시적 이미지와 상징을 구현해 내려는 노력을 기울였다. 이런 점에서 이 시집에 실린 시들 역시 공간적 상징과 소통의 맥락에서 해석될 수 있다. 이와 관련한 논의를 위해 조지훈의 <고사 1>을 보자.

> 木魚를 두드리다
> 조름에 겨워
>
> 고오운 상좌 아이도
> 잠이 들었다.
>
> 부처님은 말이 없이
> 웃으시는데

西域 萬里ㅅ길

눈 부신 노을 아래
모란이 진다.

[조지훈, 「古寺」 1 / 청록집(靑鹿集)]

이 작품의 공간은 말없이 웃는 부처와 목어 두드리다 잠든 상좌 아이가 표상하는 탈속적 공간이다. 『청록집』에 실린 조지훈의 다른 작품들에서와 마찬가지로 노을 아래로 모란이 지는 자연 공간에 위치한 절 역시 역사나 현실과는 거리가 먼 상상 속의 공간으로 그려지고 있음을 확인할 수 있다. 김기중의 견해를 참조하면, 이를 "내재적 초월의 세계"[112]라고 볼 수 있다. 이 작품에서 자연은 이와 같은 탈속적 이미지 속에 현실을 초월한 세계로서 상징화되고 있다. 조지훈은 시 창작을 통해 현실의 삶의 문제에 대한 답을 추구하는 가운데 여러 가지의 해답을 내놓았는데, 이 작품에 표현된 공간은 그 중 하나의 해답에 해당한다.

<청록집>을 출판한 세 명의 작가들은 모두 자연이라는 시적 대상을 상징화하려고 한 공통점을 갖고 있다. 그런데 작가에 따라 자연이라는 공간은 <고사 1>에서와 같이 탈속적 공간으로 상징화되기도 하고, 고풍적인 이미지 속에 한국적 전통을 상기하는 공간으로 상징화되기도 하며, 향토적 이미지를 지닌 공간으로 상징화되기도 한다. 이와 같이, 청록파 시인들은 작품을 통해 '자연'이 상징화될 수 있는 가능성을 생각하고 이를 다양화하려는 노력을 기울였다고 볼 수 있다.

112) 김기중, 앞의 글, 76면.

학습자들이 강호시조 공간의 상징적 의미가 수용되고 소통된 현상을 이해해, 강호시조의 창작 주제들이 공간의 상징을 수용하고 변형하였던 문화적 현상을 이해했다고 할 때, 이해의 과정에서 활용한 관점과 방법은 청록파 시인들의 시에도 활용될 수 있다. 학습자들은 '공간 이해 능력'에 기반해, 청록파 시인들이 '자연'에 주목해 공간을 상징화하고자 하였을 때의 공통적 지향과, 작품을 통해 이를 실현한 다양한 양상들을 이해하고 그 사이의 관련성을 탐색해 볼 수 있다.

한편, 청록파 시인들의 시 속에 표현된 자연이 때에 따라 탈속적 공간으로, 고풍적 전통으로, 향토의 상징으로 표현되었다 할 때, 이러한 공간적 상징의 성취는 현대시 시인들의 창작 상황과 현대 문화와의 관련성 속에서 파악될 필요가 있을 것이다. 일제 치하와 해방 공간이라는 혼란한 현실 속에서 자연에서 '전통'을 찾고 시를 통해 이를 상징화하고자 한 노력은 현대시 창작의 역사적 · 문화적 기반 속에서 가능한 것이기 때문이다. 학습자들은 이에 관해 이해함으로써, 강호시조와 상호 보완적 구도 속에서 중세 문화와 현대 문화에 대한 이해를 심화할 수 있으리라 기대된다.

Ⅲ. 강호시조의 이해에서 공간 이해의 성격

이 장에서는 '공간 중심의 강호시조 이해'가 어떤 방식으로 실현될 수 있는지를 확인하고자 한다. 작품의 특성을 기준으로 하여 '이해'의 문제에 대해 논하는 것이 본고의 특성이므로 작품을 중심에 두고 학습자가 주목할 수 있는 이해의 '대상'과 '기준'이 무엇이냐의 문제를 논할 것이다. 이러한 관점에서 작품을 분석하면, 그 분석의 결과는 강호시조 공간 이해의 구체상이나 전체적 과정에 대한 기술로 여겨질 필요가 있다.

본고에서 주목한 '공간 중심의 강호시조 이해'는 학습자들이 다양하게 설정된 기준에 따라 강호시조 공간의 특징을 탐구해, 이를 강호시조의 서정시적 세계의 이해로 확장하는 과정을 의미한다. 이를 위해서는 강호시조 공간의 특징을 이해하고 그것을 강호시조 작품 전체와의 관련성 속에서 의미화하는 과정이 필요할 것이다. 본고에서는 다음과 같은 두 가지 측면이 이를 위해 유용한 기준이라고 보았다. 첫째는 학습자들이 다양한 기준에 따라 '강호시조 공간의 특징'을 이해하는 것이며, 둘째는 '공간이 강호시조 작품에서 차지하는 역할'을 몇 가지 기준에 따라 이해하는 것이다.

먼저, 본고에서 강호시조 공간의 특징을 분석하기에 유용한 기준으로 설정한 것은 강호시조 공간 전환의 문화적 기반, 공간의 구성 요소와 구성 방식, 공간의 성격 부여 방식 등 세 가지 항목이다. 다음으로, 공간의 특징을 강호시조의 서정시적 세계와 연관 짓는다면, 강호시조의 공간은 창작의 동기, 작시의 원리, 시상 전개의 측면에서 강호시조의 작품 세계 구현에 중요한 역할을 한다고 보았다.

한편, 공간의 이미지와 상징적 의미는 당대 예술 문화에서 보편적으로 공유되어 강호시조에 반영되기도 하였다. 이는 우리나라 예술 문화만의 특징이 아니라 동아시아 미학적 성격을 지닌 것이므로, 공간의 이미지와 상징이 어떤 방식으로 예술 문화적으로 공유되었는가에 대한 이해는 포괄적인 의미의 문화 맥락 속에서 강호시조를 이해할 수 있도록 돕는다. 이 역시 강호시조 공간의 특징을 분석하는 과정에서 함께 논하고자 한다.

이 장에서는 이상과 같은 내용을 2개의 절에 걸쳐 논할 것이다. 먼저, 강호시조 공간의 특징에 대한 이해의 문제에 관해 살펴보자.

1. 강호시조 공간의 특징

학습자들의 강호시조 공간 이해 과정에서 중요한 것은 학습자들이 강호시조 공간의 특징을 작품 읽기 과정에서 구체적으로 확인하는 체험을 활성화하는 것이다. 학습자는 강호시조 작품 읽기 과정에서 공간을 구성하는 부분적 요소들을 확인하고 그것을 작품 전체의 특징과 연관지어 공간 전체의 특징이나 성격을 확인해야 한다. 또한, 시적 주체의 체험 공간이 시적 공간으로 전환될 수 있었던 문화적 기반에 대한 이해 역시 강호시조 공간에 대한 확장적 이해의 과정으로 필수적이다.

주지하듯, 읽기 이론에서는 텍스트의 이해가 단어나 구, 문장 등의 미시적 층위에서부터 텍스트 전체와 그 맥락의 이해에 해당하는 거시적인 층위에까지 이루어진다고 본다. 독자의 읽기에서 이는 미시적 층위에서 거시적 층위로, 혹은 거시적 층위에서 미시적 층위로, 혹은 미시적 층위와 거시적 층위를 순환하는 총체적 읽기로 구현된다고 볼 수 있다. 이를 참조하면, 언어적 구성물인 시조의 이해 역시 미시적 층위의 세부 사항에 대한 이해에서부터 작품 전체와 그 맥락에 대한 이해에 이르는 거시적인 층위의 이해에 이르기까지 총체적으로 구현되는 과정이라고 볼 수 있다.

학습자의 작품 읽기 과정을 이와 같이 볼 때, 먼저 미시적인 층위의 이해로는 작품의 구성 요소와 구성 방식을 확인하는 이해의 과정이 중핵적이라 할 수 있다. 작품을 접한 경험이 거의 없고, 강호시조에 대한 배경지식이 별로 없는 학습자들이 강호시조를 하나의 유형적 특징을 가진 작품군으로 분별하려면, 작품의 세부 사항을 실제적으로 확인할 필요가 있다.

한편, 학습자들은 강호시조 공간의 성격을 이해하는 종합적 읽기를 수행할 필요가 있다. 강호시조 공간의 '성격'에 대한 이해는 창작 주체의 삶과 강호시조의 연관성을 탐색하며, 작품 전체의 의미와 관련하여 공간의 성격을 탐색하는 읽기의 과정이다. 학습자들에게는 세부 사항에 대한 이해와 더불어 이와 같은 종합적 이해 과정이 필요하다.

또한, 학습자들은 거시적 층위의 이해와 관련하여, 강호시조 작품 속에 공간이 중심적으로 형상화될 수 있었던 기반에 대해 이해할 필요가 있다. '강호시조 공간의 문화적 기반'에 대한 이해가 그것인데, 이에 대한 이해는 세부적 읽기와 전체적 읽기의 과정에서 생기는 의문들을 해소하도록 도울 수 있다.

이 절에서는 이상과 같은 이해의 과정과 실제에 관해 구체적으로 논하고자 한다. 먼저, '강호시조 공간의 문화적 기반'에 대한 이해의 문제에 관해 살펴보자.

(1) 강호시조 공간의 문화적 기반

강호시조의 창작 주체들이 현실에 존재하는 다양한 층위의 공간을 서정시의 공간으로 전환하였다고 할 때, 강호시조 공간의 이해를 위해서는 여기에 영향을 미친 기반에 관한 검토가 필요하다. 그 기반에 대한 이해는 강호시조의 공간이 지니는 특징을 여러 가지 기준에 따라 이해한다고 할 때 중요한 '이해의 맥락'이 될 수 있다. 강호시조의 공간은 강호시조가 창작될 수 있었던 문화적 기반 위에서 창작 주체들이 처한 상황에 따라 당대에 보편적인 공간의 의미를 수용하기도 하고 변형하기도 하면서 만들어진 것이다. 학습자들은 강호시조 공간의 문화적 기반을 이해함으로써 강호시조에 대한 전체적인 이해의 틀을 수립할 필요가 있다.

여기에서는 이를 '창작 주체의 지향 의식', '강호시조와 중세의 문화', '거(居)와 유(遊)의 실현'이라는 세 가지 차원에서 살피고자 한다. 중세의 사대부들이 현실의 공간을 서정시의 공간으로 전환할 수 있었던 것은 우리말 노래인 시조가 그들의 이념적 지향의 정서적 충족을 추구할 수 있도록 하는 데 도움을 주었기 때문이다. 또한, 그 충족의 기저에는 강호시조의 창작을 둘러싼 중세의 문화와, 거(居)와 유(遊)의 지향과 실현이라는 유자적(儒者的) 삶의 문제가 있다.

강호시조 공간 전환의 기반에 대해 검토해 보는 것은 강호시조의 공간이 오랜 시간에 걸쳐 시조 속에 형상화될 수 있었던 토대로서의 성리학적 세계관, 그 세계관의 가치 지향과 태도 등이 무엇이었는지를 알게 하며 그것이 당대의 문화와 어떤 관련성 속에서 구현되었는지를 알게 한다는 점에서 중요하다.

(가) 창작 주체의 지향 의식

먼저, 창작 주체의 지향 의식에 관해 살펴보자. 주지하듯, 중세는 성리학적 이념의 시대이다. 강호시조의 창작은 중세 사대부들의 성리학적 이념이라는 지향 의식적 기반에 의해 가능한 것이었다. 성리학적 이념의 맥락에서는 자아와 가정, 사회, 자연, 국가, 우주가 일원론적으로 연속된다고 본다. 자아는 세상 속에 있고, 세상과 연결되어 있으며, 세상과 같은 생명을 공유한다는 사유이다. 성리학자들이 자연에 대한 탐구를 통해 자연에서 만물의 이치를 궁구(窮究)하려는 노력을 기울이면서 그 안에서 조화로운 자아를 지향했던 것도 이러한 관점이 반영되어 있는 것이다.

성리학적 이념 지향이 이러하므로 중세의 사대부들에게는 만물의 이치를 궁구하는 태도를 지니며 심성을 수양하는 수기(修己)적인 삶도 중요하고, 이상적인 국가의 실현을 위해 중앙으로 나아가는 치인(治人)의 삶도 중요했다. 이 둘은 사대부의 내면에서 분리되어 있지 않았다. 즉, 중세의 사대부들에게는 시운(時運)이 허락하면 나아가[出] 소임을 다하고, 그렇지 못하면 물러나[處] 자기 수양적인 삶을 살면서 때를 기다리는 것이 삶의 태도로 내면화되어 있었던 것이다. 그렇기 때문에 '치인'의 소임을 행할 수 있는 서울이라는 이념적 공간과 '수기'의 수양적 삶을 추구할 수 있는 향촌이라는 공간은 그들의 내면에 조화롭게 공존하고 있었다고 볼 수 있다.

중세 사대부들이 가졌던 성리학적 이념은 그들의 삶에서 매우 중요한 기반이었기 때문에 삶의 어떤 영역에도 영향을 미치지 않은 곳이 없다할 만큼 중요한 위치를 차지했다. 성리학은 예술론으로 확장되어, 재도론적(載道論的) 문학론을 만들어 냈으며, 화론(畵論)으로 수용되기도 했다. 성리학적 이념의 영향은 강호시조에도 예외가 아니어서,

강호시조 작품에는 그들이 지향했던 출(出)과 처(處)의 공간이 조화롭게 공존하며, 자연에서 만물의 이치를 궁구하는 성리학적 관점이 드러나 있고, 그들의 사회적 자아를 대표하는 유자(儒者)적 삶의 양상이 드러나 있다. 이와 같이, 중세의 성리학적 이념은, 중세 사대부들이 현실의 구체적인 공간인 향촌(鄕村)을 강호시조 작품 속에서 유자(儒者)적 삶의 지향이 드러나는 공간으로 전환할 수 있는 중핵적인 기반이 된 것이다.

성리학적 이념의 지향에 따라, 만물의 이치를 담고 있는 자연에 대한 존중, 자연과 함께 조화로운 상태에서 누리는 평정한 정서, 임금의 덕치(德治)와 한가로운 일상의 공존 등이 강호시조의 일반적인 미학으로 성립될 수 있었다. 성리학적 이념의 기반 위에서 강호시조 창작 주체들의 내면에는 만물 가운데 조화로운 자아를 지향하는 관점이 중요한 자리를 차지하고 있었던 것이다. 이러한 관점은 강호시조의 시적 세계에 반영되어, 시조 특유의 미학을 창출하고 있다.

이와 같이, 중세 사대부들이 성리학적 지향 의식을 시조 창작의 기반으로 삼고 있으며, 이것이 시조 미학의 기반이 된다고 할 때, 우리말 노래로서 시조가 갖는 특징 역시 이와 연관해 생각해 볼 필요가 있겠다.

이와 관련하여, 이황의 <도산십이곡발(陶山十二曲跋)>을 참조해 보자.

> 우리나라 노래 곡조는 대부분 음란하여 족히 말할 것이 없다. 한림별곡(翰林別曲) 같은 유는 글하는 사람의 입에서 나왔으나, 교만하며 방탕하고 겸하여 비루하게 희롱하고, 친압하며 더욱 군자(君子)가 마땅히 숭상할 바가 아니다. 오직 근세에 이별(李鼈)의 6가(歌)가 세상에 성하게 전하니 오히려 그것이 이보다 좋다고는 하나, 역시 세상을 희롱하고 불공(不恭)한 뜻만 있고, 온유돈후(溫

> 柔敦厚)한 내용이 적음을 애석하게 여긴다.
>
> …(중략)…
>
> 그러므로 내가 일찍이 이씨의 노래를 모방하여 도산 6곡이란 것을 지은 것이 둘이니, 그 하나는 뜻을 말함이요, 그 하나는 학문을 말한 것이다. 아이들로 하여금 조석으로 익혀서 노래하게 하고, 의좌에 비기어 듣기도 하고 또한 아이들이 스스로 노래하고 춤추고 뛰기도 하게 하니, 거의 비루한 마음을 씻어 버리고, 감발하며 화창하여 노래하는 자와 듣는 자가 서로 유익됨이 있을 것이라 한다.[113] (밑줄: 필자)

위의 인용을 통해서 우리는 중세의 유가적 가악관을 짐작할 수 있다. 노래는 '온유돈후(溫柔敦厚)'를 지향해야 하며, 그 가운데 노래하는 자와 듣는 자 모두 비루한 마음을 씻고 감발하고 화창하여 유익함을 누릴 수 있어야 한다는 것이다. 김학성에 의하면, "유가에게 가악은 인도(人道)이자 인성의 드러냄"이기 때문에, 중세 사대부들은 시조를 통해서는 현실의 어려움이나 희노애락의 정감을 대체로 표출하고자 하지 않았다.[114] 강호시조 작품 속에서 자아와 자연의 합일은 이러한 가악 미학이 실현되는 방식이라 할 수 있다.

창작 주체의 이러한 지향 의식 아래, 시조는 자아와 자연이 합일하

---

113) 이황, 「도산십이곡발(陶山十二曲跋)」, 『국역 퇴계집』 2, (주)민족문화문고간행회, 1968/1982(3판), 34-35면. 원문은 다음과 같다.
吾東方歌曲 大抵多淫哇不足言 如翰林別曲之類 出於文人之口 而矜豪放蕩 兼以褻慢戲狎 尤非君子所宜尙 惟近世有李鼈六歌者 世所盛傳 猶爲彼善於此 亦惜乎其有玩世不恭之意 而少溫柔敦厚之實也 …(中略)… 故嘗略倣李歌 而作爲陶山六曲者二焉 其一言志 其二言學 欲使兒輩朝夕習而歌之 憑几而聽之 亦令兒輩自歌而自舞蹈之 庶幾可以蕩滌鄙吝 感發融通 而歌者與聽者 不能無交有益焉

114) 김학성, 「고산 윤선도 시조의 미학적 성취와 그 가치」, 『한국고전시가의 전통과 계승』, 성균관대학교 출판부, 2009, 25-26면.

는 즐거움을 구성물들 사이의 조화로운 관계 속에서 드러내는 장르적 특수성을 보이고 있다. 창작 주체가 출(出)과 처(處)를 반복하며 어려움을 겪은 경우나, 중앙 정계에 진출하지 못하고 향촌 사회에서 일생을 보낸 경우라 하더라도 군자로서 지니는 이와 같은 지향 의식에 합당한 방식으로 작품이 창작되고 있음을 확인할 수 있다.

또한, 강호시조의 창작 주체들은 향촌(鄕村)이라는 특정한 공간에서 실현되는 삶의 양상들 중에서 이와 같은 유가적 지향에 적합한 것들을 작품 속에 형상화하는 방식으로 작품의 보편성과 개별성을 실현하고 있다. 강호시조 작품 중에서 향촌에 은거한 군자로서의 수기(修己)적 삶의 양상을 형상화한 작품들이 그 예가 된다. 향촌에서의 수기적 수양은 유가의 이념 실현을 위해 중요하였는데, 이는 강학(講學)하는 삶의 실현으로 구체화되기도 했다. <도산십이곡>, <고산구곡가>, <황강구곡가>와 같은 작품이 그 사례이다. 이와 같이, 강호시조는 시조의 미학에 합당한 방식으로 창작 주체의 체험 공간이 작품 공간으로 전환된 결과물인 것이다.

이상에서 볼 수 있는 바와 같이, 강호시조의 창작 주체들은 유가적 삶의 지향 의식과의 관련성 속에서 향촌에서의 삶을 시조의 미학 속에서 포섭하였다. 창작 주체들에게 향촌(鄕村)은 그들의 구체적인 삶의 실제가 이루어지는 공간이기 때문에, 그 안에서 이루어지는 삶의 양상들 중에서 시조의 미학 속에 포섭될 만한 것들이 시조 속에 선택적으로 형상화되었다.

학습자들의 강호시조 공간 이해는 이러한 지향 의식적 기반에 대한 이해와의 관련성 속에서 수행될 필요가 있다. 창작 주체들의 지향 의식이 강호시조 공간의 특징을 규정짓는 중요한 원리로 작용하고 있기 때문이다. 학습자들이 강호시조 작품 읽기 과정에서 확인한 사실이나 관련 정보들이 강호시조 창작 주체들에게 공통적이었던 지향 의식적 기반 위에서 종합될 때, 학습자들은 수세기에 걸쳐 창작된 강호시조 작품의 공통점을 포괄적인 맥락에서 이해하게 된다.

(나) 강호시조와 중세의 문화

강호시조 공간의 문화적 기반으로, 다음으로는 중세의 문화에 대해 검토해 볼 수 있다. 강호시조는 시(詩)・서(書)・화(畵)의 중세 문화적 기반 속에서 탄생한 것으로, 다양한 장르의 예술 문화와 영향 관계를 갖는다. 특히, 강호시조의 미학이 정점에 달했던 조선 중기에 창작된 회화에는 중세 사대부들이 애호하던 공간들이 회화적 이미지로 표현되어 있으며, 이는 강호시조와 상당한 유사성을 갖는다.

더 넓게는 사대부들의 건축 문화 역시 강호시조 공간의 문화와 일정 정도 관련성을 갖는다고 볼 수 있다. 조선 중기 사대부들이 누정(樓亭)이나 별서(別墅) 원림(園林)을 건축하고 주택의 정원(庭園)을 조영함에는 성리학적 관점이 광범위하게 반영되어 있다. 이들 건축물의 공간 구성이나 배치, 공간의 용도 선정, 정원에 식재하는 수목의 선정 등에 반영된 성리학적 관점은 강호시조 공간의 구성과도 관련성을 갖는다.

한편, 중세에는 특정 공간에 대해 말하는 각종 기문(記文)이나 여행 문학이 활발하게 창작되었다는 점 역시 강호시조의 창작과 관련지어 볼 수 있는 문화적 현상이다. 강호시조의 창작 역시 중세 사대부들의 특정 공간에 대한 관심과 애호를 문학으로 표출한 것이에, 공간에 대한 여러 문학 장르를 중심으로 형성된 문학 문화 역시 강호시조 창작의 기반이 되는 중세 문화라 할 수 있다.

이상과 같은 점들을 더 구체적으로 확인해 보자. 먼저, 회화(繪畵)가 강호시조의 공간과 어떤 관련성을 갖는지 살펴보자. 강호시조 공간과 관련된다고 판단되는 중세의 회화로는 '소경인물산수화(小景人物山水畵)'나 '산거도(山居圖)', '별서도(別墅圖)', '계회도(契會圖)', '서원도(書院圖)' 등을 들 수 있다.

조선 초기에서 16세기 중반까지 사대부들이 관심을 가졌던 산수화는 <몽유도원도(夢遊桃園圖)>처럼 꿈속의 이상적 자연을 그린 그림이나, <금강산도(金剛山圖)>, <박연폭포도(朴淵瀑布圖)>, <무이정사도(武夷精舍圖)>, <소상팔경도(瀟湘八景圖)> 등으로 국내외 명승지의 그림이 대부분이었다.[115)]

그런데 16세기 중반부터 18세기 초반에 이르기까지 '소경인물산수화(小景人物山水畵)'와 '산거도(山居圖)', '별서도(別墅圖)' 등이 유행하였으며,[116)] 이들은 강호시조와 심상과 화제를 공유하는 특징을 갖고 있어 주목을 요한다. 이 시기에 유행한 소경인물산수화는 <조어도(釣魚圖)>, <기려도(騎驢圖)>, <어초문답도(魚樵問答圖)>, <취귀도(醉歸圖)>, <완월도(玩月圖)> 등이다. 이 그림에 등장하는 인물들은 전형적인 은자의 형상을 지니고 있다. 이 인물을 둘러싼 주변의 자연이 실경이 아닌 관념 산수인 점은 강호시조의 공간이 상징적 은거의 공간으로 전환되었을 때의 공간 구성과 공간 이미지와 매우 흡사한 면이 있다.[117)]

민길홍에 의하면,[118)] 조선 중기의 소경인물산수화에서는 인물이 강

---

115) 이에 관해서는 진홍섭, 『한국미술사자료집성』 2, 일지사, 1991, 2-90면의 화제(畵題) 목록을 참조하였다.

116) 이에 관해서는 진홍섭, 『한국미술사자료집성』 4, 일지사, 1996, 168-190면에 실려 있는 화제(畵題) 목록을 참조하였다.

117) 강호시조의 공간은 창작 주체의 체험 공간을 배경으로 하고 있지만, 그 중에는 구체적인 장소명을 언급하지 않고 상징적으로 공간을 구성하는 경향이 있는 일군의 작품들이 있다.

118) 민길홍, 「귀어도-낚시를 마치고 돌아가는 어부」, 안휘준·민길홍, 『역사와 상상이 담긴 조선시대 인물화』, 학고재, 2009, 555면.

조되고 주변의 자연이 축소되는 경향이 두드러졌다고 한다. 이는 인물산수화에서 인물이 은자로서 지니는 상징성을 강조하는 경향이라 할 수 있다. 이는 강호시조에서 시적 주체의 은자로서의 이미지가 강조되는 것과 유사한 점이 있다. 조선 중기에 이와 함께 유행한 '산거도'는 은자의 주거지와 그 속에 고아하게 앉아 있는 군자가 강조된 그림으로, 강호시조의 공간 구성과 매우 흡사하다. 강호시조에서는 시적 주체의 거점 공간으로서 주거지가 강조되며, 그 주변의 자연이 산과 물로 집약되고 있는데, '산거도'의 도상은 대체로 이와 일치한다.

한편, 중세 사대부의 소유지 그림이라 할 수 있는 '별서도'는 한 가문의 기록화이자 기념화로서의 역할을 했다.[119] 이현보와 같은 조선 중기 사대부들은 자기 가문의 소유지 지형을 세밀하게 기록하려는 성격을 가진 '별서도'를 여러 차례 제작하였다.[120] 별서도 제작의 의도와 목적이 강호시조와는 다르다 하더라도, 별서도의 제작은 향촌의 주거지에 대한 지향, 즉 귀거래(歸去來)에 대한 내면의 지향과 밀접한 관련을 갖고 있다.

이외에도 중세 사대부들은 '서원도'를 보며, 그 안에 깃들어 있는 학자적 지향을 떠올리며 감회에 젖기도 하였는데, 이는 특정한 공간을 통해 특정 인물의 정신을 기리는 공간의 문화와 관련된 것이라 할 수 있다.

한편, 조선시대에는 서원 건축이 활발하게 이루어졌고, 별서 원림을 조영하며 감상하는 문화 역시 사대부들의 삶에서 중요한 축을 차지하고 있었다. 조선시대의 서원 건축이나 별서 원림은 철저하게 성리학적인 기반 위에서 구성되었다. 별서나 서원의 편액을 걸고 강학과 휴식, 사색을 위한 공간을 구성하며, 그 안에 연못과 돌을 배치하

119) 조규희, 앞의 논문, 2006, 4면.
120) 조규희, 위의 논문, 60면 참조.

고 수목을 식재하는 것에 이르기까지 은거의 지향과 성리학적인 이념성을 구현하기 위해 당대의 사대부들은 많은 노력을 기울였다.[121]

구체적으로 확인해 보자면,[122] 중세 사대부의 원림에는 책을 읽고 강학하는 공간, 경관을 관조하는 공간이 필수적으로 조성되어 있다. 원림 속에 암석이나 괴석을 두고, 석상(石床)을 두거나 석가산을 배치하였으며, 도학자적 삶의 지향을 드러내줄 수 있는 매화, 국화, 연꽃 등의 수목을 식재하였다. 중세 사대부들은 이러한 원림 주변의 자연물들에까지 성리학적 맥락에서 상징적인 의미를 부여하였다.

사대부들의 생활을 중심으로 형성된 이러한 문화는 성리학적 이념을 공간을 통해 재현하는 '공간 재현의 문화'이다. 강호시조는 이러한 문화적 기반 위에서 탄생한 것으로서, 창작 주체들의 이념 지향을 거주지와 그 주변의 자연이라는 일상적 공간 체험을 통해 표현한 문화적 산물이라 할 수 있다.

한편, 공간 체험을 문학적으로 표현한 사례는 이루 말할 수 없이 많다. 누정기, 산수유기, 집경시, 기행가사, 강호가사, 각종 여행 체험을 담은 기록물 등이 그 예이다. 여러 문학 장르를 중심으로 형성된 '공간 체험과 표현의 문화'는 이상적 공간으로서의 산수를 와유(臥遊)[123]

---

121) 그 예로 도산서당(도산서원), 보길도 부용동 원림, 소쇄원 등을 들 수 있다. 보길도 부용동 원림 조영의 원리와 배경에 대해서는 정재훈의 연구를 참조할 수 있다.
정재훈, 『보길도 부용동 원림』, 열화당, 1990.

122) 이에 관해서는 정재훈, 위의 책, 66면 참조.

123) 공간에 관한 중세의 문학 작품들 역시 산수화와 마찬가지로 와유(臥遊) 문화의 일면이라고 볼 수 있다. 사대부들의 와유(臥遊) 문화에 대해서는 김종철, 이종묵, 조송식 등의 다음 연구를 참조할 수 있다. 김종철(앞의 논문, 16-19면.)에 의하면 중세 여행 문학의 활발한 창작과 향유는 당대 와유 문화를 대표하는 현상 중의 하나이다.
김종철, 앞의 논문.
이종묵, 「조선시대 와유 문화 연구」, 『진단학보』 98, 진단학회, 2004.
조송식, 앞의 논문.

의 대상으로 점유하는 문화 중의 하나라 할 수 있다. 강호시조 역시 이러한 문화적 자장 속에서 탄생한 하나의 장르이다.

이상에서와 같이, 중세에는 성리학적 이념이 문화적 산물로 다양하게 재현되었다. 강호시조의 공간 역시, 성리학적 이념이 공간 형상화를 통해 재현되는 중세 문화의 자장 속에서 탄생한 하나의 예술 문화적 양태이다. 학습자들의 강호시조 공간 이해는 이러한 문화적 기반에 대한 이해 속에서 이루어질 필요가 있다. 학습자들이 강호시조와 관련되는 중세 문화적 기반에 대해 이해하게 되면, 중세의 문화적 산물들과의 관련성 속에서 강호시조의 역할에 대해 생각할 수 있게 된다.

(다) 거(居)와 유(遊)의 지향과 실현

지금까지 강호시조 공간과 관련하여 그 기반이 되는 창작 주체의 지향 의식과 중세의 문화에 대해 살펴 보았다. 이제, 이러한 세계관적·문화적 배경 속에서 탄생한 강호시조의 공간이 창작 주체의 삶의 구체적인 지향이나 실현과는 어떤 관련성을 가지는지를 작품과의 관련성 속에서 파악할 필요가 있겠다.

강호시조의 주된 창작층인 사대부들은 정치 경제의 중심지인 서울을 벗어나 본향(本鄕)이나 처향(妻鄕), 외향(外鄕) 등에서 작품을 창작했다. 강호시조의 공간은 성시(城市)와 지리적으로 거리가 먼 산기슭에 위치한 산지의 산촌, 농사짓고 고기 잡으며 소일하는 평지의 농촌이나 강촌 등에 광범위하게 위치해 있다. 강호시조 창작 주체의 상황이 '귀향(歸鄕)'이나 '은거(隱居)', '재지(在地)' 등으로 다양하다 하더라도 강호시조의 공간이 서울이 아닌 이와 같은 지방의 산천(山川)인 것은 공통적이다. 학습자들이 강호시조의 공간에 대한 이해를 구체화하려면, 강호시조 공간의 지리적 위치가 지방의 산천(山川)임을 구체적으로 확인하고, 이를 창작 주체의 삶과 연결지을 필요가 있다.

주지하듯, 이는 중세의 사대부들이 정치 경제의 중심지인 서울을 벗어나 지방의 산천에 복거(卜居)하면서 그곳에서 강호시조를 창작했기 때문이다. 이러한 창작 상황에서, 중세의 사대부들이 자신의 주거지가 위치한 지방의 산천을 작품 안에서 미화할 수 있었던 데는 산수(山水)의 품격에 대한 그들의 관점이 반영되어 있다고 할 수 있다.

이러한 관점을 북송대 사대부인 곽희(郭熙)에게서 짐작할 수 있다. 그의 저서인 『임천고치(林泉高致)』[124]의 「산수훈(山水訓)」에 다음과 같은 구절이 있다.

> 세상 사람들이 확고하게 논하기를, "산수에는 가볼 만한 곳과 구경할 만한 곳과 노닐 만한 곳과 살 만한 곳이 있다"고 한다. 그림이 무릇 이런 경지에 이른다면 모두 좋은 품격[묘품]에 들어간다. 다만 가볼 만하고 구경할 만한 곳을 그리는 것이 노닐 만하고 살 만한 곳을 그려 얻음이 있는 것보다는 못하다. 어째서인가? 지금 산천을 보면 몇백 리에 이르는 지역에 걸쳐 있더라도 노닐 만하고 살 만한 곳은 열에 서넛도 되지 않는다. 그러나 반드시 살 만하고 노닐 만한 품등을 얻으려 하니, 군자가 임천에 목말라 하는 이유가 바로 이런 아름다운 곳이 있기 때문이다. 그러므로 그리는 사람은 마땅히 이런 뜻으로 그려야 하고, 보는 사람도 마땅히 이런 뜻으로 궁구해야 본뜻을 잃지 않았다고 할 수 있다.[125] (밑줄:필자)

124) 곽희, 신영주 역, 『임천고치(林泉高致)』, 문자향, 1117/2003.

125) 신영주의 번역(곽희, 앞의 책, 12-13면)을 인용한다. 원문은 다음과 같다.
世之篤論謂, "山水有可行者, 有可望者, 有可遊者, 有可居者." 畫凡至此, 皆入善品, 但可行可望, 不如可遊可居之爲得. 何者? 觀今山川, 地占數百里, 可遊可居之處, 十無三四. 而必取可居可遊之品, 君子之所以渴林泉者, 正爲佳處故也. 故畫者當以此意造, 而覽者又當以此意求之, 謂不失本意.

위에서 알 수 있는 바와 같이, 곽희는 산수의 네 가지 품격, 즉 가행(可行), 가망(可望), 가유(可遊), 가거(可居)의 품격 중 가거(可居)와 가유(可遊)의 품격, 즉 살 만하고 노닐 만한 산수가 최고라고 보았다. 이 네 가지 품격은 산수를 취하는 사대부의 관점을 보여주는 것이다. 강호시조의 공간인 지방의 산천은 창작 주체의 복거지로, '가거지품(可居之品)'에 해당하는 최고의 산수이다. 곽희는 여기에서 '가유(可遊)'와 '가거(可居)'를 함께 누릴 수 있는 곳이 이상적임을 반복적으로 언급하고 있는데, 이와 유사한 관점을 이중환(李重煥)의 『택리지(擇里志)』[126]에서도 찾을 수 있다. 『택리지(擇里志)』의 「산수(山水)」에 다음과 같은 구절이 있다.

> 대체로 산수라는 것은 정신을 즐겁게 하고 성정(性情)을 맑게 해주는 것이다. 주거 환경에 산수가 없으면 사람이 촌스러워진다. 그러나 산수가 좋은 곳은 생리가 적은 곳이 많다. 사람은 자라처럼 집을 짊어지고 살지 못하고 지렁이처럼 흙을 먹고 살지는 못하기 때문에 산수만 바라보고 살 수는 없는 것이다. 그러니 비옥한 땅과 넓은 들에 지세가 아름다운 곳을 골라 집을 짓고 살아야 한다.
>
> 그리고 십 리 밖이나 혹은 반나절 거리쯤 되는 곳에 산수가 좋아, 한 번 가보고 싶을 때 가끔 다니면서 시름을 풀거나 하루쯤 묵을 수 있는 곳이라면 자손에게 길이길이 물려줄 수 있을 것이다.
>
> 옛날 주자(朱子)가 무이산(武夷山)의 산수가 좋아 냇물굽이와 봉우리 정상마다 글을 짓고 그림을 그려서 장식하지 않은 곳이 없었지만, 거기에 집을 짓지는 않았다. 그는 일찍이 말하기를 "봄에

126) 택리지의 정확한 편찬 연대는 알기 어렵지만 서문이 1751년에 쓰였으므로 이를 기준으로 삼고자 한다.
이중환, 이민수 역, 『택리지(擇里志)』, 평화출판사, 1751/2005.

> 거기 가 보면 붉은 꽃과 푸른 잎이 서로 어우러져 보기 좋다"고 했다. 강산을 사랑하는 후세 사람들이 본받을 만하다.127) (밑줄: 필자)

곽희와 마찬가지로 이중환 역시 살기 좋은 곳에 주거지를 정하되, 가까운 거리에 산수를 감상하며 노닐 수 있는 곳이 좋다는 점을 지적하고 있는 것으로 보아, 이와 같은 관점은 당대의 사대부들에게 보편적인 것이었으리라고 짐작할 수 있다. 이런 관점에 의하면 강호시조의 공간인 지방의 농촌, 강촌, 산촌 등은 가보고 싶으나 그림으로만 간직하던 '소상팔경(瀟湘八景)'과 같은 해외의 명승지나 '금강산' 등의 여행지보다 훌륭한 산수로 평가되고 있었음을 알 수 있다. 그러한 관점이 강호시조의 창작에도 널리 반영되었다고 할 수 있다.

물론, 각종 여행 문학이 지속적으로 창작되었으므로, 명승지를 유람하는 체험을 당대의 사대부들이 중시하지 않았던 것은 아니다. 하지만 가거지(可居地)와 가유지(可遊地), 즉 주거지와 그 주변의 자연에 대한 예찬은 유의미한 변화이며, 강호시조의 공간을 이해하는 데는 이러한 관점의 변화를 인지하는 것이 중요하다. 강호시조의 창작 주체인 중세 사대부들은, 가거(可居)와 가유(可遊)의 공간인 복거지에서의 유자(儒者)적 일상 속에서도, 자연에서 궁리(窮理)하며 정신적 자유를 누리는 기쁨이 실현될 수 있다고 본 것이다.

가거(可居)와 가유(可遊)의 여건이 갖추어진 향촌이라는 공간에서는 유자(儒者)적 일상 속에 깃든 평정한 정서 속에 흐트러짐 없이 만

127) 이민수의 번역(이중환, 앞의 책, 284-285면)을 인용한다. 원문은 다음과 같다. 夫山水也者可以怡神暢情者也居而無此則令人野矣然山水好處生利多薄人既不能鼈家蚓食則亦不可徒取山水以爲生不如擇沃土廣野地理佳處築居　買名山佳水於十里之外或半日程內每日意到時時往復以消憂或留宿而返此乃可繼之道也　昔朱子好武夷山水川曲峯巓無不藻繪而賁飾之亦未嘗置家於此嘗曰春間至彼紅綠相映亦自不惡後之好江山者可以此爲法也

물과 조화를 이룰 수 있다. 중세 사대부들은 향촌에 거함으로써, 수기하는 삶의 의식적 지향을 잊지 않는 가운데 자연과 조화롭게 합일하는 유가적 이상을 실현하고자 한 것이다. 강호시조의 창작 주체들은 가거(可居)와 가유(可遊)의 여건을 갖춘 상태에서 유가적 이상이 실현되고 있는 즐거움을 강호시조를 통해 표출하고 있다.

이와 같이, 강호시조의 창작이 거(居)와 유(遊)의 지향과 실현과 관련된다 할 때, 이는 향촌이라는 공간의 구체적 특징과의 연관성 속에서 이해될 필요가 있다. 먼저, 학습자들이 강호시조 작품을 접한 경험이 별로 없고, 이에 관한 배경지식이 거의 없다고 가정할 때, 학습자들은 작품을 중심으로 공간의 특징과 관련된 구체적인 사실들을 확인하는 활동을 수행해야 한다. 거(居)와 유(遊)의 지향과 실현이라는 기반과 관련지어, 학습자들이 작품 읽기 과정에서 확인할 수 있는 사실들은 강호시조 공간의 '지리적 위치 설정'이나, '의식적 위치 설정'이다.

학습자들은 작품을 중심으로 강호시조 공간의 지리적 위치 설정 방식을 확인함으로써 강호시조 공간이 여타의 문학 장르의 자연 공간과 상이한 점이 있음을 확인할 수 있어야 한다. 또한, 창작 주체들의 가거(可居)와 가유(可遊)의 공간에 대한 의미 부여가 시적 주체의 의식적 위치 설정 방식을 통해 표현되고 있으므로, 학습자들은 이에 대해서 역시 구체적으로 확인해 볼 필요가 있겠다.

이와 관련하여 먼저, 강호시조 공간의 지리적 위치 설정 방식에 관해 살펴 보자. 『택리지(擇里志)』의 「산수(山水)」에서 이중환은 복거의 종류를 해거(海居), 강거(江居), 계거(溪居), 산거(山居)로 나누고 그 중에서 계거(溪居)가 가장 좋다고 평한 바 있다.[128] 우리나라는 지세(地勢) 때문에 강변(江邊)은 위험하나 계변(溪邊)은 농사짓기에도 편하고

128) 이중환, 앞의 책, 276면.

깨끗하며 운치가 있다는 것이다. 중세의 사대부들에게는 이와 같이 복거지의 지리적 위치 설정이 그 자체로도 중요한 문제였다 할 수 있다.

작품과 관련지어 이를 더 구체적으로 논해 보자. 예를 들어, 신계영 <전원사시가>의 제목에 드러나는 '전원(田園)', 김광욱 <율리유곡>의 '율리(栗里)' 등을 통해서 볼 때, 이들 작품은 창작 주체가 농촌이나 강촌에 거한 상황에서 창작되었다는 사실을 알 수 있다. 나위소의 <강호구가>에서는 강촌의 소박한 찬물(饌物)과 돛을 반쯤 달고 석양에 돌아오는 강호의 풍취(風趣)를 통해 강촌의 풍경을 확인할 수 있다. 이휘일의 <저곡전가팔곡>에서는 사시(四時)의 순환과 함께 밭가는 농부의 일상을 그려지고 있어, 이는 농촌의 풍경을 보여준다. 위백규의 <농가> 역시 밭가는 농촌의 풍경과 그 안에 거주하는 가족들의 일상에서 농촌의 모습을 볼 수 있다.

신계영의 <전원사시가>에는, 노을 어린 '긴 들'의 한가로운 풍경과 계절의 변화에 따라 할 일이 달라지는 농촌의 풍경이 그려져 있다. 이는 신계영이 말년에 복거한 월선헌 주변의 풍경과 대체로 일치한다. 평지의 농촌과 강촌권을 배경으로 한 이러한 작품에서는 논밭, 강변 혹은 계변의 평화로운 풍경, 농사를 중심으로 진행되는 사시와 일과의 흐름 등이 제시되어 있다.

또한, 강호시조의 공간은 산지의 산촌에 위치해 있는 경우가 많다. 강촌이나 농촌권을 형상화한 작품이 주로 논밭이나 강변의 한가로운 풍경을 그려냄에 비해 산촌권을 형상화한 작품은 조금 더 다채롭게 산촌을 그려내고 있다. 산지의 산촌권을 배경으로 한 작품들에는 공통적으로 산과 물이 등장한다. 작품 안에 구체적인 지명이 드러난 작품이 더러 있는데, 우리나라 산천의 승경을 그려내는 '구곡가' 유형의 작품이 산촌권을 배경으로 한다고 볼 수 있다.

산촌권을 배경으로 한 작품에는 산촌권의 지형을 짐작할 수 있는 장소명이 쓰였다. '산'과 '산촌(山村)', '산전(山田)', '산림(山林)', '청산(靑山)', '녹수(綠水)' 등이 그 예이다. 산과 물을 배경으로 한 산촌은 평지의 농촌이나 강촌에 비해 인적이 드물다. 산촌에서 시적 주체는 정자(亭子)나 모옥(茅屋)을 짓고 산수의 아름다움을 완상한다. '시내 위에 띠집'(이정의 <풍계육가>), '산수간 바위 아래 띠집'(윤선도의 <만흥>)이 산촌권을 배경으로 하는 강호시조의 시적 주체가 머무는 공간이다.

산촌의 지형은 높은 산과 계곡, 나무가 우거진 숲과 시내, 바위, 봉우리, 단애(斷崖) 등으로 다채롭다. 그렇기 때문에 산촌을 배경으로 한 작품의 지리적 방역(方域)은 다른 권역을 배경으로 하는 작품에 비해 넓다. 작품 공간의 방역은 시적 주체의 시선에 따라 달라진다. 농촌과 강촌에서 공간 인식 주체의 시선은 주로 좌우로 향해 있어 수평적이다. 하지만 산지의 산촌에서 공간 인식 주체의 시선은 이에 비해 상하로 향해 있어 수직적이다. 그렇기 때문에 산지의 높은 지형에서 내려다 볼 수 있는 지리적 공간이 산촌을 배경으로 하는 강호시조 공간의 방역에 포함된다.

예를 들어 김우굉의 <개암십이곡>의 공간은 개구암(開口巖) 주변의 바위와 정자, 조대(釣臺), 강, 벗들이 사는 강촌까지 광범위하다. 또한 권섭의 <황강구곡가>의 공간은 황강 구곡의 승경을 감상할 수 있도록 하는 황강 유역이 작품 공간의 지리적 위치로 광범위하게 포함된다. 이이의 <고산구곡가>의 고산 석담 구곡, 박인로의 <입암>에 그려진 입암 18경[129] 등이 이와 유사하다.

김득연의 <산중잡곡>의 공간적 배경인 와룡산 산기슭, 강복중의 <수월정청흥가>의 공간적 배경인 갈마산과 율령천, 청계변, 장복겸의

129) 입암 28경 중에서 이 시조에는 18경만이 소재가 되었다.

<고산별곡>의 공간적 배경인 고산(孤山) 등지는 산촌권의 지리적 위치를 단적으로 보여주는 예이다.

『택리지(擇里志)』에서는 국내의 작은 산들이 "고인(古人)이나 은자(隱者)가 숨어 살 만한 곳"130)이라고 평가하고 있다. 강호시조 공간이 사람들이 흔히 찾기 어려운 산촌으로 형상화되어 있는 것은 자신이 기거하는 산촌이라는 지리적 위치에 은거(隱居)의 의미를 부여하던 당대의 관점과 밀접한 관련이 있다. 강호시조의 공간이 산지의 산촌권에 해당하는 경우에는 산촌의 특성에 따라 시적 주체가 유(遊)를 즐길 수 있는 공간이 다양하게 언급되고 있다.

강호시조의 공간이 해안의 어촌에 위치해 있는 경우도 있다. 주로 어부가 유형의 작품이 이에 해당한다. 예를 들어, 윤선도의 <어부사시사>에는 해안의 어촌 풍경이 묘사되어 있고 출항했다가 돌아오기까지의 일과가 그려져 있다. 『택리지(擇里志)』에서는 해변(海邊)이 살 만한 곳이 못 된다고 하였는데, 이중환은 그 이유로 바람이 많고 병에 걸리기 쉬움을 지적하고 있다.131) 이로 볼 때, 해안의 어촌이 대다수의 사대부들이 현실적으로 지향했던 복거지는 아니었음을 짐작하게 한다. 그만큼 해안의 어촌권이라는 지리적 위치는 현실로부터 벗어난 공간의 상징으로 전환될 가능성이 크다고 볼 수 있다.

이상에서 볼 수 있는 바와 같이, 강호시조의 공간은 산촌과 강촌, 계변, 농촌 등에 주로 위치해 있으며, <어부사시사>와 같이 드물게는 해안에 위치해 있는 경우도 있다. 학습자들은 작품을 중심으로 강호시조 공간의 지리적 위치를 확인하는 과정에서 강호시조의 공간이 명승지와 같은 화려한 산수를 배경으로 하고 있기보다 유자적 일상이 실현되는 가거지임을 확인할 수 있어야 한다.

---

130) 이중환, 앞의 책, 258면.
131) 이중환, 앞의 책, 276면.

한편, 학습자들은 강호시조의 창작 주체들이 향촌(鄕村)으로 물러난 삶을 구체적으로 어떻게 실현하고자 하였는지를 '의식적 위치 설정 방식'과 관련하여 확인해 볼 필요가 있다. 강호시조 창작 주체들의 거(居)와 유(遊)의 지향과 실현은 그들이 향촌이라는 공간을 선택한 삶의 실제를 어떻게 구현하고자 하였는지와도 관련되기 때문이다.

강호시조 공간의 의식적 위치 설정은 강호시조의 시적 주체가 강호시조의 공간과 등가적으로 배치하고 있는 특정한 공간인 '서울'과의 거리를 통해 짐작할 수 있다. 현상학의 공간론에서 확인한 바와 같이, 인간의 체험 공간은 주체를 중심으로 한 구성물들 사이의 '거리'와 관련된다. 인간의 체험 공간은 '거리'가 제거된 공간적 방역으로 한정된 세계이다. 강호시조 작품 속에서 시적 주체와 거리가 가까운 구성물들로 이루어진 강호시조의 공간은 그와 지리적으로 멀리 떨어진 공간인 서울과의 관련성 속에서 그 의미가 규정되고 있다. 그러므로 학습자들은 시적 주체를 중심으로 그 의식적 위치 설정 방식을 확인해 보고 이를 거(居)와 유(遊)의 지향과 실현이라는 기반과 관련지음으로써 강호시조 공간에 대한 이해를 심화할 수 있다.

농촌과 강촌, 산촌, 계변 등에 위치한 강호시조의 공간은 정치 경제의 중심지이기도 하고, 때에 따라 세속적 욕망을 대표하기도 하는 서울과 지리적으로 멀리 떨어져 있다. 강호시조의 공간 속에서 '서울'이 치인(治人)의 이념이 실현되는 공간일 때, 이는 성리학의 이념 지향이 그러한 것처럼 창작 주체의 내면 속에 조화롭게 공존하는 공간이라 할 수 있다. 그러나 때에 따라 '서울' 혹은 강호시조의 '바깥 공간'은 명리(名利)를 추구하는 사람들 사이의 갈등이 존재하는 지극히 세속적인 가치 추구의 공간이기도 하다. 이런 경우에 강호시조의 공간은 바깥 공간과 대비되는 공간으로, 시적 주체는 이 공간과 거리가 멀다는 점을 작품 속에서 강조하기도 하였다.

먼저, 강호시조의 공간이 바깥 공간에 대해 대타적으로 설정되는 경향이 있음을 확인해 보자. 여기서의 대타성이란 ‘여기’와 ‘저기’의 성격을 가치 지향이 다른 공간으로 봄으로써 ‘저기’를 대신해 ‘여기’를 선택했음을 강조하는 경향을 뜻한다. 강호시조의 시적 주체들은 의식적 위치 설정 방식과 관련해, ‘저기’에 대타적으로 ‘여기’를 선택했음을 강조하는 대타적인 공간 설정 방식을 보이기도 했다. 이 유형에 해당하는 대표적인 작품으로는 이현보의 <어부단가>가 있다.

이 듕에 시름 업스니 漁父의 生涯이로다
一葉 扁舟를 萬頃波에 ᄠᅴ워 두고
人世를 다 니젯거니 날 가ᄂᆞᆫ 줄ᄅᆞᆯ 안가

[어부단가 1장 / 어부가(漁父歌) 판본(板本)]

구버ᄂᆞᆫ 千尋 綠水 도라보니 萬疊 靑山
十丈 紅塵이 언매나 ᄀᆞ렛ᄂᆞᆫ고
江湖애 月白ᄒᆞ거든 더옥 無心 하애라

[어부단가 2장 / 어부가(漁父歌) 판본(板本)]

長安을 도라 보니 北闕이 千里로다
漁舟에 누워신돌 니즌 스치 이시랴
두어라 내 시름 안니라 濟世賢이 업스랴

[어부단가 5장 / 어부가(漁父歌) 판본(板本)]

이 작품에서 시적 주체에게 강변은 열 길이 넘는 붉은 먼지에 휩싸인 인세(人世)와 대비되는 무욕(無慾)의 공간으로, 시적 주체는 '저기'가 아닌 '여기'를 선택했음을 강조하고 있다. 작품에서 임금이 거주하는 '장안(長安)의 북궐(北闕)'(서울)과 '여기'(강변)의 거리가 천리(千里)라 했는데, 이는 의식적인 거리이다.

이 작품의 시적 주체가 임금이 있는 서울과 거리를 두는 것은, 서울이라는 공간이 치인(治人)의 이념이 이상적으로 실현되는 이념적 공간으로만 순수하게 존재하지 못하기 때문이다. '제세(濟世)'의 유가적(儒家的) 이념이 실현되기를 바라는 '장안의 북궐'이 실제로는 권력의 쟁탈이라는 욕망의 충돌로 도색된 '홍진(紅塵)'의 성격을 지님으로써 어촌의 바깥에 조화롭지 못하게 존재하는 공간의 표상이 되고 있다.[132] 이런 점들로 미루어, 이 작품에서 시적 주체는 자신이 위치한 강변의 '어촌'을 '현실 정치의 중심지'에 대타적인 공간으로 보고 있다고 할 수 있다.

강호시조에서 권력과 부에 대한 욕망은 '작록(爵祿)'으로 표상된다. 권력과 부에 대한 욕망으로 점철된 세속과 대비되는 강호 공간의 의식적 위치 설정은 여타의 강호시조 작품에서도 많이 발견된다. 권력과 부라는 세속적 욕망의 추구는 필연적으로 경쟁과 긴장을 수반한다. 이 작품에서 '홍진'으로 대표되는 세속은 '권력과 부의 중심지'이면서 '욕망의 경쟁 공간'이다. 이에 대비되는 의식적 위치를 가진 어촌은 경쟁으로부터 자유롭고 여유로운 공간이다. 이와 같은 위치 설정 방식을 통해, 강호시조의 공간은 만경파에 배를 띄워 두고 정신적 자유를 얻을 수 있는 공간으로서 의미를 갖게 된다.

---

132) <어부단가>의 대타적 공간 설정은 김흥규의 논의에서 정리된 바 있다. 여기에서는 이 논의의 구도를 수용한다.
김흥규, 『욕망과 형식의 시학』, 태학사, 1984/1999, 135-160면.

이와 같은 의식적 위치 설정 방식은 다른 작품에서도 많이 발견된다.

隔塵嶺
隔塵嶺 하 놉흐니 紅塵도 머러 간다
ᄀᆞᆺ득이 먹은 귀 싯슬ᄉᆞ록 먹어 가니
山 밧긔 是是非非를 듯도 보도 못ᄒᆞ로다

[입암 28장 / 노계집(蘆溪集)]

三公이 貴타 ᄒᆞᆫ들 이 江山과 밧골소냐
扁舟에 ᄃᆞᆯ을 싯고 낙대를 흣더질 제
이 몸이 이 淸興가지고 萬戶侯ㅣㄴ들 부르랴

[율리유곡 8장 / 청구영언(靑丘永言) 진본(珍本) 153]

박인로의 <입암>에서 산촌은 '홍진'의 시끄러움에 대비되는 대타적인 공간이다. 속세의 시끄러움은 욕망의 경쟁으로 인한 현실의 아귀다툼을 상징적으로 보여준다. 김광욱의 <율리유곡>에서 내가 처한 '강산(江山)' 역시 대타적인 공간이다. 이 공간은 '삼공'과 '만호후'가 자신의 부와 권력을 자랑하는 세속적 중심 공간과 대비되는 관점에서 설정되었다. '율리'는 세속적 욕망의 중심 공간과 거리가 먼 농촌 지역이다.[133] 그러나 시적 주체에게 농촌에서 누리는 '청흥(淸興)'은 세

133) 이 작품은 김광욱이 1613년 계축옥사 이후 10년간 행주 율리(栗里)의 별서에 머무르던 귀거래의 시기에 창작된 작품이다(신영명, 앞의 논문, 82면). 이 지역은 근기(近畿)이므로 지리적으로 볼 때는 서울과 가깝지만, 세속과 거리를 두는 대타적인 공간 설정 방식을 보이고 있다.

속적 가치에 비할 바가 아닐 정도로 귀하다. 이 역시 공간의 대타적인 위치 설정이라고 볼 수 있다.

강호시조에서 시적 주체가 자신이 거한 공간을 서울 혹은 세속과 대타적인 공간으로 본다면, 이때의 서울은 권력의 암투로 어지러운 현실 정치 중심지, 권력과 부의 세속적 가치 중심지, 세속적 욕망 경쟁의 공간 등의 의미를 지닌다. 시적 주체는 이런 공간을 대신할 다른 가치를 지닌 공간으로 농촌, 강촌, 산촌, 어촌 등을 선택했다는 점을 강조하고 있다.

이와 달리, 강호시조의 공간인 '여기'에 대비되는 '저기'로서의 서울이 이와 같은 대타성의 맥락에서 언급되지 않는 경우도 있다. 이를 의식적 위치 설정 방식과 관련하여 '비대타적 공간 설정 방식'이라 칭할 수 있겠다.

비대타적 공간 설정 방식을 볼 수 있는 작품으로는 이황의 <도산십이곡>과 이이의 <고산구곡가>처럼 자기 수양의 뜻을 밝히는 일군의 작품을 들 수 있다. 또한, 재지적 기반이 있거나 혹은 가문이 쇠락해 세력을 펼 수 없던 향촌 사족층들의 시조에서 비대타적 공간 설정 방식을 엿볼 수 있다.

비대타적 공간 설정 방식을 볼 수 있는 작품으로, 나위소의 <강호구가>를 확인해 보자.

> 어버이 나ᄒᆞ셔늘 님금이 먹이시니
> 나흔 德 먹인 恩을 다 갑곤랴 ᄒᆞ엿더니
> 焂然히 七十이 러무니 ᄒᆞᆯ 일 업서 ᄒᆞ노라

[강호구가 1장 / 나씨가범(羅氏家範)]

어와 聖恩이야 罔極홀손 聖恩이다
江湖 安老도 분 밧긔 일이어든
ᄒᆞ믈며 두 아들 專誠榮養은 또 어인고 ᄒᆞ노라

[강호구가 2장 / 나씨가범(羅氏家範)]

煙霞의 깁피 든 病 藥이 效驗 업서
江湖에 바리연디 十年 밧기 되어세라
그러나 이제 다 못 죽음도 긔 聖恩인가 ᄒᆞ노라

[강호구가 3장 / 나씨가범(羅氏家範)]

전나귀 밧비 모라 다 졈은 날 오신 손님
보리피 구즌 뫼예 饌物이 아조 업다
아희아 비 내어 씌워라 그믈 노하 보리라

[강호구가 4장 / 나씨가범(羅氏家範)]

나위소는 말년에 나주로 귀향하여 영산강변에 수운정(岫雲亭)을 세웠는데, 이 작품은 이 시기에 창작된 것이다.134) 이 작품에서 비대타적 공간 설정은 1장과 2장에서 부모와 임금의 은혜에 감사하는 마음을 표하고, 강호 공간에서 나이 들어 갈 수 있음도 임금의 은혜로 인한 것이라고 밝히고 있는 점을 통해 짐작할 수 있다. 강호 공간의 바깥 공간으로서의 서울은 임금이 있는 곳으로, 정치적 이념이 실현되는 긍정적인

134) 박준규, 「松岩의 岫雲亭題詠과 江湖九歌」, 국어국문학회 편, 『고시조 연구』, 태학사, 1997, 209-210면.

공간이다. 이 작품에서 강호 공간은 서울로부터 단절되어 있거나 의식적으로 먼 거리에 있는 공간이라고 보기 어렵다. 강호라는 공간에 이르기까지군은(君恩)이 미치지 않는 곳은 없기 때문이다.

작품의 1장에서 시적 주체는 나이 70이 넘어 고향에 내려와 임금의 은혜를 다 갚지 못한다고 한탄하고 있다. 또한, 2장에서는 두 아들이 자신을 정성을 다해 봉양하고 있음에 감사하다는 기쁨을 표현하고 있다. 1장의 '한탄'과 2장의 '기쁨'에서는 긴장보다는 이완된 즐거움이 느껴진다. 이것은 이 작품의 의식적 위치 설정이 비대타적이기 때문에 가능한 것으로 보인다. 이 작품 속에서 향촌이라는 공간은 세상과 조화롭게 어우러진 곳이다. 시적 주체가 향촌에 거한 것은 3장에서 볼 수 있는 바와 같이 자연이 좋아서 선택한 자연스러운 일이기 때문이다. 향촌이라는 공간에서 시적 주체는 임금의 은혜를 다 갚지 못했다는 안타까움 속에서도 자식의 봉양에 기뻐하고, 소박한 주거지에서 손님을 맞는 기쁨을 자연스럽게 누리고 있다.

강호시조 공간의 의식적 위치 설정 방식을 이와 같이 '대타적 위치 설정'과 '비대타적 위치 설정'으로 본다면, 동일한 유형의 강호시조에 상이한 방식의 의식적 위치 설정 방식이 공존하는 이유는 무엇일까? 이것은 강호의 바깥 공간으로 설정된 '서울'이 작품에 따라 표상하는 바가 다르기 때문이다. 강호시조의 공간 속에서 시적 주체가 대타적인 위치 설정을 보이는 일군의 작품에서 강호시조의 바깥 공간, 혹은 '서울'은 혼탁한 현실 정치의 공간을 표상하거나, 명리(名利)와 부귀(富貴)와 같은 속된 가치 추구의 장으로서 군자(君子)의 지향과 거리가 먼 공간이다.

은거한 군자의 수기(修己)적 삶 속에서 군자는 속된 것은 멀리하고, 고아한 것을 취하는 의식적 지향을 잃지 않아야 한다. 강호시조에서 대타적인 위치 설정은 이러한 가치 지향을 상기하는 방식이라 하겠다. 이와 같은 작품들에서 강호시조의 창작 주체들은 강호시조 공간을 통해 수기적 삶을 지속하는 군자로서의 의식적 지향을 잃지 않으려는 삶의 자세를 보이고 있다.

그러나 비대타적 위치 설정을 보이는 작품에서 강호의 바깥 공간, 혹은 서울은 향촌에서 수기(修己)하여 치인(治人)을 위해 나아갈 수 있는 공간으로서, 성리학적 세계관을 통해 볼 수 있는 바와 같이 강호시조 공간과 일원론적으로 연결되어 있는 공간이다. 비대타적 위치 설정 방식을 보이는 작품에서는 속된 것과 타협하지 않는 고아한 군자로서의 삶의 자세를 강조하기보다, 만족스러운 강호 공간 속에서 은거한 군자로서의 삶이 실현되는 실제적인 방식에 더 관심을 두고 있다.

이와 같이 볼 때, 대타적 위치 설정 방식이나 비대타적 위치 설정 방식은 성리학적 이념의 자장 아래, 향촌(鄕村)에 은거한 군자의 지향을 잃지 않는 의식적 위치 설정 방식이라고 볼 수 있다. 강호시조의 창작 주체는 이러한 의식적 위치 설정 방식을 통해 향촌에서 수기하는 삶의 자세와 그 실제에 대해 말하고 있다.

한편 거(居)와 유(遊)의 지향이 실현된 향촌에서 누리는 강호시조 창작 주체들의 자연 체험은, 궁리(窮理)하는 성리학적 성찰, 벗들과 함께 자연에서 누리는 흥취(興趣), 은거를 지향하는 상징적 삶의 구현 등으로 강호시조 작품을 통해 표현되고 있다.

이상에서 볼 수 있는 바와 같이, 강호시조의 공간은 창작 주체들의 '성리학적 지향 의식'과 '중세의 문화', '거(居)와 유(遊)의 지향과 실현'이라는 문화적 기반 아래서 탄생한 것이다. 학습자들은 작품을 중심으로 공간의 특징을 이해하는 과정에서 이러한 문화적 기반과 강호시조 공간 사이의 관련성을 생각해 볼 필요가 있을 것이다. 강호시조 공간의 문화적 기반에 대한 이해는 강호시조 공간이 탄생하게 된 맥락에 대한 이해이며, 학습자들은 이에 대한 이해를 통해 강호시조 공간을 이해하는 거시적 시각을 확보할 수 있다.

(2) 강호시조 공간의 구성 요소와 구성 방식

다음으로는 강호시조 공간의 구성 요소와 구성 방식을 확인해 봄으로써 강호시조 공간에 대한 세부적인 이해의 층위에 관해 논해 보고자 한다.

강호시조의 공간은 창작 주체의 체험이 시적 질서 속에서 재배치된 일종의 체험 공간이다. 강호시조의 작품 공간에는 인식의 대상으로서 객관적인 구성 요소들이 존재한다기보다 창작 주체의 상상력과 지향하는 가치가 부여된 특정한 요소들이 선택적으로 질서화되어 있다. 강호시조 창작 주체의 유자(儒者)로서의 생활은 향촌이라는 구체적 생활 공간 속에서 이루어지지만, 창작 주체가 그것을 시적 질서 안에 배치할 때는 자신이 가깝게 혹은 멀게 느끼는 것, 자신이 중요하다고 생각하는 것과 그렇지 않은 것들을 선별하여 작품 공간 속에 이를 재구성한다. 또한, 시조의 하위 유형으로서 강호시조 작품들 사이에는 그 창작과 향유의 실제 속에서 서로 영향 관계가 있다. 강호시조는 수 세기에 걸쳐 창작된 시조의 하위 유형이기 때문에, 여러 강호시조 작품 속에 공통적으로 발견되는 요소들이 존재하게 된다.

이런 점들로 미루어, 학습자는 작품 읽기 과정에서 여러 강호시조 작품에 반복적으로 등장하는 구성 요소들에는 어떤 것들이 있는지를 확인하고 그것이 공간 속에 어떻게 배치되어 어떤 역할을 하고 있는지, 각 요소들 사이의 관계는 어떠한지 등을 확인하고 이해할 필요가 있다.

공간의 구성 요소와 구성 방식과 관련하여서는 현상학의 공간론과 사회학의 공간론을 참조하여 그 기준을 선별할 수 있다. 앞서 현상학의 공간론에서 확인한 바와 같이, 인간의 체험 공간은 주체가 가깝다고 느끼는 사람, 사물, 장소 등으로 구성된, 거리가 제거된 세계이다. 현상학의 공간 분석 기준을 활용하면, 시적 주체의 '위치'를 중심으로 하여 시적 주체가 가깝다고 느끼는 공간의 구성물, 방역적 지표들, 공간의 크기 등이 그 기준이 될 수 있다.

사회학의 공간론에서는 공간을 보는 주체의 시각, 공간의 배치와 이동, 공간의 개폐를 기준으로 하여, 공간과 인간의 공적(公的)·사적(私的) 삶 사이의 영향 관계를 탐색한다. 이는 공간의 구성 방식과 관련하여 활용할 수 있는 세부적 기준들이다. 이를 참조하면, 강호시조 공간을 중심으로 하여 창작 주체의 삶 가운데 어떤 것들이 선별적으로 시적 공간 안에 포섭되었고, 그것이 공간과는 어떤 관련을 지니는지 탐색해 봄으로써 강호시조 공간의 특징을 파악할 수 있다.

이와 같은 점들을 고려하여 본고에서는 공간 체험 주체로서 시적 주체를 중심으로 '행위', '시간', '인간' 요소들이 공간을 어떻게 구성하고 있는지를 살펴 볼 것이다. 더불어 강호시조에서는 거주지 주변의 자연이 중요한 공간 요소라 할 수 있다. 이는 시적 주체의 시선 속에서 강호시조의 질서 속으로 포섭되고 있는데, 이에 대해서는 '경관 구성 방식'을 기준으로 검토해 보고자 한다. 또한, 시조의 시적 질서 속에서 '공간의 배치'가 어떻게 이루어지고 있는가는 강호시조 공간의 개방성과 폐쇄성을 규정하고, 그 속에서 이루어지는 삶의 양상이나 시적 주체의 지향을 파악할 수 있도록 돕는 기준이다. 이 역시 중요한 기준으로 다루고자 한다.

강호시조 공간의 구성 요소와 구성 방식에 대한 이해는 미시적 층위의 이해이다. 학습자들은 강호시조 공간이 지니는 특징을 다른 공간들과 구분해 이해하고 설명할 수 있어야 하는데, 이와 같은 이해는 강호시조 공간을 미시적 층위에서 세분화하는 분석적 읽기 과정을 거쳐 이루어질 수 있다. 분석적 읽기 과정을 통해서 학습자들은 강호시조의 공간이 다른 문학 장르에 표현된 공간과 어떻게 다른지를 작품 공간에 형상화된 세부 요소들을 기준으로 하여 설명할 수 있게 된다. 학습자들의 강호시조 이해가 강호시조 작품 읽기가 거듭되는 과정에서 이루어질 수 있다고 할 때, 이 과정에는 학습자들이 자신의 직관적 판단을 입증해 줄 문학적 사실들을 작품 속에서 발견하는 일이 필요하다. 공간의 구성 요소와 구성 방식에 대한 탐구는 이에 도움을 준다.

한편, 고전시가에 대한 배경지식이 풍부하지 않고 관련 자료들을 섭렵하는 읽기 능력이 부족한 학습자들의 강호시조 이해를 활성화하려면, 중등학교의 강호시조 이해 교수·학습은 주로 작품을 중심으로 이루어져야 한다는 점 역시 이와 관련한 참조 사항이 된다. 미숙한 독자로서의 학습자들은 작품을 중심으로 강호시조의 이해를 활성화할 필요가 있다.[135]

이상과 같은 점들을 참조하여, 여기에서는 위에서 정리한 바와 같은 몇 가지 기준에 따라 강호시조 공간의 구성 요소와 구성 방식을 작품을 중심으로 검토해 보고자 한다. 학습자들이 강호시조 읽기 과정에서 확인할 수 있는 '강호시조 공간의 구성 요소와 구성 방식'의 구체적인 내용은 다음과 같다.

135) 작품을 중심으로 한 분석적 읽기는 숙련된 독자로서 고전시가 연구자들이 선호하는 고전시가 읽기 방식은 아니다. 그러나 중등학교 학습자들의 배경지식이나 읽기 수준을 고려한다면, 작품을 중심으로 한 읽기와 분석적 접근이 유용한 면이 있다. 학습자들은 이러한 읽기 과정에서, 작품에 나타난 문학적 사실들을 중심으로 강호시조와 다른 유형의 시조, 혹은 강호시조와 다른 장르의 고전시가를 구분할 수 있게 된다.

(가) 공간의 배치

학습자들이 강호시조 공간의 구성 요소와 구성 방식에 대해 이해할 때, '강호시조 공간의 배치'는 중요한 이해의 대상이다. 여기에서 '공간의 배치'란, "공간을 구성하는 요소들의 반복적인 공간적 계열화"136)이다. 바꾸어 말하자면, '공간 배치의 이해'란 특정한 공간 유형에서 반복적으로 발견되는 공통적인 공간 분포에 대한 이해라 할 수 있다.

공간의 배치와 관련하여, 가장 먼저 확인할 점은 강호시조 공간의 창작 상황과 관련된 공간 배치이다. 앞에서 살핀 바와 같이, 강호시조는 거(居)와 유(遊)의 지향과 실현이라는 창작 주체의 상황과 밀접한 관련이 있다. 때문에 강호시조의 공간에는 시적 주체의 거점 공간과 그 주변의 자연이라는 두 공간이 배치되어 있다. 이는 수세기에 걸쳐 창작된 강호시조 작품에서 공통적으로 발견되는 점이다.

강호시조에 관한 연구가 주로 자연 체험과 자연 인식에 집중되어 있었기 때문에 상대적으로 시적 주체의 거점 공간은 주목의 대상이 되지 못했다. 그러나 강호시조에서 시적 주체의 거점 공간은 작품 안에서 중요한 역할을 한다. 강호시조의 시적 주체는 주로 주거지 역할을 하는 '거점 공간'에서 은거한 군자로서 누릴 수 있는 여유와 흥취를 누리며, 그 '주변 공간'의 자연을 자신의 관점이나 지향에 따라 사실적으로 혹은 관념적으로 표현하고 있다.

시적 주체의 거점 공간인 주거지는 작품 안에서 주로 초당(草堂)[띠집], 소정(小亭), 소원(小園) 등으로 명명된다. 이에 관해서는 김득연의 <산정독영곡>137)을 예로 들어 설명하겠다.

136) 이진경, 앞의 책, 118면 참조. 사회학에서는 공간의 배치가 인간의 공적(公的)·사적(私的) 삶의 방식에 대해 말해준다고 본다.

137) 이 작품은 황충기 주해의 원문을 인용한다. 1982년에 편집되어 출판된 2권의 『갈

青山은 춤츠거늘 綠水은 놀애ᄒᆞᆫ다
뎌 놀애 뎌 춤에 나도 조쳐 즐기노라
진실로 이 山水間에 아니 놀고 엇디 ᄒᆞ리

[산정독영곡 1장]

갈봉(葛峯) 김득연은 안동 지역의 재지사족으로 말년에 와룡산 기슭에 지수정(止水亭)을 짓고 은거했다.138) 김득연은 자신의 산거지 주변의 자연을 '청산(靑山)'과 '녹수(綠水)'로 칭하고 있으며, 자신은 이 '산수간(山水間)'에 위치해 있다고 말하고 있다. 시적 주체의 은거지는 푸른 산과 푸른 물 가운데 이를 즐길 수 있는 곳에 위치해 있는 것이다.

이 작품의 1장에서 시적 주체는 '춤추고 노래하는 산을 따라 나 또한 즐기겠다'고 하면서 아름다운 산과 물을 찾아 은거한 자신의 기쁨을 표출하고 있다. '청산'과 '녹수'는 강호시조에서 거점 공간 주변의 자연을 칭하는 일반적인 표현이다. 강호시조의 창작 주체들이 복거한 은거지는 산과 물로 대표되는 아름다운 자연으로 둘러싸인 곳인데, 시조의 공간 안에는 은거지와 그 주변의 자연이 필수적으로 형상화되고 있다.

이 작품의 1장에서는 은거지가 위치한 주변의 자연이 '춤추고 노래하는 청산과 녹수'로, 스스로 즐거워 하고 스스로 흥을 안고 있는 생동감 있는 자연으로 그려지고 있다. 자연이 주는 혜택을 즐기며 그 속

봉선생문집(葛峯先生文集)』 乾, 坤에는 그의 가사인 <지수정가>가 실려 있으며, 시조는 <산중잡곡>, <계우제회가>, <회작국주가>, <희영적벽가>가 실려 있는데, 이 작품이 수록되어 있지 않다.
황충기, 『조선시대 연시조 註解』, 푸른사상, 2009, 145-147면.

138) 이와 관련하여서는 <계우제회가>와 <회작국주가>에 관한 이후의 논의에서 더 자세하게 언급할 것이다.

에서 노니는 시적 주체의 즐거움은 다음과 같이 그려지고 있다.

柴扉를 나죄 닷고 竹窓의 좀을 드니
기나 긴 春夢을 뉘 와셔 씌오리오
松風이 서늘히 부니 溪水聲에 씌와라

[산정독영곡 2장]

이 작품의 2장에서 시적 주체는 춤추고 노래하는 자연에 둘러싸인 은거지 속의 즐거움을 춘몽(春夢)이라고 말하고 있다. 시적 주체의 은거지는 오수에 빠질 수 있는 여유로움이 있는 공간이며, 그 잠을 깨울 수 있는 것은 세속의 시끄러움이 아니라 솔숲 사이로 서늘하게 부는 바람과 아름다운 시냇물 소리이다.

노래하고 춤추는 산 속에서 누리는 시적 주체의 즐거움은 자연이 주는 온전한 혜택을 다른 것들의 방해 없이 누릴 수 있는 여유로움을 통해 오는 정신적인 자유이다. 강호시조에서 이는 시적 주체의 거점 공간인 주거지[柴扉]가 산과 물이라는 주변의 자연 속에 위치해 있다는 공간적 질서 속에 가능한 것으로 형상화되어 있다. 이 작품에서 시적 주체의 거점 공간으로서의 주거지는 산과 물이라는 자연에 둘러싸여 있기에 시적 주체가 녹음의 아름다움을 보며 좋아할 수 있고, 그 가운데 매일 듣는 새소리가 새롭게 들리는 즐거움을 누릴 수 있는 공간이다. 이러한 점이 작품의 3장을 통해 다음과 같이 표현되고 있다.

柳絮이 다 는 후에 綠陰이 더욱 됴타
百囀 鶯歌은 소리마도 새로왜라

池塘에 노는 고기도 조차 즐겨 ᄒᆞᄂᆞ다

[산정독영곡 3장]

시적 주체의 체험 속에서 거점 공간과 그 주변의 자연이 조화로운 관계로 어우러져 있는 것은 강호시조의 창작을 주도했던 중세 사대부의 유가(儒家)적 지향이 현실 속에 실현되고 있음을 시조를 통해 표출하는 미학의 전형적인 양상이다. 공간적 질서로 볼 때, 이는 창작 주체가 향촌이라는 공간 속에서 유자(儒者)로서의 거(居)와 유(遊)를 실현하고 있음을 보여주는 것으로서, 이는 거주지와 그 주변의 자연이라는 일상적 공간을 통해 가능한 것으로 형상화되어 있다. 거주지와 그 주변의 자연은 시적 주체의 시선과 행위, 태도, 정서 속에서 조화롭게 존재하고 있으며, 시적 주체는 그와 합일되는 즐거움을 충분히 누리고 있다.

清風이 소슬 부니 낫즘이 절로 씬다
호온자 니러 안자 녯 글와 마롤ᄒᆞ니
어주어 北窓 羲皇을 숨에 보듯 ᄒᆞ야라

[산정독영곡 4장]

山雨이 흣더딘 후에 蓮池를 구어 보니
萬點 明珠이 碧玉盤의 담겨 잇다
周夫子 灑落襟懷을 고대 본 듯 ᄒᆞ야라

[산정독영곡 5장]

이 작품의 4장과 5장에서 시적 주체는 주거지에서 옛 글을 읽는 즐거움과 연못의 푸른 연잎 위를 구르는 아름다운 물방울을 보며 느끼는 상쾌한 기분을 일컬어 희황의 태평성대를 누리는 즐거움이요, 송나라 주돈이[139]의 쇄락금회(灑落襟懷)라 하였다. 이와 같이, 강호시조의 거점 공간 속에서 시적 주체는 태평성대를 누리는 것과 같은 은거의 안락함 속에서 고아한 인품에 대한 유자(儒者)적 지향을 잊지 않고 있다.

이상에서 살핀 바와 같이, 강호시조의 공간에는 거점 공간으로서의 주거지와 그 주변 공간으로서의 자연이 필수적인 공간으로 배치되어 있다. 거점 공간으로서의 주거지의 형상은 허름하고 소박하며, 청산과 녹수로 표상되는 자연은 이 주거지를 둘러싸고 있어 시적 주체는 때에 따라 산과 물에서 노니는 즐거움을 누리게 된다. 거점 공간과 주변의 자연이라는 두 공간은 강호시조 속에서 조화를 이루고 있기 때문에 시적 주체 역시 그와 함께 태평성대의 안락함을 누리고, 자연과 합일하는 즐거움을 체득할 수 있다. 이와 같이 창작 주체의 생활이 이루어지는 거주지와, 이를 둘러싼 주변의 자연 공간이 서로 조화를 이루며 존재하는 공간적 질서 속에서 강호시조의 평정한 정서가 구현되고 있음을 알 수 있다.

(나) 행위와 공간의 결합 방식

다음으로는 공간 구성 요소로서 시적 주체의 행위와 공간의 결합

139) 중세 사대부들은 자신의 주거지 정원에 연지(蓮池)를 즐겨 조성하였다. 연못에 연꽃을 심는 것은 연꽃이 지니는 고아한 인품을 닮고자 하는 유자(儒者)로서의 도학적 자세를 상징하는 것이며, 이는 주돈이의 <애련설(愛蓮說)>에 기반을 둔 것이다.

방식에 관해 살펴보자. 강호시조의 공간에서 중심적인 역할을 하는 것 중의 하나가 '행위' 요소이다. 강호시조의 창작 주체들인 중세 사대부는 시조 속에서 자신의 공간 체험을 중요하게 다루고 형상화하고 있다. 강호시조의 공간 속에서 시적 주체가 자신의 공간 체험을 범주화하고 명명하는 것은 정치 경제의 중심지를 떠나 자연에 살면서 생을 보내고 있는 자신의 행위에 의미를 부여하는 것이라는 점에서 중요하다. 강호시조 공간 속에서 시적 주체의 행위는 향촌에서 은거한 삶이 실현되는 구체상을 보여준다.

시적 주체는 강호시조 공간에서 채미(採薇), 관어(觀魚), 조어(釣魚), 궁경(躬耕), 소요(逍遙), 왕래(往來) 등의 일상적이고 지속적인 행위를 한다. 또한, 때에 따라서 시적 주체는 방우(訪友), 계우(契友), 제회(齊會) 등의 비지속적인 행위를 하기도 한다. 사람들이 많이 모여 사는 마을과 떨어져 있는 강호시조의 공간에 평소에는 벗들이 찾아오기 어렵다. 하지만 때때로 시적 주체의 벗들은 모임이 있을 때 시적 주체의 초당(草堂)이나 소정(小亭)에 찾아와 술 마시고 노래하는 풍류를 즐긴다.

한편, 시적 주체는 한가로울 때 자신의 거주지에서 잠을 자거나 누워 있으며, 소박한 상을 차려 밥을 먹고 물을 마신다. 이와 같은 행위들은 대체로 시적 주체의 행위가 어디에서 이루어지느냐에 따라 달라진다. 학습자들이 강호시조 공간의 이해를 위해 강호시조 공간의 특징을 구성하는 세부 요소로서 '행위 요소'를 확인하고 이해하려면, 이와 같은 차이에 따라 행위 요소를 구분해 보고 그것을 작품 공간과 연관지어 볼 필요가 있을 것이다.

① 주거지에서의 행위

먼저, 강호시조에서 시적 주체가 자신의 주거지인 초당(草堂)이나 소정(小亭)에서는 주로 어떤 행위를 하는지 확인해 보자. 시적 주체가 자신의 주거지에서 하는 행위로 두드러지는 것은 오수(午睡)를 즐기거나 편히 누워 있는 것이다. 시적 주체는 때로 책을 읽거나 소박한 식사를 하고, 창문을 열어 달을 보고 바람을 쐬며, 찾는 이 없는 집의 문을 닫는다. 시적 주체의 주거지에 찾아오는 사람이 별로 없기에 아이를 시키거나 스스로 거문고를 연주하며 마음속 시름을 풀거나 혼자 자연을 누리는 흥에 취한다. 윤선도의 <산중신곡>을 보자.

샨슈간 바회 아래 뒤집을 짓노라 ᄒᆞ니
그 모ᄅᆞᆫ ᄂᆞᆷ들은 욷ᄂᆞᆫ다 ᄒᆞᆫ다마ᄂᆞᆫ
어리고 햐암의 뜻의ᄂᆞᆫ 내 分인가 ᄒᆞ노라

[산중신곡 만흥(漫興) 1장 / 고산유고(孤山遺稿)]

보리밥 픗ᄂᆞ믈을 알마초 머근 後에
바횟긋 믉ᄀᆞ의 슬ᄏᆞ지 노니노라
그 나믄 녀나믄 일이야 부ᄅᆞᆯ 줄이 이시랴

[산중신곡 만흥(漫興) 2장 / 고산유고(孤山遺稿)]

잔 들고 혼자 안자 먼 뫼흘 ᄇᆞ라보니
그리던 님이 오다 반가옴이 이리ᄒᆞ랴
말ᄉᆞᆷ도 우움도 아녀도 몯내 됴하 ᄒᆞ노라

[산중신곡 만흥(漫興) 3장 / 고산유고(孤山遺稿)]

<산중신곡>은 윤선도가 해남에서 금쇄동과 수정동을 오가던 시기에 창작한 작품이다.[140] 이 작품에서는 산거지에서의 생활 중에 그가 '산슈간(山水間) 바회 아래 뛰집'이라고 말한 주거지가 작품의 중심 공간이다. 그렇기 때문에 주거지에서의 행위가 작품 공간의 특징을 이해하는 데 있어 중요한 요소라고 할 수 있다.

이 작품에서 시적 주체는 자신의 소박한 주거지 안에서 그에 어울리는 보리밥에 풋나물을 먹고 그 주변의 물가에서 실컷 놀면서 그에 만족해 한다. 이는 『논어(論語)』의 「술이(述而)」에서 "거친 밥을 먹고 물을 마시며, 팔을 베고 누워있어도, 즐거움은 또한 그 안에 있다.(飯疏食, 飮水, 曲肱而枕之, 樂亦在其中矣)"고 한 것과 유사한 맥락이다. 시적 주체는 강호에 거하여 빈천(貧賤)에 만족해 하는데, 이는 여타의 강호시조에서도 반복적으로 발견되는 것이다. 예를 들어 김득연의 <산중잡곡>의 5장에서 "ᄇᆡ 고포거든 버구리옛 밥 먹고 목 ᄆᆞᄅᆞ거든 박애몰 마시니 / 이리ᄒᆞᄂᆞᆫ 가온대 즐거오미 ᄯᅩ 잇ᄂᆞ다 / ᄂᆞᆷ의ᄋᆡ 浮雲 ᄀᆞᄐᆞᆫ 富貴이사 ᄇᆞ롤 주리 이시랴"라고 하였는데, 이 역시 <만흥>의 시적 주체의 행위와 다르지 않다.

은거한 군자는 소박한 주거지 안에서 볼품 없는 음식을 먹고도 만족하며 그에서 무한한 즐거움을 느낄 수 있기 때문에, 여러 사람들에 둘러 싸여 자신의 가치를 확인받을 필요가 없다. <만흥>의 3장에서 시적 주체가 주거지에 앉아 먼 산을 바라보며 말 없고 웃음도 없는 산을 님보다 더 반가워하는 것은 주거지에 앉아 주변의 자연을 완상(玩賞)하는 행위가 시적 주체에게 무궁한 즐거움을 주기 때문이다.

---

140) <孤山遺稿>의 原註에 "壬午在金鎖洞時"라고 밝히고 있는데, 이 작품의 배경을 정확히 밝히면 금쇄동이라기보다 수정동에서 창작했을 가능성이 크다는 점이 박준규의 연구에 의해 밝혀진 바 있다. 이에 관해서는 박준규, 「고산의 水晶洞苑林과 山中新曲」, 『고산연구』 2호, 고산연구회, 1988; 김학성, 『한국고전시가의 전통과 계승』, 성균관대학교 출판부, 2009, 15-30면 참조.

시적 주체의 이와 같은 행위는 '사치'보다 '검박'을 추구하며, 자연에서 인격과 인정을 확인하는 유가의 미학이 반영된 것이라 할 수 있다.[141]

<산중신곡>에서는 이외에도 시적 주체가 자신의 주거지에서 누워 쉬고 잠을 즐기는 행위를 확인할 수 있다.

심심은 ᄒᆞ다마ᄂᆞᆫ 일 업ᄉᆞᆯᄉᆞᆫ 마히로다
답답은 ᄒᆞ다마ᄂᆞᆫ 閑暇ᄒᆞᆯᄉᆞᆫ 밤이로다
아ᄒᆡ야 일즉 자다가 東 트거든 닐거라

[산중신곡 하우요(夏雨謠) 2장 / 고산유고(孤山遺稿)]

ᄇᆞ람 분다 지게 다다라 밤 들거다 블 아사라
벼개예 히즈려 슬ᄏᆞ지 쉬여 보쟈
아ᄒᆡ야 새야 오거든 내ᄌᆞᆷ 와 ᄭᆡ와스라

[산중신곡 야심요(夜深謠) / 고산유고(孤山遺稿)]

<우후요>에서 시적 주체는 장마로 인해 일이 없는 시기에 누릴 수 있는 밤의 한가함을 즐거워 하고 있다. <야심요>의 시적 주체 역시 깊은 밤에 실컷 쉬는 여유를 즐기고자 한다. '잠', '누움' 등은 강호시조에서 공통적으로 발견되는 시적 주체의 주거지에서의 행위이다.

중세에 '잠'은 정신적 자유의 상징이었다. 이는 회화를 통해서 확인할 수 있는데, 조선 중기에 유행한 소경인물산수화(小景人物山水畵) 중에는 은사가 누워 있거나 잠들어 있는 모습을 그린 그림들이 있다. 그 예로는

141) 이에 관해서는 김학성, 앞의 책, 29-30면 참조.

이경윤의 <수하취면도(樹下醉眠圖)>나 윤인걸의 <어가한면도(漁暇閑眠圖)>등이 있다. 이 두 작품 모두 성리학적 이념이 향촌 사회를 강하게 지탱하고 있었던 16세기에 창작되었다.142) 조선 초기 안견의 <몽유도원도> 역시 안평대군의 꿈에서 비롯된 것임을 상기할 때, 일찍이 잠이나 누움은 얽매임 없는 정신적 자유로움을 뜻했음을 알 수 있다.

윤선도의 <우후요>와 <야심요>에서는 시적 주체가 누리는 소박한 주거지에서의 삶이 주는 만족감과 여유로움이 주거지에서의 '쉼'과 '잠'을 통해 드러나고 있다. 쉼과 잠을 통해 누리는 여유로움이 작품의 정서를 주도하고 있기에 이 역시 이 시조가 성취한 미학이라 볼 수 있을 것이다.

주거지에서의 쉼과 잠은 사람들에 둘러싸여 있을 때 느끼는 자극적 감각과 거리가 멀다. 한가로움 속에서 빗소리나 바람 소리, 주거지 주변을 흐르는 물소리를 듣는 것은 훌륭한 음악을 감상하면서 느낄 수 있는 아취(雅趣)와도 유사하다. 강호시조의 공간은 시적 주체의 이러한 행위들을 통해 온전한 은거의 공간으로 구성될 수 있다.

이외에도 강호시조의 공간에서 시적 주체는 찾아 오는 이 별로 없는 주거지에서 문을 닫아 놓고 홀로 책을 읽거나 거문고를 연주하며 고요함 가운데서 정신의 맑고 밝음을 즐긴다. <전원사시가> 3장의 "殘花 다 딘 後의 綠陰이 기퍼 간다 / 白日孤村에 낫닭의 소릐로다 / 아희야 계면됴 불러라 긴 조롬 씌오쟈"(밑줄: 필자), <한거십팔곡> 11장의 "ᄇᆞ람은 절노 ᄆᆞᆰ고 ᄃᆞᆯ은 절노 ᄇᆞᆰ따 / 竹庭 松檻애 一點鹿도 업ᄉᆞ니 / 一張琴 萬軸書 더옥 蕭灑ᄒᆞ다"(밑줄: 필자) 등이 그 사례가 된다.

이상에서 살핀 바, 강호시조의 시적 주체는 주거지에서 거친 음식

142) 고연희, 『조선시대 산수화』, 돌베개, 2007, 140-141 참조.

을 먹고 물을 마시는 소박함에 만족하며, 주거지에서 누워 쉬고 잠이 드는 이완의 행위 속에 정신적인 자유로움을 누린다. 주거지 너머로 보이는 아름다운 자연은 물소리와 바람소리 등의 혜택을 제공해 주기에 그와 더불어 책을 읽고 거문고 소리를 듣는 가운데 은거한 군자로서 아취(雅趣)를 마음껏 누릴 수 있다. 주거지라는 공간은 이와 같이 시적 주체로 하여금 이완 속에서 정신적 자유를 누리게 하고, 은거한 군자로서 즐거움을 누릴 수 있도록 돕는다.

② 주변 공간에서의 행위

그렇다면 주거지 주변 공간에서 시적 주체는 어떤 행위를 하고 있을까? 본고에서 연구 자료로 삼은 작품들 중에서 주변 공간에서의 행위가 두드러지는 작품과 주변 공간에서의 행위가 두드러지지 않는 작품의 수는 비슷하다. 주변 공간에서의 행위를 집약적으로 드러낸 작품으로는 조존성의 <호아곡>을 들 수 있다. 다음은 <호아곡> 전문(全文)이다.

西山採薇
아ᄒᆡ야 구럭 망태 어더두 西山에 날 늣거다
밤 지낸 고사리 ᄒᆞ마 아니 늘그리야
이 몸이 이 푸새 아니면 朝夕 어이 지내리

[호아곡 1장 / 청구영언(靑丘永言) 진본(珍本) 112]

東澗觀魚
아ᄒᆡ야 되롱 삿갓 출화 東澗에 비 지거다
기나긴 낙대에 미늘 업슨 낙시 ᄆᆡ야

져 고기 놀나지 마라 내 興 계워 ᄒᆞ노라

[호아곡 2장 / 청구영언(靑丘永言) 진본(珍本) 113]

南畝躬耕
아ᄒᆡ야 粥早飯 다오 南畝에 일 만해라
서투론 ᄡᅡ부를 눌 마조 자부려뇨
두어라 聖世 躬耕도 亦君恩이시니라

[호아곡 3장 / 청구영언(靑丘永言) 진본(珍本) 114]

北郭醉歸
아ᄒᆡ야 쇼 머겨 내여 北郭에 새 술 먹쟈
大醉ᄒᆞᆫ 얼굴을 ᄃᆞᆯ빗쳬 시러오니
어즈버 羲皇上人을 오ᄂᆞᆯ 다시 보와다

[호아곡 4장 / 청구영언(靑丘永言) 진본(珍本) 115]

시조 각 장에 '채미', '관어', '궁경', '취귀' 등의 장 제목이 붙어 있다. 이는 시적 주체의 행위를 집약적으로 칭하는 것이다. 시적 주체는 고사리를 캐고, 낚시질 하며 물 속의 고기를 들여다 보고, 몸소 밭을 갈고, 산 속 깊숙이 들어가("山中에는 白雲이 잇고") 하루를 보내고 취하여 주거지로 돌아온다. 주거지에서 출발하여 주거지 주변 공간을 왕래하고 소요하는 행위가 그려진 작품들에서는 대개 이와 같은 행위가 두드러진다.143)

<호아곡>은 계축옥사 이후 조존성이 서강 용호 근처의 별서에 은

거할 때 창작된 작품이다.144) 이 작품은 조존성이 당쟁의 소용돌이 속에 방축되어 은거한 상황에서 창작한 것이지만 작품 속에 세상에 대한 원망이나 한탄이 드러나지 않는다. 조존성은 <호아곡>을 통해 자신을 성세(聖世)에 궁경(躬耕)하는 은자로 상징화하는 전형적인 유가(儒家)적 현실 대응 방식을 보여주고 있는 것이다. 이 작품에서 조존성이 스스로를 때가 허락하지 않아 은거한 군자로 표명하는 데 있어 가장 중요한 역할을 하는 것이 '채미', '관어', '궁경', '취귀' 등으로 대표되는 시적 주체의 행위이다.

작품의 1장에서 시적 주체는 날이 늦기 전에 서산의 고사리를 캐기 위한 준비를 하라고 자신이 데리고 있는 동자를 재촉한다. 고사리와 같은 푸새가 없으면 끼니를 잇기 어렵다고 하는데, 앞에서도 살핀 바와 같이, 이는 단순한 가난의 의미가 아니다. 널리 알려진 바와 같이 고사리는 은자의 음식이기 때문이다. 푸새를 먹고 지내도 그에 만족하며 그에서 여유로움을 느끼는 것은 중세 사대부가 지향하는 삶의 모습이다. 시적 주체는 산 중에 은거한 군자로서 구럭 망태를 들고 몸소 고사리를 캐러 가고자 한다.

작품의 2장에서 시적 주체는 동자에게 도롱이와 삿갓을 준비하라고 재촉한다. 조어(釣魚)는 은자의 락(樂)으로 대표적인 것이다. 또한, 도롱이와 삿갓은 은거한 어부를 상징하는 구성물로, 중세에 제작된 다수의 <어부도(漁父圖)>에는 도롱이에 삿갓을 쓴 어부의 모습이 그려져 있다.145) 2장에서 시적 주체는 도롱이에 삿갓을 쓰고 긴 낚싯대로 고기를 낚는 흥에 젖어 있다. 이 역시 전형적인 은자의 모습이다.

---

143) 물론 이 작품에서는 시적 주체의 발화 공간과 행위 공간이 구분되어 있다. 그러나 장의 제목을 통해 스스로의 행위를 강조하고 있으므로, 이를 주거지 주변 공간에서의 행위로 볼 수 있다.

144) 신영명, 앞의 논문, 80면.

145) 민길홍, 앞의 논문, 555면.

작품의 3장에서 시적 주체는 잘 차려진 음식을 마다하고 죽조반을 서둘러 먹고 남묘로 향하고자 한다. 시적 주체에게는 밭갈기가 익숙한 일은 아니어서 농기구를 잡는 법에도 서투르다. 하지만 궁경(躬耕)할 수 있는 강호의 은거가 임금의 은혜 속에 가능한 일이므로 그에 만족하겠다고 말하고 있다.

작품의 4장에는 시적 주체가 소를 타고 북곽으로 가 술을 마시고 돌아오는 흥을 드러나 있다. 은거지로 돌아오는 길에는 달빛이 비추이고 있다. 취한 채로 소를 타고 돌아오는 모습은 낭만적으로 보이기까지 하는데, 그 속에는 태평한 시대에 강호에 거해 취흥(醉興)에 젖을 수 있는 은자의 여유가 담겨 있다.

이상에서 볼 수 있는 바와 같이, 강호시조의 창작 주체는 주거지 주변에서 중세의 은자를 상징할 수 있는 행위를 지속함으로써 자신이 거한 강호 공간을 태평한 시대의 은거지로 전환할 수 있었다. 이 작품을 통해, 삭탈관직(削奪官職)이나 유배(流配)를 당할 수 있고 심하게는 목숨을 잃을 수도 있는 어지러운 정치 현실에 대해 비판적인 태도를 가지기보다, 때가 아니므로 은거하여 수기(修己)하는 삶으로써 현실에 대응하는 태도를 지닌 유자적 현실 대응 방식을 확인할 수 있다.

이 작품의 각 장에 등장한 행위들은 여러 다른 작품에서도 공통적으로 발견된다. 산 깊은 곳에서 고사리와 같은 푸새를 캐는 은자의 행위가 그것인데, 이는 하나의 이미지로서 오래 전부터 시나 그림으로 표현되었다. 당나라 시인 가도(賈島)의 작품 중에 <심은자불우(尋隱者不遇)>에서 이와 같은 이미지를 확인할 수 있다. 이 작품에서 구름 낀 깊은 산중에 약초를 캐러 간 은자와 은자의 벗은 결국 만나지 못했는데, 박인로의 <입암>에서 이와 동일한 이미지와 상황을 발견할 수 있다.

松下問童子　소나무 아래에서 동자에게 물었더니,
言師採藥去　"스승님은 약초 캐러 가셨어요.
只在此山中　이 산중에 계시긴 하지만,
雲深不知處　구름이 자욱하여 계신 곳을 모르겠습니다"라고 말하네.

[심은자불우][146)]

採藥洞
솔 알ᄋᆡ 아ᄒᆡ들아 네 얼운 어ᄃᆡ 가뇨
藥 ᄏᆡ러 가시니 하ᄆᆡ 도라 오렷마ᄂᆞᆫ
山中에 구룸이 겹후니 간 곳 몰라 ᄒᆞ노라

[입암 11장 / 노계집(蘆溪集)]

위에 인용한 박인로 <입암>의 11장에서 시적 주체는 이 장에서 스스로를 '은자의 벗'으로 설정했다. <입암>의 다른 장에서는 스스로를 자연과 벗삼은 은자로 칭하고 있기에 전체 시상으로 보아서는 매끄럽지 않다. 그러나 약초 캐러 간 은자의 행위와 이미지를 차용함으로써, 입암 29경 중 채약동(採藥洞) 어디엔가 만나고 싶으나 만나기 어려운 은자가 있을 것 같은 생각을 불러 일으킨다. 강익의 <단가삼결>에도 이와 유사하게 고사리 캐는 은자의 행위를 그리고 있어, 위의 두 작품과 유사한 특징을 갖는다고 볼 수 있다.

柴扉예 개 즛는다 이 山村의 긔 뉘 오리

---

146) 이 시의 원문과 번역은 다음에서 인용하였다.
이영주・이병한 역해, 『당시선(唐詩選)』, 서울대학교출판부, 1998/2005(4쇄), 364면.

댓닙 푸른 듸 봄ㅅ 새 울 소릐로다
아희야 날 推尋 오나든 採薇 가다 ᄒᆞ여라

[단가삼결 2장 / 개암선생문집(介庵先生文集) 상(上)]

박인로의 <입암>에서는 '궁경(躬耕)'의 행위를 볼 수 있다.

耕雲野
沮溺의 가던 밧치 千年을 묵어거늘
구름을 헤혀 드러 두세 이렁 가라 두고
生涯을 足다ᄉᆞ 흘가마는 부를 거슨 업노왜라

[입암 25장 / 노계집(蘆溪集)]

강호시조의 창작 주체들인 사림파와 그 뒤를 이은 향촌 사족들은 대개 향촌에 재지적인 기반을 가진 향촌의 세력가였다. 그들은 농사일을 직접할 필요가 없는 지주였으므로 실제 농사일에 참여했다고 보기는 어렵다. 그렇기 때문에 강호시조에서는 데리고 있는 아이를 시켜 농사일을 대신 돌보게 하는 장면이 연출되기도 한다. 박인로의 <입암>에서의 궁경은 그것이 현실에서 이루어진 일인지 아닌지를 알기 어려울 정도로 신비화되어 있다. 춘추시대의 은자인 장저(張沮)와 걸익(桀溺)의 밭갈기가 천년(千年)의 시간을 초월해 반복된다. 시적 주체가 구름 속 밭을 갈고 있기 때문이다. 구름을 헤치고 들어가 몇 마지기의 밭을 가는 것에 만족하는 은자의 형상을 여기에서 볼 수 있다.

이상에서 볼 수 있는 바와 같이, 강호시조에서 주거지에서의 행위뿐만 아니라 주거지 주변에서의 행위도 강호시조의 공간에 특정한 성격을 부여하는 역할을 함을 알 수 있다. 강호시조의 시적 주체는 주거지 주변에서 고사리를 캐고, 낚시질하며, 밭을 갈고, 술에 취해 돌아온다. 이와 같이, 강호시조의 주거지 주변의 행위로 공통적으로 발견되는 것들은 대체로 시적 주체를 은거한 군자로 상징화할 수 있는 행위들이다. 성시(城市)와 멀리 떨어진 곳에 거한 군자들의 즐거움은 이와 같이 산과 물로 둘러싸인 자연 속에서 누리는 상징적인 행위로 표상되고 있다.

이상에서 검토한 바를 정리하자면 다음과 같다. 강호시조 공간에서 '행위' 요소는 '주거지에서의 행위'나 '주변 공간에서의 행위' 모두, 주로 강호시조 공간의 성격을 은거지로서 상징화하는 데 기여하고 있다. 강호시조의 창작 주체들은 체험 공간에서 이루어지는 여러 행위들 중에, 은자로서의 행위를 주로 형상화함으로써 시적 주체를 '은거한 군자'로 상징화해 부각시킬 수 있었다.

(다) 시간과 공간의 결합 방식

우리가 흔히 쓰는 '세계(世界)'나 '우주(宇宙)'라는 말은 각각 시간의 축으로 세(世)와 주(宙), 공간의 축으로 계(界)와 우(宇)가 결합된 말이다. 시간과 공간은 이렇듯 서로 긴밀한 상호 연관성을 가진다. 공간의 특성은 시간과의 결합 관계에 의해서도 드러나기 때문에 강호시조 공간의 이해를 위해서는 시간의 이해 역시 중요하다.

그렇다면 강호시조의 시간은 어떤 방식으로 조직되었으며 이는 강호시조의 공간과 어떤 관련을 갖고 있는가? 강호시조의 시간에는 다음과 같은 몇 가지의 유형이 있다.

먼저, 역사적 시간으로서의 '성세(聖世)'이다. 강호시조에서 시적 주체는 현재를 주로 '성세(聖世)'로 본다. 두 번째는 자연적 시간으로서의 '사시(四時)', '조석(朝夕)', '주야(晝夜)' 등이다. 강호시조에서는 일년과 하루의 운행이 중요하다. 세 번째는 인생의 시간으로서의 '유년(幼年)'과 '노년(老年)'이다. 강호시조의 시적 주체는 주로 노년(老年)에 대해 성찰한다. 네 번째는 순차적 시간으로서의 과거, 현재, 미래이다. 강호시조에서는 이중에서 '과거'에 대한 인식이 두드러지는데, 이를 '고(古)'로 통칭할 수 있다. 주로 '만고(萬古)', '고인(古人)', '옛' 등의 어휘로 표현된다. 이외에 '제석(除夕)'이나 '월(月)'이 시간으로 설정된 경우도 있다. 이는 일년의 운행과 관련된 것이지만 소수의 작품에서만 발견된다. 따라서 이는 작품의 개별적 특성을 드러내 준다고 볼 수 있다.

이러한 방식의 시간 의식은 중세적인 시간 관념과의 연관성 속에서 설명될 수 있다. 널리 알려진 바와 같이 중세의 동아시아에서는 시간을 순환적인 것으로 보았다.[147] 시간이 순환한다는 것은 그것이 일종의 운행 원리를 갖고 반복된다는 것을 의미한다. 역사적인 시간은 흥성(興盛)과 쇠망(衰亡)의 순환이며, 인생은 생장(生壯)과 쇠로(衰老)의 순환이다. 사시(四時)의 운행 역시 이러한 질서와 순환을 의미한다. 강호시조의 시간은 이러한 시간관의 자장 안에서 시적 주체가 처한 상황이나 공간 체험, 공간관과의 결합을 통해 선택된다. 그렇다면 위에 살핀 시간의 유형들과 공간이 어떤 방식으로 결합하였는지 살펴보자.

① 강호시조 공간의 영속성과 역사적 시간

강호시조의 시적 주체는 주로 현재를 '성세(聖世)'로 보고 강호시조의 공간에 거주한다. '성세'의 시간 의식을 '역사적 시간'이라 규정한

147) 김문용, 「조선후기 서학의 영향과 우주론적 시공 관념의 변화」, 『시대와 철학』 18, 한국철학사상연구회, 482면.

것은 한 시대를 규정하는 '성세(聖世)'와 '난세(亂世)'라는 시간 의식이 창작 주체 스스로 자신의 시대를 규정하는 역사적 시간 의식을 반영한 것이라고 보기 때문이다. '성세(聖世)'와 '난세(亂世)'라는 시간 의식은 지금까지 존재했던 여러 시대를 조망하면서 자신이 처한 시대를 역사적으로 객관화하고자 하는 시각이 반영된 것이라 하겠다. 이러한 역사적 시간 의식이 강호시조의 공간과 어떻게 결합되었는지의 여부 역시 강호시조의 이해와 관련하여 중요하다고 볼 수 있다.

강호시조 작품에서는 대체로 자신이 살아가는 시대를 '성세(聖世)'로 규정하는 역사적 시간 의식이 발견된다. <도산십이곡>과 같은 작품을 그 예로 들 수 있다.

其二
煙霞로 지블 삼고 風月로 버들 사마
太平 聖代예 病으로 늘거 가뇌
이 듕에 ᄇᆞ라는 이른 허므리나 업고쟈

[도산십이곡 2장 / 도산육곡(陶山六曲) 판본(板本)]

<도산십이곡>의 2장에서 시적 주체는 도산에 복거해 살게 된 현재를 역사적으로 태평성대라 칭하고 있다. 이 작품의 시간적 질서 속에, 시적 주체가 나이 들어 병으로 늙어 가는 것이 인생의 시간이 자연스럽게 순환하는 바인 것처럼, 태평성대라는 역사적 시간은 시적 주체가 자연스럽게 맞이한 시운(時運)이다. 이런 상황의 만족스러움을 이황은 "太平 聖代예 病으로 늘거 가뇌"라는 한 구절로 집약하고 있다.

이와 같이, 연하(煙霞)로 집을 삼고 풍월(風月)로 벗을 삼을 수 있는 도산이라는 공간에서 역사의 시간과 인생의 시간은 자연스럽게 흘러간다.

그 자연스러운 시간의 흐름을 시적 주체 역시 자연스럽게 수용하고자 하는 태도를 보이고 있다. 이 장의 초장에서 볼 수 있는 바와 같이, 시적 주체가 도산의 공간을 자기 삶의 본거지로 선택하게 된 것은, 중장에 나타나 있는 것처럼 역사의 시간과 인생의 시간이 천지 만물의 이치에 따라 자연스럽게 흘러가는 것처럼 이치에 합당한 일이기 때문이다.

이와 같은 역사적 시간 의식은 유가의 가악 미학을 충실히 반영한 것이라 할 수 있다. 현재의 역사적 시간이 태평성대라 함은, 강호시조의 시적 주체가 강호 공간과 정치적 이념 공간으로서의 서울 사이에 거리를 두고 있지 않음을 뜻한다. 태평성대의 역사적 시간 의식 속에 정치적 이념 공간과 향촌 사회는 조화롭게 연결될 수 있기 때문이다. 따라서 도산이라는 공간 속에서 시적 주체는 정치 이념에 대해 고민하지 않고 수기적 수양의 삶을 지속할 수 있다.

이러한 역사적 시간 의식 속에 도산이라는 향촌 공간은 성세(聖世)의 역사적 시간과 자연의 시간이 공존하는 완전한 세계일 수 있다. 이런 점에서 이 안에 거하는 시적 주체는 다른 공간을 꿈꾸거나 지향할 필요가 없다. 이 작품에서 도산이라는 공간은 '성세(聖世)'의 역사적 시간 의식과 더불어 완전성과 영속성을 지니게 되는 것이다.

조존성의 <호아곡> 에서도 이와 같은 강호시조 공간의 영속성을 엿볼 수 있다.

> 南畝躬耕
> 아힉야 粥早飯 다오 南畝에 일 만해라
> 서루론 짜부를 눌 마조 자부려뇨
> 두어라 聖世 躬耕도 亦君恩이시니라

[호아곡 3장 / 청구영언(靑丘永言) 진본(珍本) 114]

北郭醉歸
아희야 쇼 머겨 내여 北郭에 새 술 먹쟈
大醉ᄒᆞᆫ 얼굴을 달빗체 시러 오니
어즈버 羲皇上人을 오늘 다시 보와다

[호아곡 4장 / 청구영언(靑丘永言) 진본(珍本) 115]

이 작품에서 낮에는 '궁경(躬耕)'하고 밤에는 '취귀(醉歸)'하는 생활은 '성세(聖世)'라는 역사적 시간과 '주야(晝夜)'의 자연적 시간이 동시에 강호를 지배하고 있기에 가능한 것이다. 이 작품에서 농촌에서 농사짓고 고기잡는 은자의 향촌 생활은 '희황상인(羲皇上人)'의 태평함에 견주어지고 있다. 시적 주체는 이런 평화로움 속에서 바깥이나 중심을 지향할 필요가 없는 것이다. 이 시조의 공간 역시 이런 면에서 영속적라 할 수 있다.

이상에서 볼 수 있는 바와 같이, 강호시조의 공간은 '성세'의 역사적 시간 의식과 결합함으로써 시적 주체의 입장에서 다른 곳을 지향할 필요가 없는 영속성을 지닌 공간으로 그려지고 있다. 강호시조의 공간은 태평성대라는 시간 속에 존재하고 있기 때문에 그 안에 은거한 군자로서의 삶은 혼란한 변화 속에 부침하지 않고 평온한 상태로 지속될 수 있다.

② 강호시조 공간 체험의 일상성과 자연적 시간

강호시조의 시적 주체에게 중요한 자연의 시간은 사시(四時), 조석(朝夕), 주야(晝夜) 등이다. 강호의 사계절은 주로 '사시가(四時歌)' 유형의 작품에서 확인할 수 있다. 강호시조에서는 사계절이나 하루의 흐름이라는 자연적 시간의 변화에 따라 완상할 수 있는 자연 경관이 달라지고 할 수 있는 활동이 달라진다.

창작 주체들에게 강호시조 공간의 특수성은 그곳이 일상을 벗어난 공간이 아니라는 점에 있다. 강호시조의 공간에서 창작 주체는 일상을 누리면서 그 가운데서 자연과 합치될 수 있었는데, 이를 표현하기에 적절한 것이 강호시조의 공간에서 사시(四時)와 하루 일과를 그려내는 것이었다.

강호시조의 공간에서 시적 주체는 1년의 흐름과 하루의 흐름을 온전히 누릴 수 있는 공간 점유의 주체이다. 강호시조의 공간에서 시적 주체는 시간의 흐름과 함께 일상을 유지하고 계절이나 하루의 변화에 따라 변하면서도 변하지 않는 자연을 감상의 대상으로 점유하게 된다. 이와 관련하여서는 신계영의 <전원사시가>를 그 예로 들 수 있다.

春
봄날이 졈졈 기니 殘雪이 다 녹거다
梅花ᄂᆞᆫ ᄇᆞᆯ셔 디고 버ᄃᆞᆯ가지 누르럿다
아ᄒᆡ야 울 잘 고티고 菜田 갈게 ᄒᆞ야라

[전원사시가 1장 / 선석유고(仙石遺稿) 필사본]

夏
殘花 다 딘 後의 綠陰이 기퍼 간다
白日孤村에 낫ᄃᆞᆰ의 소ᄅᆡ로다
아ᄒᆡ야 계면됴 불러라 긴 조롬 ᄭᆡ오쟈

[전원사시가 3장 / 선석유고(仙石遺稿) 필사본]

秋
東籬에 菊花 피니 重陽이 거에로다
自蔡로 비즌 술이 ᄒᆞ마 아니 니것ᄂᆞ냐
아희야 紫蟹黃鷄로 안酒 작만 ᄒᆞ야라

[전원사시가 6장 / 선석유고(仙石遺稿) 필사본]

冬
北風이 노피 부니 앞 뫼희 눈이 딘다
茅簷 ᄎᆞᆫ 비치 夕陽이 거에로다
아희야 豆粥 니것ᄂᆞ냐 먹고 자라 ᄒᆞ로라

[전원사시가 7장 / 선석유고(仙石遺稿) 필사본]

<전원사시가> 각 장의 초장에서 확인할 수 있는 계절의 경과는 강호시조의 공간인 농촌에 거주하지 않으면 포착하기 어려운 자연의 변화이다. 이를 '봄이 가고 여름이 온다.'와 같은 순환적 의미만을 지닌 것으로 보기에 작품의 초장이 환기하는 이미지가 단순하지 않다.

<전원사시가> 1장의 초장에서는 봄볕이 하루하루 길어지면서 마을 곳곳에 드문드문 남아 있던 눈이 녹는 자연의 변화가 그려져 있다. 3장의 초장에서는 시든 꽃이 나무에 매달려 있다가 모두 떨어지고, 그를 대신해 숲이 짙푸르게 변하는 모습이 그려져 있다. 이를 신계영은 "殘花 다 딘 後의 綠陰이 기퍼 간다"로 간결하게 표현했다. 6장의 초장에서 "東籬에 菊花 피니 重陽이 거에로다"라 하고, 7장의 초장에서 "北風이 노피 부니 앞 뫼희 눈이 딘다"라고 한 것 역시 시적 주체가 계절의 순환을 자신이 거한 공간 속에서 일상적으로 체험하고 있음을

보여주는 표현이다. 특히, 7장에서 겨울이 와 차가운 북풍이 높이 불 때, 은거지 너머로 보이는 앞산에 눈이 내리는 모습을 그려내고 있는 것은 은거지에서의 실제적 계절 체험과 연관성이 있다 하겠다.

강호시조는 중세 문화의 자장 속에 탄생한 것이기에, 계기적 시간의 질서가 아닌 순환적 시간의 질서를 중시하는 시간 의식에서 강호시조 역시 크게 벗어나지 않는다. 강호시조 작품에 사시(四時)의 시간적 흐름이 지속적으로 표현되고 있는 것도 이러한 시간 의식을 수용한 것이라고 볼 수 있다. 그러나 강호시조 작품에서 시적 주체의 체험과 사시(四時)의 시간을 연관지어 본다면, 시적 주체는 사시의 변화를 일상적 체험 속에서 수용하고 있다는 점 역시 주목할 필요가 있다.

강호시조의 공간에서 시적 주체는 계절과 하루가 흐르면서 자연이 변화하는 모습을 체험할 수 있었다. 이러한 변화는 산수화와 같은 정지된 화면으로는 포착하기 어려운 것이다. 이를 시조에서는 사시의 변화나 하루의 변화로 포착해 낸 것이다. 강호시조 공간에서 자연적 시간이 시적 주체의 일상적 체험의 질서 속에 표현되고 있음은 각 장의 종장을 통해 확인할 수 있다. <전원사시가>의 종장에는 특히, 강호시조 공간에서의 일상이 그려져 있다. 때로 아이를 시켜 밭갈게 하고, 때로 노래를 들으며 보내는 한가로운 일상과 자연이 시조 속에 공존하는 것이다. 이와 같이 강호시조에서 계절과 하루는 강호시조의 일상적 공간에 자연의 아름다움을 느낄 수 있는 요소를 끌어들이는 역할을 하고 있다.

이상에서 볼 수 있는 바와 같이, 강호시조에서 사시(四時)나 하루와 같은 자연적 시간은 강호시조 공간이 가지는 일상적 체험 공간으로서의 성격과 결합하고 있음을 알 수 있다. 시적 주체는 일상적 체험 공간인 강호 공간 속에서 사시와 하루의 순환적 흐름을 체험하고 있기에, 그 체험적 개별성을 강호시조의 공간을 통해 표출할 수 있는 것이다.

③ 강호시조 공간 수용 태도의 긍정성과 인생의 시간

강호시조의 시적 주체에게는 '노년(老年)'이라는 인생의 시간이 중요하다. 강호시조 작품 중에는 창작 주체가 말년에 치사(致仕) 후 귀향해 창작한 작품이 다수 있다. 또한 관력이 없는 재지사족 중에 노년의 나이에 은거지를 일구어 연시조를 창작한 사람들이 더러 있다. 이렇게 창작 주체의 인생에서 노년의 삶이 강호시조의 공간과 연관되므로 시적 주체가 스스로를 노인으로 자처하고 노년의 삶에 대해 말하는 것은 자연스럽다 하겠다.

중세의 사대부들에게 나이 들어 산수를 가까이할 수 있는 고향으로 돌아와 여생을 편히 보내는 것은 그들의 소망 중의 하나였다. 이를 강호(江湖) 안로(安老)의 지향이라 할 수 있는데, 이와 관련하여서는 김득연의 <산중잡곡>을 참조할 수 있다.

솔 아래 길홀 내고 못 우희 딕를 스니
風月烟霞은 左右로 오느고야
이 스예 한가히 안자 늘는 주를 모르리라

[산중잡곡 3장 / 갈봉선생문집(葛峯先生文集)]

늘거도 막대 집고 병드러도 눕지 아냐
솔 아래 두로 거라 못 우희 안자 쉬니
뭇노라 이 엇던 하라비오 나도 몰라 ᄒᆞ노라

[산중잡곡 4장 / 갈봉선생문집(葛峯先生文集)]

늘거 희올 일 업서 山中에 도라오니
松菊 猿鶴이 다 나를 반기ᄂᆞ다
아희야 술 ᄀᆞ득 부어라 樂而忘憂ᄒᆞ리라

[산중잡곡 10장 / 갈봉선생문집(葛峯先生文集)]

늘거 병 든 모미 산정에 누어 이셔
셰간 만ᄉᆞ을 다 이저 보렷노라
다몬당 ᄇᆞ라ᄂᆞᆫ 일은 벗 오과다 ᄒᆞ노라

[영회잡곡 2장 / 갈봉선생문집(葛峯先生文集)]

재지사족인 김득연은 말년에 와룡산 기슭에 은거하면서 <산중잡곡>을 비롯한 여러 시조를 창작했다. <산중잡곡>의 3장에는 나이 들어 여생을 보낼 만한 공간에 자리를 잡은 시적 주체의 만족스러움이 그려져 있다. 소나무 아래로 길을 내고 연못 위에 축대를 쌓아 그 위에 누우니 주변의 자연 경관이 좌우로 펼쳐지고 있다. 시적 주체는 축대 주변의 자연 경관을 끌어 들임으로써 자연 체험의 즐거움을 누리고 있는 것이다. 이러한 즐거움은 시적 주체로 하여금 시간의 흐름마저 잊게 만든다. 시적 주체는 자연 체험의 즐거움 속에서 나이 드는 것마저 잊은 채 즐거움을 누리고 있다고 말한다. 이 장에서 시적 주체에게 노년이라는 인생의 시간은 '늙음'의 초라함이 강조되기보다 자연 체험을 가능하게 하는 한가한 시간으로 표현되고 있다.

<산중잡곡>의 4장에서 시적 주체는 "늘거도 막대 집고 병드러도 눕지 아냐"라 하였다. 이는 늙고 병든 몸이 외형적으로는 초라할 지라도 막대를 짚고 주거지와 그 주변의 자연을 왕래하면서 연못 위에서 쉬

는 즐거움을 누릴 수 있다는 점을 강조하고 있는 것이다.

<산중잡곡>의 10장에서는 산중에 터를 잡고 사는 즐거움을 '낙이망우(樂而忘憂)'라 하였다. 시적 주체는 표면적으로는 늙어서 할 일이 없기 때문에 산중에 은거하였다고 하고 있지만, 은거한 공간에서 자신을 반기는 소나무와 국화와 같은 자연이 있어, 근심을 잊고 강호 공간에 거한 자의 락(樂)을 즐길 수 있다. 시적 주체에게 노년의 시간은 이와 같이 강호 공간에 거하는 즐거움을 만끽할 수 있는 인생의 시간이 되고 있다. <영회잡곡> 2장에서도 이와 같은 점을 확인할 수 있다. 여기에서 시적 주체는 벗이 찾아오지 않아 벗을 기다린다고 하지만, 오히려 늙고 병든 몸이 산중에 은거하여 있기 때문에 복잡한 세사(世事)를 잊을 수 있다는 점을 강조하고 있기 때문이다.

이와 같이, 김득연의 시조에서 노년의 시간은 은자의 락을 충분히 즐길 수 있도록 하는 이상적인 시간으로 그려지고 있다. 강호시조의 공간에서의 노년이 이렇게 이상적으로 그려지는 이유는 무얼까? 서유구는 『임원경제지(林園經濟志)』[148]에서 다음과 같이 말한 바 있는데, 이를 참고할 만하다.

> ① 명산(名山)에 거처를 마련하는 것이 불가능하다면, 그 대신에 산봉우리가 돌아서고 산언덕이 굽이치는 곳이나 숲이 아늑하고 개울물이 여유 있게 흘러가는 곳을 고른다. 그곳에 땅 몇 마지기를 개간하고 집 몇 칸을 지은 다음 무궁화를 심어 울타리로 삼고 이엉을 엮어 정자를 만든다. 그런 뒤에는 땅 한 마지기에는 과실수를 심고, 남은 한 마지기에는 오이와 채소를 심는다. 실내는 사면에 아무 물건도 놓지 않고 빈 채로 둔다. 산일을 할 동자 하나

148) 서유구의 <임원경제지>의 일부를 안대회가 번역해 편집한 책을 인용한다. 서유구, 안대회 편역, 『산수간에 집을 짓고』, 돌베개, 2005, 14-17면.

를 데리고 살면서 동산에 물을 주거나 풀을 뜯는 일을 시킨다. 의자 두세 개를 정자 아래에 바짝 붙여 놓아둔다. 거기에 앉아 서책과 벼루를 곁에 끼고 고적함을 달래기도 하고, 거문고나 바둑을 곁에 놓아두어 정다운 벗이 오기를 기다린다. 새벽을 뚫고 지팡이를 벗 삼아 길을 나섰다가 저물 무렵이 되어서야 집으로 걸음을 돌린다. 이런 것이 늘그막에 여생을 즐기는 한 가지 방법이다. -『암서유사(巖棲幽事)』[149] (밑줄: 필자)

② 세상에 떠도는 속된 이야기 가운데에는 그럴듯한 이치가 담긴 것이 없지 않다. 다음 이야기도 그중의 하나다.

옛날에 몇 사람이 상제(上帝)에게 하소연하여 편안히 살기를 꾀하려고 하였다. 그중 한 사람이 "저는 벼슬을 호사스럽게 하여 정승 판서의 귀한 자리를 얻고 싶습니다."라고 하니 상제가 "좋다. 그렇게 해 주마."라고 허락하였다. 두 번째 사람이 "부자가 되어 수만 금(金)의 재산을 소유하고 싶습니다."라고 하니 상제가 "좋다. 네게도 그렇게 해 주마." 고 대답하였다. 세 번째 사람은 "문장과 아름다운 시로 한 세상을 빛내고 싶습니다."라고 하자 상제는 한참 있다가 "조금 어렵지만 그래도 그렇게 해 주마."라고 답을 하였다. 드디어 마지막으로 한 사람이 나와 이렇게 말했다. "글은 이름 석 자 쓸 줄 알고, 재산은 의식(衣食)을 갖추고 살 만합니다. 다른 소원은 없고 오로지 임원(林園)에서 교양을 갖추며 달리 세상에 구하는 것 없이 한 평생을 마치고 싶을 뿐입니다." 그러자 상제는 이맛살을 찌푸리면서 이렇게 답했다. "이 혼탁한 세상에서 청

149) ①의 『암서유사(巖棲幽事)』는 진계유(陳繼儒)의 저서로, 서유구가 인용한 것이다. 서유구는 『이운지(怡雲志)』에 그 일부를 인용했다.
서유구, 안대회 편역, 앞의 책, 17면.

> 복(淸福)을 누리는 것은 가당치도 않다. 너는 함부로 그런 것을 달라고 하지 말라. 그 다음 소원을 말하면 들어주겠다."
>
> 이 이야기는 임원에서 우아하게 살아가는 것이 얼마나 어려운가를 말한다. 이 이야기에서 말하듯이 청복(淸福)의 생활을 누리기란 참으로 어렵다. 인류가 생긴 이래 현재까지 수천 년의 세월이 흘렀지만 과연 이러한 생활을 향유한 자가 몇이나 되겠는가? 참으로 어려운 일이다. - 『이운지인(怡雲志引)』[150] (밑줄: 필자)

②를 참조하면, 현실의 삶에서 여생을 즐길 만한 강호 공간을 얻는 복을 누리는 일이 쉬운 일은 아니었음을 알 수 있다. 강호안로(江湖安老)는 중세 사대부들의 지향이지만 이를 실현하기는 어려웠다는 점에서, 그것이 만족된 강호 공간 속에서의 삶이 미화와 예찬의 대상이 되는 것은 자연스럽다 하겠다. ①에서는 산거(山居)할 위치를 선정하고 그곳에 초당을 지어 사는 노인의 생활을 엿볼 수 있다. 이는 <산중잡곡>에 묘사된 시적 주체의 노년의 삶과 매우 유사하다. 여기에는 인위적이지 않은 소박한 주거지에서 동자 하나를 데리고 살면서 가끔 찾아오는 벗을 기다리고 지팡이 짚고 주변을 왕래하는 하루의 일상에서 세속적 욕망에서 초탈하였으며 근심 걱정이 없으며, 소박한 가운데 여유로운 한 노인의 모습이 나타나 있다.

이상에서 볼 수 있는 바와 같이, 강호시조의 시적 주체는 스스로 '늙고 병들었다'고 말하지만 이때의 늙고 병듦은 외형적으로 보기에는 초라하나 오히려 세속의 일을 잊고 소박한 가운데 흥취를 느낄 수 있도록 하는 조건임을 엿볼 수 있다. 이렇게 강호시조의 공간 속에서 누리는 인생의 시간 중에서 '노년'은 강호시조 공간을 한가로움 가운

150) ②의 『이운지(怡雲志)』는 『임원경제지』 중에 선비들의 취미 생활을 다룬 부분이다. 서유구, 안대회 편역, 앞의 책, 14면.

데 충분히 즐길 수 있는 조건이 되고 있다. 그렇기에 시적 주체는 강호시조의 공간을 긍정적으로 수용하는 태도를 가질 수 있다.

④ 강호시조 공간의 영원성・희소성과 과거의 시간

강호시조의 시적 주체에게는 과거-현재-미래의 순차적 흐름 중에서 과거가 중요하다. 과거-현재-미래로의 선조적인 시간의 흐름은 중세적인 시간 인식 방식과는 차이가 있으며 순환적인 동아시아의 시간관을 시조 속에서 발견할 수 있음은 선행 연구를 통해 밝혀진 바 있다.151)

강호시조에서는 미래적 지향을 발견하기 어려우며 주로 먼 과거로서의 '고(古)'가 언급된다. 강호시조에서 '만고(萬古)'는 강호시조의 공간이나 그 공간을 구성하고 있는 자연 경관이 시간이 흐름에도 변하지 않는 영원한 속성을 가지고 있음을 강조하는 맥락에서 주로 쓰였다. 다음 작품을 보자.

其五
靑山는 엇뎨ᄒᆞ야 萬古애 프르르며
流水ᄂᆞᆫ 엇뎨ᄒᆞ야 晝夜애 긋디 아니ᄂᆞᆫ고
우리도 그치디 마라 萬古常靑 호리라

[도산십이곡 5장 / 도산육곡(陶山六曲) 판본(板本)]

151) 조해숙과 이상원의 논의를 참조할 수 있다.
조해숙, 「시조에 나타난 시간 의식과 시적 자아의 관련 양상 연구」, 서울대 박사논문, 1999.
이상원, 「16세기말-17세기초 사회 동향과 김득연의 시조」, 『어문논집』 31, 안암어문학회, 1992.
특히 이상원은 16세기 사림의 도학적 이념 속에서 개체는 자연의 질서에 포함된 것이기 때문에 이때의 시간은 순환적이고 영원한 것이라 했다.(이상원, 위의 논문, 1992, 157면.)

도산 주변의 산과 물은 '만고(萬古)'에도 '상청(常靑)'한 것으로서 가치롭다. 인간 개체의 일생이라는 자연적 시간에만 주목해서는 '상청(常靑)'의 가치를 체험하기 어렵다. 그러나 천지 자연의 운행 원리를 읽으면 우리는 그 속에서 변하지 않는 자연의 가치를 알게 된다. 자연의 일부로서 살아가는 인간 역시 부단한 정진 가운데 '상청(常靑)'의 가치를 실현할 수 있다. 이렇게 강호시조에서 '만고(萬古)'라는 과거는 강호시조의 공간에서만 누릴 수 있는 자연 경관의 '상청'이라는 영원성의 가치를 불러일으키는 매개이다.

이와 같이, 만고의 시간을 통해 강조되는 영원성의 가치는 과거라는 시간을 단순히 '옛날'의 의미로 한정하지 않는다. 강호시조의 시적 주체에게 '과거'는 '낡은 것', '미숙한 것', '극복해야 할 것'의 의미를 지니는 것이 아니라 오히려 오랜 시간 동안 변하지 않는 영원성을 통해 그 가치를 실현하는 시간이라 할 수 있다. 강호시조의 공간 중에 '자연'은 '만고'의 시간 가운데 인간의 인위적인 조작을 거치지 않은 채로 존재함으로써 오히려 인간이 닮아야 할 가치를 담지한 것으로 여겨지고 있다.

이와 같이 과거의 시간이 현재까지 지속되는 가운데 변하지 않고 존재하는 가치를 현재의 시적 주체가 배워야 할 것으로 표명하고 있는 작품으로는 김득연의 <산중잡곡>이 있다. 다음을 확인해 보자.

> 萬卷書을 對ᄒᆞ아셔 千古 버ᄃᆞᆯ ᄉᆡᆼ각ᄒᆞ니
> 天地間 녜던 길히 一胸中에 다 오ᄂᆞ다
> 진실로 옛 벗과 옛 길을 알면 아니 예고 엇졔리오

[산중잡곡 45장 / 갈봉선생문집(葛峯先生文集)]

<산중잡곡>의 45장에서 시적 주체는 강호시조 공간에서 책을 읽는 은자로서의 즐거움을 누리고 있다. 이 장에서 시적 주체가 책을 대하

는 태도는 자못 경건한데, 그 이유는 만권서를 앞에 두고 영원함의 가치를 지니는 과거의 시간을 떠올리고 있기 때문이다. 시적 주체가 이 장에서 언급한 '천고의 벗', '옛 벗', '옛 길' 등은 책 속에 담긴 선인(先人)들의 지혜와 흔들림 없이 학문하는 길을 간 삶의 자세를 상기하는 맥락에서 쓰인 말이다. 이 역시 과거의 시간에 담긴 지혜와 삶의 자세가 '변하지 않는 귀중한 가치'로 현재에 수용될 수 있는 것임을 환기하는 표현이다. 시적 주체는 강호 공간에 거하여 과거로부터 이어져 오는 영원한 가치를 흔들림 없이 수용하겠다고 말하고 있다.

한편, 강호시조에서는 '만고'의 시간이 지니는 이와 같은 가치를 알아 줄 사람이 현재의 순간적인 시간에는 존재하지 않음이 강조되기도 한다. 이와 관련하여서는 <고산구곡가> 9장을 확인해 보자.

> 八曲은 어드미고 琴灘에 둘이 붉다
> 玉軫金徽로 數三曲을 노론말이
> 古調을 알 리 업쓴이 흔자 즑여 ᄒᆞ노라
>
> [고산구곡가 9장 / 해동가요(海東歌謠) 일석본(一石本) 85]

<고산구곡가> 9장에서 '古調를 알 이 업스니'에서의 '고조(古調)'는 금탄에 달이 밝았을 때의 흥취를 돋우는 소재이다. 그런데 시적 주체는 이 장의 종장에서 옛 노래가 불러일으키는 이와 같은 흥취의 가치를 아는 이가 극히 드물다고 말하고 있다. 이는 강호시조의 공간 속에 벗이 존재하지 않아서가 아니라,[152] '만고'의 시간을 거쳐 전해지는 지고(至高)한 가치는 한눈에 쉽게 알아챌 수 있거나 손쉽게 손에 넣을

152) 이후에 논할 바이지만, <고산구곡가>는 강호시조 중에서 '벗'을 강호시조 공간으로 끌어들이는 구성 방식을 보이는 작품이다.

수 있는 것이 아니기 때문이다. 이런 면에서 과거로부터 전해지는 가치는 세상에 만연해 있는 다른 지향들과는 구분되는 희소성을 지닌다고 볼 수 있다. 많은 사람들이 손쉽게 접근할 수 있는 이러한 가치 추구에 동참하려면, 시적 주체와 같이 강호 공간의 가치 지향에 공감하고 그 길을 함께 가려고 하는 결단이 필요하다.

이상에서 볼 수 있는 바와 같이, 강호시조 공간에서 주된 시간으로서의 과거는 '자연'이라는 특수한 공간 속에서 개체적인 인간의 개별적 체험만으로는 획득하기 힘든 영원성의 가치를 불러 일으키는 지고(至高)의 시간이라 볼 수 있다. 이는 세상 속에서 손쉽게 획득할 수 없는 희소한 것으로서 그 의미가 강조되고 있다.

이상에서 검토한 바를 정리하자면 다음과 같다. 강호시조에서 '시간' 요소는 강호 공간의 영속성을 드러냄으로써 시적 주체가 다른 공간을 지향하지 않고 강호 공간 속에서 완성된 삶을 추구할 수 있음을 알게 하는 데 기여한다. 또한, 강호시조에서 시간 요소는 중세적 시간의 순환적 질서 의식이 강호시조 속에서 '체험적 일상성'으로 실현되어, 시적 주체가 그 속에서 만족감과 흥취를 누릴 수 있음을 알게 한다. 또, 강호시조의 시적 주체는 노년의 시간이 강호시조에서 안락함을 누리는 시간적 조건임을 드러내, 공간을 보는 긍정적 태도를 보여주고 있다. 강호시조에서 과거라는 시간은 그 공간 속에서 누리는 가치가 영원하며, 그 가치가 속된 가치와는 구분되는 희소한 가치임을 알게 하는 데 기여하고 있다.

(라) 인간과 공간의 결합 방식

강호시조의 공간에서 시적 주체는 자신의 공간에 여러 사람들을 허용하지는 않는다. 시적 주체가 소부(巢父)나 허유(許由), 상산사호(商山

四皓), 도연명(陶淵明)과 같은 신화와 역사 속의 인물에 대해 말하기도 하지만 시적 주체가 그들과 사회적이고 인간적인 관계를 갖고 있지 않으므로 이들을 인간 요소라고 말하기는 어렵다. 이들은 주로 그들의 삶의 방식을 시적 주체가 긍정적으로 수용한다는 맥락에서 쓰인 상징적인 인물들이다. 강호시조를 비롯한 다른 시조에서도 신화와 역사 속의 인물에 대한 언급은 광범위하게 나타나고 있다. 그런 면에서 이들은 강호시조의 공간과 관련되는 중요한 인간 요소라고 하기 어렵다.

이와 같은 신화적 · 역사적 인물을 제외하고 강호시조의 공간 안에 가장 많이 등장하는 인간으로는 '벗'이 있다. 강호시조의 공간 안에 '벗'을 허용하는 맥락은 두 가지 경향으로 나뉜다. 하나는 강호시조의 공간을 점해 살아가는 나의 가치 지향과 흥취를 알아 줄 '벗'의 존재인데, 이 경우에는 그런 벗을 주변에서 만나기 어렵다는 점을 강조한다. 즉, 시적 주체가 시조 속에 불러들이기는 하지만 작품에 형상화된 공간 안에 존재하지는 않는다.

이와 다른 경우에 강호시조에서의 '벗'은 시적 주체가 거주하는 강호시조의 공간에서 만날 수 있는 실제적이거나 잠재적인 '벗', 즉 작품에 형상화된 공간 안에 존재하는 벗을 지칭한다. 강호시조의 공간은 향촌의 복거지로서 성시(城市)와 거리가 먼 경우가 많기 때문에 강호시조의 공간 안에서 시적 주체가 사람들과 교류하는 장면이 자주 등장하지는 않는다. 하지만 시적 주체가 점유한 강호시조의 공간에 찾아오는 벗들이 있어 그들과의 모임은 그 공간 안에서 중요한 일상 중의 하나이다. 여기에서는 이 벗들의 존재가 강호시조 공간의 특징을 실현하는 데 어떤 방식으로 기여하고 있는지를 확인해 보고자 한다.[153]

153) 강호시조 나타난 벗의 유형과 공간성의 관계에 대해서는 다음에서 자세하게 논의한 바 있다.
졸고, 「강호시조에 나타난 '벗'의 유형과 공간성의 관계」, 『겨레어문학』 44, 겨레

① '옛 벗'과 가치 지향 공간

먼저 강호시조의 공간 속에 존재하지는 않으나 시적 주체가 발화를 통해서만 언급하고 있는 '벗'에 대해 살펴보자. 강호시조의 공간에서 언급되는 '벗' 중에는 오히려 '벗 없음'을 강조하고 그리워하는 맥락에서 쓰이는 경우가 있다. 이러한 유형의 작품으로는 이정의 <풍계육가>가 있다.

淸風을 죠히 역여 창을 ᄋᆞ니 ᄃᆞ닷노ᄅᆞ.
明月을 죠히 역여 즘을 ᄋᆞ니 드런노ᄅᆞ
옛ᄉᆞᄅᆞᆷ 이 두ᄀᆞ지 두고 어ᄃᆡ 혼ᄌᆞ 갓노?

[풍계육가 1장][154)]

ᄂᆡ라셔 뉘로ᄅᆞ ᄒᆞ여 爵祿을 ᄆᆞ암에 둘고?
죠고만 씌집을 시ᄂᆡ 우예 이룬바
어제밤 숀쇼 다든 문을 늣도록 닷치엿소.

[풍계육가 2장]

山ᄋᆞ 너ᄂᆞᆫ 어이 한갈갓치 노ᄑᆞ시며
물ᄋᆞ 너ᄂᆞᆫ 웃지 날날리 흐르ᄂᆞ냐?
此間에 仁智ᄒᆞᆫ 君子ᄂᆞᆫ 못ᄂᆡ 즐겨 ᄒᆞ노니ᄅᆞ

[풍계육가 5장]

어문학회, 2010.

154) <풍계육가>의 원문은 이 작품을 발굴해 소개한 임형택의 논문에서 인용한다. 임형택, 앞의 논문, 193-194면.

이 작품의 1장에서 시적 주체는 자신의 거주지의 창을 열고 창문으로 불어 들어오는 바람을 맞고 창 너머로 보이는 달을 보는 즐거움에 젖어 있다. 그런데 이 공간에서 시적 주체가 아쉬워하는 것은 시적 주체의 즐거움을 알아 줄 '옛ᄉᆞ람'이 현재 시적 주체가 거하고 있는 공간에 존재하지 않는다는 점이다.

이 작품의 2장에서 시적 주체는 '작록'과 같은 세속적 가치와 타협하지 않는 은거한 군자의 지향을 뚜렷하게 지니고 있는 사람이다. 자신의 그러한 가치 지향을 알아 줄 사람이 주변에는 존재하지 않기 때문에, 시적 주체는 주거지의 문을 닫아 놓고 있다. 시적 주체의 주거지에서 누리는 즐거움을 알아주는 벗은 오히려 그 주변을 둘러싼 '산'과 '물'이라 할 수 있다. 이때의 산과 물은 한결같이 높고 그치지 않고 흐르는 것으로서 이때의 자연은 시적 주체 외에는 별다른 사람이 존재하지 않는 공간에서 인간이 추구해야 할 가치를 지닌 인격적인 구성물로서의 역할을 수행하고 있다.

강호시조의 공간에서 시적 주체가 이와 같이 현재에는 존재하지 않는 '옛 벗'을 발화를 통해서만 불러들이고 있는 이유는 무엇일까? 향촌에 복거한 자신의 상황에서 속된 것들에 타협하지 않는 삶의 자세와 가치 지향의 깊이에 공감하는 것이 쉬운 일이 아니라고 보기 때문이다. 강호 공간에 은거한 군자는 자신의 삶 속에서 수기(修己)적 삶의 자세를 잃지 않아야 한다. 세상과 담 쌓지 않는 성리학적 세계관을 견지한 유자(儒者)라 하더라도 속된 것들과 거리를 두고 자신을 견고히 하는 내적 수양의 자세에 관해 생각해 볼 필요가 있다.

이 작품의 시간적 배경은 달이 밝게 떠 있는 밤이다. 밤이라는 시간은 주변에 사람들이 존재하지 않는 가운데 강호 공간이 주는 가치를 혼자서 누리는 즐거움에 젖고, 성시에서 멀리 떨어져 은거한 군자로서의 삶을 지속하는 스스로의 삶의 자세를 돌아볼 수 있는 시간이다.

이 작품의 마지막 장에서 시적 주체가 "五斗米 위ᄒᆞ여 紅塵의 ᄂᆞ지 므르"라는 경계(警戒)의 전언을 내비치는 것도 은거한 군자로서 세속적인 것들에 가치를 두지 않는 자신의 삶의 자세를 다시 한번 확실히 하고 있는 것이라 하겠다.

이런 점들로 볼 때, 강호시조의 공간은 시적 주체가 스스로의 가치 지향이 어떤 것에 있느냐를 되돌아보는 경우에, 현재의 벗이 아닌 옛 벗을 그리워하며 타인들과 교섭하지 않는 폐쇄적인 공간이 된다. 이 때의 강호시조 공간은 '오두미'나 '홍진'으로 대표되는 부귀와 명리로부터 거리를 두고 은거한 군자로서의 내면적 가치를 지향하는 공간으로서의 성격이 강해진다 하겠다.

② 현재의 '벗'과 공간의 개방성

강호시조 공간에는 현재의 벗이 등장하기도 한다. 이때의 강호시조 공간에는 여러 벗들의 왕래가 허용된다. 이런 작품들의 경우에는 속된 것들과 타협하지 않는 삶의 자세를 견고히 할 필요가 있는 상황과는 차이가 있다. 대표적인 작품으로는 이이의 <고산구곡가>를 들 수 있다.

高山九曲潭을 ᄉᆞ름이 몰으든이
誅茅卜居ᄒᆞ니 벗님네 다 오신다
어즙어 武夷를 想像ᄒᆞ고 學朱子를 ᄒᆞ리라

[고산구곡가 1장 / 해동가요(海東歌謠) 일석본(一石本) 77]

一曲은 어드ᄆᆡ고 冠岩에 ᄒᆡ 빗췬다
平蕪에 ᄂᆡ 거든니 遠近이 글림이로다

松間에 綠罇을 녹코 벗 온 양 보노라

[고산구곡가 2장 / 해동가요(海東歌謠) 일석본(一石本) 78]

二曲은 어드믜고 花岩에 春晩커다
碧波에 곳츨 씌워 野外로 보내노라
ᄉᆞᄅᆞᆷ이 勝地을 몰은이 알게 ᄒᆞᆫ들 엇더리

[고산구곡가 3장 / 해동가요(海東歌謠) 일석본(一石本) 79]

이 작품의 1장에 등장하는 '벗님네'는 시적 주체가 고산에 복거했더니 학주자(學朱子)하기 위해 찾아 온 벗들이다. 이와 같이 강호시조의 공간은 그 안에서 누리는 실제적 삶에 공감하고 그에 동참하기 위해 찾아 오는 벗들이 존재하는 개방적인 공간이 되기도 한다. 이때의 시적 주체에게는 속된 것과 타협하지 않겠다는 가치 지향을 분명히 하는 삶의 자세보다, 강호시조 공간 안에서 유자(儒者)로서의 삶을 실현해 가는 구체적인 삶의 실제가 중요하다고 볼 수 있다.

이 작품의 공간에는 향촌에 강학(講學)을 위해 복거한 공간에 학문 활동에 동참하기 위해 찾아오는 한정된 수의 벗들이 존재한다. 작품의 2장에서 볼 수 있는 바와 같이, 시적 주체에게 멀리 벗들이 오는 모습을 보는 즐거움은 강호 공간에서 누릴 수 있는 큰 기쁨 중의 하나라고 한다. 또한, 이 작품의 3장에서 시적 주체는 아름다운 자연 속에서 학문하는 즐거움을 알지 못하는 사람들에게 그 즐거움을 전하고 싶다고 하기도 한다.

이와 같이, 시적 주체는 강호시조 공간에서 실현되는 삶의 실제에서 즐거움을 느끼고 있다. 시적 주체는 강호 공간에서 자연의 아름다움을 체험할 수 있고, 학문하는 삶이 실제적으로 실현될 수 있다는 점에 관해 기쁨을 느끼고 있다. 또한, 그 기쁨에 동참할 수 있는 벗들의 존재 역시 무궁한 즐거움을 준다고 보고 있다. 이는 이 작품의 공간이 이러한 삶의 실제에 공감하는 사람들을 수용할 수 있는 개방적인 공간임을 보여주고 있다.

이상에서 살핀 바와 같이, '인간과 공간의 결합 방식'을 통해 강호시조 공간의 성격을 검토해 보면, 강호시조의 공간에서 '인간' 요소의 역할을 다음과 같이 정리할 수 있다. 강호시조의 공간에서 인간 요소는 공간의 폐쇄성 속에서 가치 지향의 지고함을 드러내는 역할을 한다. 또한, 강호시조 공간에서 실현하는 삶의 실제에 공감하는 사람들에게 강호시조의 공간은 개방적인 공간일 수 있음을 드러내는 요소로서 기능하기도 한다.

그렇다면, 동일한 유형의 강호시조에서 '인간' 요소의 역할이 이와 같이 상이한 방식으로 기능하는 이유는 무엇일까? 강호시조의 공간은 성시와 멀리 떨어진 지방의 산천(山川)을 배경으로 한 창작 주체의 복거지로, 공간의 특징으로 보건대 많은 사람들이 손쉽게 접근할 수 있는 개방적인 공간은 아니다. 그 공간을 선택한 강호시조의 창작 주체에게는 은거한 군자로서 자신의 의식적 지향을 잊지 않는 삶의 자세를 견지하는 것이 필요하다. 수기(修己)하는 삶을 위해서는 이와 같은 자세를 상기하며 자신을 다잡는 내면적 성찰이 필요하며, 강호시조의 창작 주체들은 강호시조를 통해 이와 같은 삶의 자세를 표명하고 있는 것이다.

그러나 중세 사대부의 은거는 많은 사람들과 단절된 상태에서 자족적 삶을 완성하고자 하는 목적에서 행해진 것이 아니다. 자연 속에서 자연적 자아를 실현하는 삶에는 겸제천하(兼齊天下)의 사회적 자아를 실현하고자 하는 지향이 공존하고 있다. 이런 면에서 자아의 내적 성찰은 사회적 자아의 실현을 지향하는 삶과 유리된 것이 아니다. 그렇기에 수기적 수양의 태도와 가치에 공감하는 사람들과의 교류 역시 강호 공간에서의 삶이 실현되는 중요한 방식이라 할 수 있다. 강호시조의 창작 주체들은 자신의 가치 지향을 외부 사람들과 단절된 상태에서 내적으로 성찰하기도 하고, 그 가치 지향에 공감하는 사람들과 교류하는 삶 속에서 수기적 수양의 생위를 지속하기도 한 것이다.[155)]

(마) 경관 구성의 방식

앞에서 살핀 바와 같이, 강호시조에서 거주지 주변의 자연은 중요한 공간 요소 중의 하나이다. 거주지 주변의 자연이 강호시조 속에서 어떤 방식으로 포섭되고 있느냐는 강호시조 공간의 이해에서 중요하다. 여기에서는 시적 주체의 시선이나 체험 속에 주변의 자연 경관이 구성되는 방식을 검토해 보고자 한다. 경관 구성의 방식은 인간의 시각적 질서 속에 공간을 포섭하는 방식과 관련되는데, 이는 시대와 문화에 따라 그 양상이 다르다. 이런 점으로 볼 때, 경관 구성 방식을 검토하는 것은 중세의 문화적 특수성 속에서 강호시조 공간을 이해하도록 돕는다 하겠다.

① 거점지 중심의 차경(借景)적 구성

'차경(借景)'은 원림(園林) 조영 원리로 널리 알려져 있다. 1634년에 중국에서 간행된 계성(計成)의 『원야(園冶)』에서 그 내용을 확인할 수 있다. 계성은 명나라의 조원가로 알려져 있다. 『원야(園冶)』는 원림의

155) 여러 자료를 통해 검증해 보아야 할 바이지만, 이것이 강호 공간에 은거한 수기적 수양의 태도와 관련된 일종의 '단계'를 의미할 수 있는 것이 아닌가 한다.

조영뿐만 아니라 원림의 이용과 감상에 대해서도 다루고 있다는 점에서 주목할 만하다.156) 『원야(園冶)』157)에서는 차경에 관해 다음과 같이 말하고 있다.

> 원림(園林)을 조성함에는 일정한 격식이 없지만 외부 경관을 차용함[借景]에 있어서는 일정한 근거가 있어야 한다. 차경에서 가장 중요시되는 것은 사계절의 변화와 조화를 이루는 것인데, 팔택(八宅)의 논의와는 관계할 것이 없다.158)
>
> …(중략)…
>
> 차경이란 원림의 조성에서 가장 중요한 것이다. 차경의 종류로는 '원차(遠借: 먼 곳의 경물을 차용하는 법)', '앙차(仰借: 높은 곳의 경물을 차용하는 법)', '부차(俯借: 낮은 곳의 경물을 차용하는 법)'과 '응시이차(應時而借: 시절 풍경에 따라 경물을 차용하는 법)'이 있다. 그러나 사물의 정경이 가장 잘 나타나 있는 곳에는 스스로 알지 못하는 사이에 시선이 멈춰지고, 약속이나 한듯 사람의 마음이 움직이게 된다. 이러한 미적 경계(境界)는 추측컨대, 직접 만들기에 앞서 (그 미적 경계에 대한) 구도가 머리 속에 짜여져 있어야만 하는 것[意在筆先]인데 그래야만 제작을 할 때 재주를 다 발휘할 수가 있다.159) (밑줄: 필자)

위의 인용을 보면, 원림 조영 이론에서는 원림 내부 경관 이상으로

---

156) 이유직, 「계성의 <원야> 연구」, 서울대 박사논문, 1997, 2-3면

157) 이후의 『원야(園冶)』 인용은 김성우 · 안대회의 번역을 인용하며, 원문은 각주로 부기한다. 계성, 김성우 · 안대회 역, 『원야(園冶)』, 예경, 1634/1993.

158) 構園無格, 借景有因. 切要四時, 何關八宅. (계성, 借景, 「園說」, 앞의 책, 301면.)

159) 夫借景, 林園之最要者也. 如遠借, 隣借, 仰借, 俯借, 應時而借. 然物情所逗, 目寄心期, 似意在筆先, 庶幾描寫之盡哉. (계성, 借景, 「園說」, 위의 책, 307면.)

원림의 외부 경관을 빌려 오는 것, 즉 차경(借景)을 중시하고 있음을 알 수 있다. 위에서 계성은 주변의 자연을 차경(借景)할 때는, 계절과 조화를 이루는 것, 사람의 마음을 움직이게 하는 경관을 수용하는 것이 중요하다고 한다.

계성의 『원야』는 중국에서도 20세기 이후에 주목받았다고 하니, 우리나라에 이 책이 일찍이 전래되지는 않았던 것 같다. 19세기 초에 쓰인 서유구의 『임원경제지』에 중국의 다른 원림 이론서들이 인용되었지만 계성의 『원야』에 대한 언급은 없다.[160] 그러나 계성이 완성한 원림 이론은 이미 오래 전부터 있어 온 원림 조영 이론을 정리한 것이며, '차경(借景)'이라는 단어의 용례는 우리 고문헌에서도 발견된다.[161]

'차경'은 원림을 조영할 때 원림의 외부 경관을 내부 요소들만큼 중요하게 생각하는 것이다. 이는 원림 조영에서 원림의 이용과 감상을 중시하는 관점이다. 차경에 의해 원림을 조영할 때는 주변 경관의 아름다움을 원림의 요소로 끌어들일 수 있는 배치를 선택하게 된다. 『원야』의 흥조론(興造論)에서는 '차(借)'의 의미에 관해 다음과 같이 서술하고 있다.

> <u>'차(借)'라고 하는 뜻은 원림이 비록 안과 밖의 구별이 있기는 하지만 좋은 풍경을 취할 수만 있다면 원근에 얽매임 없이 맑게</u>

160) 이유직, 앞의 논문, 8-9면.

161) 김창흡의 문집에서 '차경'이라는 말이 쓰였으며 의미 맥락이 원림 이론의 '차경'과 유사하다. 그 이전의 기록으로 『退溪先生文集攷證卷之二』에 쓰인 기록이 있으나 주석으로 덧붙어 있다.
金昌翕, 「彦姪書堂」(詩), 『三淵集卷之十六』: 岡巃成環抱 桑麻擁茂滋 卜居爰得所 借景亦云奇 義社依紅腐 慈波仰綠池 四松誰所植 庭際儼相持
(원문은 한국고전번역원 DB를 인용한다. http://www.itkc.or.kr)

> 개인 산봉우리는 허공중에 빼어나게 솟도록 만들고, 옛스런 사찰은 반공중에 잦아 있게 만드는 것을 말한다. 무릇 눈이 닿는 모든 곳에서 속된 것은 버리고 아름다운 것을 흡수하여 받아들인다. 그리고 여기에 논밭까지도 제외함이 없이 모두 아름다운 풍경으로 편입시킨다. 이것이 이른바 '교묘하게 체(體)를 얻었다[巧而得體]'는 것이다.[162] (밑줄: 필자)

위에 인용한 것을 종합하자면, 차경은 주변 자연 경관을 수용함에 있어, 속된 것은 가리고[俗則屛之], 아름다운 것을 드러내는[嘉則收之] 것이다. 그러기 위해서는 원림 감상자의 입장에서 먼 것과 높은 것, 낮은 것을 보는 시각(視覺)의 확보를 중시해야 한다. 또한 계절의 변화에 따라 경관이 어떻게 변화하는지를 포착해 그 안과 밖에서 감상자가 원림을 어떻게 체험할 수 있을지를 고려해야 한다. 계성은 이와 더불어 "처한 지역에 의거하여 주변 경물을 차용함에는 일정한 법식이 없고, 경물을 볼 때 감정이 일어나는 것이면 모두 선택할 만하다."[163] 라고 했다. 이와 같은 관점에서 계성은 차경에 대해 아래와 같이 기술하고 있는데, 원림 감상자의 체험적 측면에서 기술하고 있음에 주목할 만하다.

> (여름이 찾아와) 숲 그늘에서는 꾀꼬리 울음소리 새어나오고, 산굽이에서 갑자기 나무꾼의 노랫소리 들려온다. 숲사이에서 바람이 일어나니 복희씨(伏羲氏) 시대로 돌아간 듯하다. 유인(幽人)은 소나무 숲으로 둘러싸인 산재(山齋)에서 시를 읊고, 일사(逸士)는

---

162) 借者, 園雖別內外, 得景則無拘遠近, 晴巒聳秀紺宇凌空. 極目所至, 俗則屛之, 嘉則收之, 不分町畽, 盡爲烟景, 斯所爲「巧而得體」者也. (계성, 「興造論」, 앞의 책, 41-42면.)

163) 因借無由, 觸情俱是. 계성, 앞의 책, 305-306면.

> 대나무 숲 속에서 거문고를 탄다. 연꽃이 물 위로 솟아 새로 목욕한 듯하고 대나무 잎이 비를 머금으니 벽옥(碧玉)을 가볍게 튕기는 것과 같다. 시냇가 물굽이에서 대나무를 감상하고 호숫가에서 물고기 노는 모습을 구경한다. 산낯[山容]에는 지나가던 구름이 잦아들어 일부러 몸을 기대고 있는 난간으로 내려온 듯하고, 수면에 물결이 일어나니 상쾌한 바람이 머리에 베고 있던 베갯머리로 불어와 잠을 깨워 놓는다. 남쪽 창가에서는 속세를 오만하게 보는 심정을 부치고, 북쪽 창가에서는 그늘 아래의 청량한 바람을 맞이한다. 반쯤 열어놓은 창으로는 파초와 오동나무가 푸르름을 드리우고 에워싼 담장에는 담쟁이덩굴이 비취빛을 자랑한다. 흐르는 물을 내려다보면서 물에 어린 달빛을 감상하고 바위에 앉아서 샘물맛을 품평한다.[164)]

묘사된 바에 따르면, 원림 감상자는 여름이 오면 원림의 중심 건물 안에서 창을 닫거나 열어 풍경을 감상한다. 숲에서 들리는 소리와 시원한 바람이 있어, 원림 감상자는 스스로가 유인(幽人)이나 일사(逸士)가 된 듯한 기분을 느낄 수 있다.

여기에서 여름을 맞은 원림에서의 체험을 서술한 부분이 강호시조의 경관 체험 방식과 유사하다는 점을 발견할 수 있다. 여기에서 중요한 것은 원림 감상자의 시각이 경관의 기하학적 구도화에 있지 않다는 점이다. 원림 감상자는 계절이 바뀌는 바에 따른 경관의 변화, 먼 곳에 있는 경물부터 가까이에 있는 경물, 그리고 위와 아래에 있는 경

164) 林陰初出鶯歌, 山曲忽聞樵唱, 風生林樾, 境入羲皇. 幽人即韻於松寮. 逸士彈琴於篁裏. 紅衣新浴. 碧玉輕敲. 看竹溪灣, 觀魚濠上. 山容藹藹, 行雲故落憑欄. 水面鱗鱗. 爽氣覺來敧枕. 南軒寄傲. 北牖虛陰. 半窓碧隱蕉桐, 環堵翠延蘿薜. 俯流玩月. 坐石品泉. (계성, 借景, 「園說」, 앞의 책, 303면.)

물에 이르기까지 곳곳의 경물을 끌어들여 원림의 아름다움을 체험할 수 있다. 또한, 원림을 체험하는 주체의 입장에서 여러 감각적인 체험들, 예를 들어 소리, 빛깔, 냄새, 맛, 바람의 촉각 등도 역시 경관의 중요한 요소들이 된다.

강호시조의 공간에서도 공간을 지각하고 체험하는 방식이 원림 조영 원리로서의 차경(借景)과 유사하다. 먼저, 곽기수의 <만흥삼결>을 보자.

草堂의 ᄇᆞᆯ근 ᄃᆞᆯ이 北窓을 비겨시니
시ᄂᆡ ᄆᆞᆯ근 솔ᄅᆡ 두 귀ᄅᆞᆯ 절노 싯ᄂᆡ
巢父의 箕山 潁水도 이러턴동 만동

[만흥삼결 1장 / 한벽당선생문집(寒碧堂先生文集)]

믈은 거울이 되어 窓 아ᄑᆡ 빗겨거ᄂᆞᆯ
뫼흔 屛風이 되어 하ᄂᆞᆯ 밧긔 어위엿ᄂᆡ
이 듕의 벗 ᄉᆞ몬 거ᄉᆞᆫ 白鷗 外예 업서라

[만흥삼결 2장 / 한벽당선생문집(寒碧堂先生文集)]

羲皇이 니건지 오ᄅᆡ니 시절이 보암ᄌᆞᆨ디 아니ᄒᆡ
술이 狂藥인 줄 ᄂᆡ 몬저 알견마ᄂᆞᆫ
저근덧 醉鄕의 드러가 太古 적을 보려 ᄒᆞᄂᆡ

[만흥삼결 3장 / 한벽당선생문집(寒碧堂先生文集)]

<만흥삼결>의 작가 곽기수는 명종대에 태어나 광해군대에 이르기까

지 일생을 보냈다. 인조대에 잠시 부안현감에 임명되기도 했으나 곧 해임되었으며 그 이후로는 관직에 진출하지 않았다.[165] 노모 봉양을 위해 고을살이를 하기도 했으나 조정이 혼란스러울 때는 산림에 은거했다.

이 작품에서 창작 주체는 자신의 처지를 초당에 은거한 군자로 표명하고 있다. 이 작품에서 초당에 거한 자신의 처지를 드러냄에 있어, 초당의 창밖으로 보이는 자연을 차경(借景)하고 있음이 특징적이다. 이 작품의 1장에서 시적 주체는 자신의 주거지에서 밤이라는 시간이 주는 경관의 아름다움을 체험하고 있다. 북창(北窓)을 열면 보이는 밝은 달과 시냇물 소리는 시적 주체의 소박한 주거지에서 누릴 수 있는 경관 요소로 충분하다. 시조의 특성 상 주변의 경관에 대한 자세한 묘사는 이루어지지 않았는데, 위에 인용한 『원야』에서의 일사(逸士)처럼 자신이 기거하는 창밖으로 보이는 자연 경관을 보면서 흥에 취하는 구도가 비슷하다. 밝은 달과 시냇물 소리는 자신이 마련한 주거지 안에 속한 경물은 아니지만 그 바깥을 둘러싸고 있는 자연물을 끌어 들여 시적 경관을 구성하고 있는 것이다.

이 작품의 2장에서 역시 시적 주체는 자신의 주거지에서 주변의 자연을 차경(借景)하고 있다. 시적 주체는 초당 안에서 창 앞으로 거울 같은 물이 흐르고 병풍 같은 산이 하늘 밖으로 둘러쳐져 있는 것을 보고 있다. 은거지에 건축한 자신의 초당이나 그 안의 정원만을 주거지의 경관으로 삼지 않고, 바깥의 경관까지 주거지의 구성 요소로 끌어 들이는 것이다.

이와 같은 차경(借景)적 경관 구성은 주거지와 주거지를 둘러싸고 멀리 보이는 자연에 이르기까지 아름다운 경관을 선택적으로 수용하여 은거지에 거한 자의 고고한 가치 지향을 잊지 않도록 해 주는 경

165) 영남대 민족문화연구소, 「영남문집해제 : 한벽집」, 『민족문화연구소 자료 총서』 4, 1988, 966면.

관 구성의 방식이다. 시적 주체는 작품 전체에서 초당을 비추는 밝은 달과 시냇물의 맑은 소리, 거울 같은 맑은 물과 아름다운 병풍처럼 둘러쳐진 산을 주거지의 경관으로 수용함으로써 속된 가치들과 타협하지 않는 자신의 가치 지향을 잊지 않을 수 있다.

경관이 주는 아름다움과 하나가 된 시적 주체는 백구(白鷗)와 벗이 되어, 외물(外物)과 자기 사이에 구별이 없는 경지에까지 이르렀다. 이로 인해 시적 주체는 밤이라는 현재의 시간이 순간적인 시간이 아니라 태고(太古)의 시간이 현재까지 이르는 영원으로 이어짐을 강조하고 있다.(3장) 희황이 통치하는 태평성대에 은거지에 홀로 앉아 있어도 외로움을 느끼지 않고 주변의 자연과 더불어 취흥을 즐길 수 있는 것은 소박한 은거지를 둘러싼 아름다운 자연이 있기 때문이다.

김득연의 <산중잡곡>에서도 이와 같은 차경적 경관 구성 방식을 엿볼 수 있다.

> 池塘애 活水 드니 노는 고기 다 혤로다
> 松陰에 淸籟 나니 琴瑟이 여긔 잇다
> 안자셔 보고 듯거든 도라갈 주를 모로노다

[산중잡곡 2장 / 갈봉선생문집(葛峯先生文集)]

이 작품의 경관 구성은 위에서 인용한 『원야』의 여름 경관과 흡사하다. 시적 주체는 소나무 숲으로 우거진 주거지에서, 자신이 가꾼 연못에 물이 들어 그 안에서 노니는 고기를 보며 즐거움을 누리고 있다. 우거진 소나무 숲은 시각적인 즐거움과 함께 맑은 바람소리를 듣는 즐거움을 준다. 시적 주체는 솔숲에서 부는 바람 소리가 거문고나 비파 연주와도 같이 아름답다고 한다. 시적 주체는 주변 경관이 자신에게 주는 '보는 즐거움'과 '듣는 즐거움'에 취해 방안으로 들어가는 것마저 잊고 있다. 『원야』에도 나타난 바와 같이, 여름 경관을 감상하는 은자는 주거지 주변을 둘러싼 아름다운 자연 경관 요소들이 주는 다양한 감각적 즐거움을 마음껏 누리면서도 아름다운 음악 연주와 시 읽기를 통해 은자로서의 고아한 삶을 유지할 수 있다.

이상에서 살핀 바와 같이, 강호시조의 시적 주체는 자신의 주거지 안에서 그 주변을 둘러싼 자연을 차경하는 방식으로 경관을 구성하고 있다. 시적 주체가 일군 주거지에서는 그 내부의 공간 요소만이 중요한 것이 아니라 외부 경관이 주는 아름다움을 빌려 오는 것 역시 중요하다. 이는 자신의 주거지에서 누리는 즐거움을 최대한 확장하는 방식이다. 강호시조의 창작 주체들은 자신의 주거지에서 속되지 않은 아름다운 자연 경관 요소들을 시조의 공간 속에 포섭해 은자로서의 지향을 잊지 않으면서도 자연이 주는 체험의 가치를 최대한 누리는 즐거움을 표현할 수 있다.

② 경관 선택을 중심으로 한 체험적 구성

강호시조의 공간 구성에서 '경관 선택을 중심으로 한 체험적 구성' 역시 주목할 만한 특징이다.

근대적인 공간 구성 방식의 특징으로 널리 알려진 '원근법'은 하나의 소실점을 갖고 있는 것이 특징이다.[166] 이 하나의 소실점은 단일한 시각(視覺, perspective)을 뜻하는 것으로서, 시야에 펼쳐지는 것들이 소실점 아래 복종하는 위계적 질서화 방식이다.[167] 그러나 강호시조

166) 주은우, 『시각과 현대성』, 한나래, 2003, 191-195면.

167) 주은우에 의하면, 근대의 원근법적 주체는 가시적인 공간에서 대상 세계를 합리적으로 조직하고 배열한다. 근대적인 주체가 사물을 대상화하고 세계를 수학적인

의 공간은 근대적인 원근법적 질서를 갖고 있지 않으며, 중세 건축의 위계적 배치[168]와도 거리가 멀다. 강호시조의 공간은 시적 주체의 시선에 따라 경관을 선택하는 체험적 구성을 보이기도 한다 청자(聽者)들의 입장에서 이러한 경관 구성 방식은 파노라마(panorama)적으로 수용될 수 있다. 파노라마는 감상 주체의 앞에 경관이 좌우로 긴 사진처럼 펼쳐져, 실제로 사방을 전망하는 것과 같은 느낌을 주는 것을 말한다.

이와 같은 경관 구성 방식의 예로는 권섭의 <황강구곡가>를 들 수 있다. 먼저, 작품의 1장을 보자.

> 하ᄂᆞᆯ히 뫼흘 여러 地界도 ᄇᆞᆰ을시고
> 千秋 水月이 分 밧긔 ᄆᆞᆰ아셰라
> 아마도 石潭 巴谷을 다시 볼 ᄃᆞᆺᄒᆞ여라

[황강구곡가 1장 / 옥소고(玉所稿)]

이 작품의 중심 공간인 황강(黃江)은 권섭의 백부(伯父)인 권상하의 정사(精舍)가 위치한 곳이다. 권섭은 서울을 중심으로 세(勢)를 자랑하던 노론 가문에서 태어나 궁궐을 출입하며 상층 귀족적인 삶을 살았지만 44세에 제천으로 낙향했다. 그는 낙향하기 이전부터 자주 권상하의 한수재를 찾았다고 한다. 권상하는 그에게 아버지 같은 존재였기 때문이다.[169]

도식에 따라 조직하는 것과 유사하다. 주은우, 앞의 책, 231면.

168) 중세 건축의 위계적 배치의 예로는 중세 반가(班家)의 주택 구성이나 사당 건축을 들 수 있는데, 이에 대해서는 뒤에서 논한다.

169) 권섭의 작품 창작 동기를 백부 권상하와의 관계 속에서 밝힌 논문으로는 이상원, 장정수 등의 논의를 참조할 만하다. 권섭의 출생과 작품 창작에 관한 자세하고 기초적인 연구는 박요순에 의해 이루어진 바 있다.
박요순, 『옥소 권섭의 시가 연구』, 탐구당, 1987/2005.

이 작품 전체의 구성 방식은 이이의 <고산구곡가>와 유사하다. <고산구곡가>의 1장에서 이이는 자신이 고산구곡에 마련한 은병정사가 주자(朱子)의 무이구곡(武夷九曲)의 정신을 이어 받아 학주자(學朱子)할 수 있는 곳임을 강조하고 있는데, <황강구곡가>의 1장 역시 이를 수용하고 있다. <황강구곡가>의 1장에서 권섭은 황강이 강학(講學)을 위해 마련한 정사(精舍)를 중심으로 한 주변 공간임을 언급하고 있다. 종장에서 '아마도 石潭 巴谷을 다시 볼 듯 ᄒᆞ여라' 하였는데, 여기에서 '석담'은 이이의 고산석담을, '파곡'은 송시열의 파곶곡(巴串曲)을 의미한다. 권섭은 이 작품의 1장을 통해, 권상하의 황강이 이이나 송시열의 정신을 이어받은 곳으로, 그에 비견할 만한 장소가 될 수 있음을 말하고 있다.

이 작품의 2장부터 10장까지는 황강 주변의 승경을 구곡으로 명명해 차례로 질서화하고 있는데, 경관 구성의 방식과 관련하여 이를 경관 선택을 중심으로 한 체험적 구성이라 칭할 수 있다. 황강의 구곡은 권섭이 권상하의 학자적 정신을 기리기 위해 명명한 것으로, 황강 주변의 광대한 풍경을 배경으로 하고 있는데, 이때의 구곡은 권섭에 의해 체험적으로 선택된 것이다. <황강구곡가>에서 시적 주체는 배를 타고 황강을 유람하다 가장 먼저 긴 호수 옆의 기이한 바위에 시선을 고정한다.

一曲은 어드메오 花岩이 奇異ᄒᆞ샤
仙源의 깁은 물이 十里의 長湖로다

이상원, 「<도통가>와 <황강구곡가> 창작의 정치적 배경」, 『한민족어문학』 43, 한민족어문학회, 2003.
장정수, 「<황강구곡가>의 창작 배경 및 구성방식」, 『시조학논총』 21, 한국시조학회, 2004.

엇더타 一陣 帆風이 갈 듸 아라 가ᄂᆞ니

[황강구곡가 2장 / 옥소고(玉所稿)]

권섭은 2장을 구성함에 있어, 신비로운 수원(水源)으로부터 흘러 나온 듯한 깊고도 긴 호수와 그 옆의 화암, 그리고 돛을 달고 바람에 밀려 유유히 흘러가는 배를 함께 그려내고 있다. 시적 주체는 배를 타고 황강을 거슬러 올라가면서 1곡의 풍경을 감상하고 있다.

二曲은 어디메오 花巖도 됴흘시고
千峰이 合沓ᄒᆞᆫ 듸 恨업슨 烟花로다
어듸셔 犬吠 鷄鳴이 골골이 들니ᄂᆞ니

[황강구곡가 3장 / 옥소고(玉所稿)]

이어지는 3장에서 시적 주체는 여러 개로 겹쳐진 산봉우리들이 안개 속에 싸여 있는 신비로운 풍경을 그려내고 있다. 여기에서 시적 주체는 골짜기 사이로 개 짖는 소리와 닭 울음 소리가 들려 온다고 하였는데, 2장에 이어 이곳이 선계(仙界)가 아닌가 하는 착각을 불러 일으킨다. 권섭에 의해 선택된 1곡의 경관과 2곡의 경관은 배가 이동하는 경로를 따라 펼쳐진 경관이면서, 권섭의 시선 속에 신비로움을 자아내는 경관 요소들이 선택된 것이다.

三曲은 어드메오 黃江은 여긔로다
洋洋 絃誦이 舊齋를 니어시니
至今의 秋月 亭江이 어제론 ᄃᆞᆺᄒᆞ여라

[황강구곡가 4장 / 옥소고(玉所稿)]

4장에서 시적 주체는 권상하의 한수재가 있는 3곡으로 접어 들었다. 여기에서 시적 주체는 현악기를 타며 시 외는 소리가 오랜 시간을 초월해 지금 이 순간에도 들린다고 한다. 시적 주체는 가을 달에 비친 한수재 주변의 풍경을 보며, 과거를 회상하는 추모(追慕)의 정(情)에 젖어 있다고 볼 수 있다.

시적 주체는 이와 같이 강을 따라 유람하고 있지만, 그 중에서 자신의 시선에 포착된 황강 유역의 신비로운 풍경들만을 선택적으로 제시하고 있다. 또한 3곡으로 접어들어서는 과거를 회상하며 고인(故人)을 기리는 심회에 젖을 수 있었다. 이와 같이 이 작품에서는 경관을 구성함에 있어, 시적 주체의 시선을 한 곳에 고정하지 않고 시적 주체의 이동이나 시간의 흐름에 따라 경관을 선택하는 방식의 체험적 구성이 두드러진다.

강호시조의 공간이 하나의 시각이나 위계적 배치에 의해 구성되지 않는 것은 강호시조의 공간에서는 시적 주체의 공간 체험이 매우 중요하기 때문이다. 시적 주체는 강호시조의 공간에서 유(遊)를 누리고 있으며, 때로 세속의 일을 떠올리더라도 자연적 자아를 누리는 기쁨에서 벗어나지 않고 있다. 그렇기 때문에 시적 주체는 강호시조의 경관으로부터 느끼는 아름다움, 미적 감흥의 고양 등을 체험 중심으로 기술하고 있는 것이다.

경관 선택을 중심으로 한 이와 같은 경관 구성의 방식은 시적 주체의 입장에서는 공간의 이동과 같은 체험을 중심으로 한 경관 구성 방식이라 할 수 있다. 이는 이 작품을 감상하는 청자(聽者)의 입장에서는 이와 같은 경관이 파노라마적으로 눈앞에 펼쳐지는 것과 같은 느낌을 줄 수 있다. 이 작품은 '구곡가'의 시적 질서 속에 경관을 선택적으로 배치함으로써 이 작품을 연의 진행에 따라 감상하는 감상자의 입장에서는 이 경관들을 병풍을 펼쳐 놓은 것과 같이 상상해 볼 수 있다.

이상에서 볼 수 있는 바와 같이, '경관 구성의 방식'은 강호시조의 창작 주체들이 거주지나 그 주변에서의 자연 체험을 구체적으로 형상화하는 방식을 보여준다. 강호시조의 창작은 향촌의 자연을 체험하는 유(遊)가 실현된 즐거움과 충족감을 표현한 것으로서 이는 은자로서의 상징적 행위뿐만 아니라 자연을 즐기는 체험의 형상화를 통해 구체적으로 드러나고 있다. 강호시조의 창작 주체들은 주거지를 중심으로 주거지 외부의 자연 경관 중 속된 것이 아닌 아름다운 것들을 수용하고, 자신의 가치 지향이나 시조 창작의 의도에 따라 주거지 주변의 광대한 자연 경관을 선택적·체험적으로 수용함으로써 강호 공간에서 자연 체험의 구체상을 그려내고 있다.

이상에서 강호시조 공간의 구성 요소와 구성 방식에 관해 살펴보았다. 학습자들이 강호시조 공간 이해는 여러 기준에 따라 강호시조 공간을 분석해 보는 위와 같은 과정 속에서 수행될 수 있다. 학습자들은 작품 속에서 강호시조 공간과 관련된 구체적 사실들을 확인하고, 이를 강호시조 공간의 특징으로 분별하고 종합하는 이해 활동을 수행할 수 있다.

(3) 강호시조 공간의 성격 부여 방식

다음으로는 '강호시조 공간의 성격 부여 방식'을 중심으로 강호시조 공간의 이해에 관해 논해 보고자 한다.

강호시조의 창작 주체가 자신의 주거지와 그 주변의 자연을 어떤 성격을 가진 공간으로 전환했는지의 여부 역시 강호시조의 이해에서 중핵적이다. 강호시조의 공간은 창작 주체들이 복거한 향촌(鄕村), 즉 체험 공간을 그들의 문화나 삶의 양상과의 관련 속에서 작품 공간으로 전환한 결과물이다. 강호시조의 창작 주체들은 강호시조의 공간에 특정한 성격을 부여함으로써 강호 공간에서 이루어지는 삶의 의미를 표출하고 있다.

강호시조 작품을 분석해 본 결과, 강호시조의 창작 주체들은 강호시조의 공간을 다음과 다섯 가지 성격을 지닌 공간으로 전환하고 있음을 알 수 있다. 상징적 은거 공간, 수기(修己)적 수양 공간, 미적 체험 공간, 유자(儒者)적 생활 공간 등이 그것이다. 개별 작품을 중심으로 분석해 보면, 작품에 따라 하나의 성격이 두드러지게 드러나기도 하지만 다섯 가지 유형의 공간 성격이 몇 가지로 중첩되어 있는 것이 일반적이다. 여기에서는 각 유형의 공간 성격을 대표할 만한 작품을 중심으로 논하면서, 공간의 중첩이나 시대에 따른 공간 성격의 변화에 관해서는 덧붙여 설명하겠다.

구체적인 논의에 앞서, 학습자들의 강호시조 공간 이해와 관련하여, '강호시조 공간의 성격 부여 방식'의 중요성을 확인해 볼 필요가 있겠다. '강호시조 공간의 성격 부여 방식'은 강호시조 공간을 중심으로 형성된 문화와 향촌에서 이루어진 실제적 삶의 양상과 관련된 것이다. 학습자들의 강호시조 이해는 작품을 중심으로 한 분석적 읽기에 기반하여, 강호시조의 공간과 관련된 문화와 창작 주체들의 삶에 대한 이해로 확장될 필요가 있다. 시조에 대한 이해는 시조를 통해 형상화된 중세인들의 삶에 공감하고 그에 대한 가치 판단을 수행하는 과정에서 심화될 수 있다. '강호시조 공간의 성격 부여 방식'은 창작 주체들의 실제적 삶과의 연관성 속에서 강호시조를 이해하도록 돕는다.

이런 점들로 미루어, 강호시조 공간의 성격 부여 방식에 대한 이해는 창작 주체의 삶과 강호시조 공간을 포괄적으로 검토하는 종합적 이해이자, 강호시조 작품을 중심으로 중세인들을 이해하고 공감하는 감상적 이해라 할 수 있다.

이런 점을 전제로 한 '강호시조 공간의 성격 부여 방식'에 관한 구체적인 논의는 다음과 같다.

(가) 상징적 은거 공간의 구성 방식

강호시조의 창작은 중세 사대부들의 귀거래 지향과 밀접한 관련을 지닌다. 중세 사대부들은 중앙 정계에 진출했을 때, 고향으로 돌아가 은거하고 싶은 뜻을 시나 그림으로 표출하였다. 그 예로 농암 이현보를 들 수 있다. 이현보는 명농당(明農堂) 벽에 <귀거래도(歸去來圖)>를 제작해 두고, 귀거래가 자신의 소망임을 내비친 바 있다.

> 무진년(戊辰年) 가을에 내가 형조랑관(刑曹郎官)으로 양친을 위하여 영천으로 보직(輔職)을 받아 공사간(公私間) 자주 근친을 하다가 빈 터를 얻어서 못을 파고 그 위에 당을 지어 도연명(陶淵明)의 귀거래도(歸去來圖)를 그려부쳤[붙였:필자]음은 뜻이 있었다. 임기가 되어 서울로 갔다가 갑술년 겨울에 다시 밀양부사로 갔다가 돌아와 보니, 벽에 귀거래도는 그대로 있고 벼슬살이는 여전하니 어찌 수치가 아닌가? 그러나 노친이 계시니 임의로 못하고 다만 글귀를 지어 다른 날 성취를 시험해 보려 한다.[170]

이현보가 벼슬을 그만두고 한강을 통해 고향으로 돌아가는 배 위에

170) 이현보,「제명농당 병서(題明農堂並序)」,『국역(國譯) 농암선생문집(聾巖先生文集)』全, 5-6면. 원문은 다음과 같다.
戊辰秋余以秋部郎官悶親年老乞補永陽公私有事往來無虛月遂得隙地鑿池而作堂其上畵以淵明歸去來圖意有在焉秩滿還京甲戌冬更以密城宰來觀之壁間圖畵無恙而五斗之折吾腰猶古能無羞愧乎時則爺孃在堂勢不得任便姑吟絶句留諸壁上欲驗他日成就其志與否云.

서 지은 <효빈가(效嚬歌)>("歸去來 歸去來 말뿐이오 가 리 업싀 / 田園이 將蕪ᄒᆞ니 아니 가고 엇델고 / 草堂에 淸風明月이 나명들명 기ᄃᆞ리ᄂᆞ니"[171]) 역시 귀거래의 소망이 실현되는 기쁨을 표현한 것이다.

현전하는 작품이 많지 않지만, 조선시대에 <귀거래도>는 당시 사대부들이 그림으로 즐겨 제작한 화제(畵題) 중의 하나이다. <귀거래도>는 대개 도연명의 <귀거래사(歸去來辭)>를 몇 개의 장면으로 나누어 그린 화첩으로 전해진다.[172] 이는 중세 사대부들이 산림에서 은거하고자 하는 자신들의 지향을 시문(詩文)과 그림으로 표출하던 문화의 한 사례라 할 수 있다.

이러한 문화적 자장 아래, 강호시조에서 창작 주체의 복거지와 향촌의 산수는 상징적 은거 공간으로 전환되는 경우가 많았다. 대표적인 예로는 이정의 <풍계육가>나 조존성의 <호아곡>을 들 수 있다. 이 두 작품은 이정의 은거 지향, 조존성의 은거라는 배경을 갖고 있다. 두 사람이 처한 상황은 다르지만, 이 두 작품 모두 자신의 복거지를 상징적 은거 공간으로 전환하고 있다. 상징적 은거 공간에 관해서는 <풍계육가>를 중심으로 논해 보겠다.

<풍계육가>를 창작한 이정은 중앙 정계에 진출한 관력이 없는 재지사족이다.[173] 그는 문의(文義)에 살다가 말년에 청주에 정착한 것으로 보이는데, 생몰년이 정확히 밝혀지지 않았다. 중앙 정계에 진출한 경험이 없음에도, 그는 <풍계육가>를 통해 자신이 기거한 공간을 은거지로 전환해, 스스로를 '은거한 군자'로 상징화할 수 있었다. 이 작품에서 시

---

171) 작품 원문의 출처는 다음과 같다. 이현보, 「효빈가(效嚬歌)」, 앞의 책, 253-254면.
172) 이종숙, 「조선시대 귀거래도 연구」, 『미술사학연구』 245, 한국미술사학회, 2005 참조
173) 이정은 육가(六歌) 창작에서 중요한 역할을 했던 경주이씨 가문의 사람이다. 이에 관해서는 임형택의 다음 논의를 참조할 수 있다.
임형택, 「17세기 전후 六歌形式의 발전과 시조문학」, 『한국문학사의 논리와 체계』, 창작과비평사, 2002/2003(2쇄), 191-205면.

적 주체는 스스로를 '仁智ᄒᆞᆫ 군자'라고 칭하고 있다. 작품의 의미망 안에서 시적 주체가 정치 경제의 중심지인 서울로 가지 않는 것은 자신이 오두미(五斗米)에 머리 숙이고 싶지 않은 군자이기 때문이다.

이정이 <풍계육가>의 공간을 상징적 은거 공간으로 어떻게 전환하고 있는지, 공간적 질서를 중심으로 하여 작품을 확인해 보자.

淸風을 죠히 역여 창을 ᄋᆞ니 ᄃᆞ닷노ᄅᆞ.
明月을 죠히 역여 ᄌᆞᆷ을 ᄋᆞ니 드런노ᄅᆞ
옛ᄉᆞᄅᆞᆷ 이 두ᄀᆞ지 두고 어ᄃᆡ 혼ᄌᆞ 갓노?

[풍계육가 1장][174)]

ᄂᆡ라셔 뉘로ᄅᆞ ᄒᆞ여 爵祿을 ᄆᆞ암에 둘고?
죠고만 씌집을 시ᄂᆡ 우예 이룬바
어졔밤 손쇼 다든 문을 늣도록 닷치엿소.

[풍계육가 2장]

床 우희 冊 을 노코 床 아ᄅᆡ 신을 ᄂᆡ여라.
이바 ᄋᆞᄒᆡ야, 날 보리 그 뉘고?
알과ᄅᆞ, 어졔 맛츈 므지술 맛보러 왓ᄂᆞ부ᄃᆞ

[풍계육가 3장]

174) <풍계육가>의 원문은 이 작품을 발굴해 소개한 임형택의 논문에서 인용한다. 임형택, 앞의 논문, 193-194면.

두고 또 두고 져 慾心 그지 읍다.
ᄂᆞᆫ ᄂᆡ 집에 ᄂᆡ 셰군을 술펴보니
우셥다 낙씨ᄃᆡ ᄒᆞᆫᄂᆞ 외예 것칠 거시 전혀 읍셰ᄅᆞ

[풍계육가 4장]

山ᄋᆞ 너는 어이 한갈갓치 노ᄑᆞ시며
물ᄋᆞ 너는 웃지 날날리 흐르ᄂᆞ냐?
此間에 仁智ᄒᆞᆫ 君子는 못ᄂᆡ 즐겨 ᄒᆞ노니ᄅᆞ

[풍계육가 5장]

五斗米 위ᄒᆞ여 紅塵의 ᄂᆞ지 ᄆᆞᄅᆞ
ᄇᆞᄅᆞᆷ 비 어쥬러워 칼 토비 ᄆᆞ셔워ᄅᆞ
ᄂᆞ죵에 슬코 뉘웃친ᄂᆞ 岐嶇ᄒᆞᄃᆞ 岐路多端ᄒᆞ여ᄅᆞ

[풍계육가 6장]

이 작품의 1장부터 4장까지에서 이정이 풍계(楓溪) 주변에 일군 자신의 주거지를 군자의 은거지로 전환하고 있음을 확인할 수 있다. 대부분의 강호시조에서 시적 주체의 주거지는 '산수간 바위 아래 띄집', '시내 위에 일군 띄집'의 이미지를 지니고 있는데, 이 작품의 2장에서 역시 그러한 이미지를 수용하여 시적 주체의 주거지를 '시내 위에 일군 조그만 띄집'("죠고만 ᄯᅴ집을 시ᄂᆡ 우예 이룬바")이라고 표현하고 있다.

이 작품에서 주거지 안의 구성물은 3장의 책상과 책, 4장의 낚싯대로 소박하다. 책은 은거한 군자로 하여금 스스로의 지향을 잊지 않도록 돕는 구성물이며, 낚싯대는 은자의 락(樂)인 어흥(漁興)을 즐길 수 있도록 돕는 도구이다. 주거지의 창을 열어 누릴 수 있는 자연인 청풍(淸風)과 명월(明月) 역시 맑음과 밝음을 통해 시적 주체의 주거지를 은거 공간으로 전환하는 데 기여하고 있다. 시적 주체는 작품 공간인 계변에 은거하여 창문을 통해서는 맑은 바람과 밝은 달을 즐기고, 아이를 시켜 어제 담근 술을 즐기고 있다.

작품에서 풍계의 실제적 지형을 짐작할 수 있는 부분은 2장에 나타난 바, '시내 위에 모옥(茅屋)'과 5장에 나타난 바, 주거지를 둘러싸고 있는 '산'과 '물' 뿐이다. 이 부분을 통해 실제로 이정이 시내 위에 소박한 주거지를 일구었을 것임을 짐작할 수 있으며, 창작 주체의 이력과 제목을 통해 이것이 풍계 주변의 풍경과 대체로 일치할 것임을 짐작할 수 있다. 그러나, 1장에서 4장까지 작품의 공간은 은거한 군자를 표상하는 상징적 구성물들로 채워지고 있다.

창작 주체가 자신의 주거지 주변의 자연을 형상화 한 것은 5장의 '산'과 '물' 뿐이다. 작품의 후반부인 5장과 6장에서는 산과 물을 좋아하는 어질고 지혜로운 군자의 지향과 오두미(五斗米)의 값어치와 바꾸기에는 혹독한 세속의 어지러움이 드러나 있다. 어질고 지혜로운 군자인 시적 주체는 이 노래를 듣는 청자들에게 자신이 그러했듯이 작록(爵祿)에 마음 두지 않기를 권면한다. 그것이 한결같이 높은 산이나 쉬지 않고 흐르는 물의 속성처럼 유자(儒者)로서 변하지 않는 정신적 지향을 유지하는 삶의 자세이기 때문이다.

이정은 풍계 주변에 일군 자신의 주거지와 그 주변의 자연을 작품 공간으로 포섭함에 있어 구체적 장소명이나 자신이 선호하는 공간의 고유한 명칭을 거론하지 않고 있다. 이 작품의 공간적 질서를 좌우하는 것은 은거의 공간을 표상할 수 있는 상징적 구성물들의 존재이기 때문이다. 공간의 고유한 명칭을 거론함으로써 환기될 수 있는 공간의 개별성이나 특수성은 오히려 작품 공간의 성격에 긍정적인 영향을 끼치기 어렵다. 그렇기 때문에 시적 주체는 주거지 주변의 자연을 '산'이요, '물'이라고 표현함으로써 공간적 경계를 뚜렷하게 설정하고 있지 않다. 또한, 이정은 작품의 주거지에도 개별적인 의미를 부여하기보다, 은거한 군자가 살기에 적합한 집으로서의 보편적 이미지를 수용하여 표현하고 있다.

이런 점들로 미루어, 이 작품에서는 풍계라는 특정한 공간에 처한 창작 주체의 체험 그 자체나, 공간의 구성을 실제적 공간 체험의 질서에 따라 구성하는 것이 큰 비중을 차지하지 않는다. 오히려 이 작품의 창작에서는 공간적 경계와 그 구성을 보편적인 은거지의 상징으로 전환함으로써 창작 주체가 복거한 '풍계'에 '군자의 은거지'의 의미를 부여하는 것이 그 자체로 가장 중요한 점이었다고 볼 수 있다.

피세(避世)적 은둔이 아닌 군자의 은거는 당시 사대부들의 마음속에 이상적인 지향으로 존재하고 있었는데, 이는 중세 사대부들이 남긴 기문(記文)이나 당대에 제작된 그림을 통해 재현되고 있었다. 앞에서 살핀 바와 같이, 조선시대에 <귀거래도>가 유행했던 만큼, <산거도(山居圖)> 역시 유행하였는데, 이는 조선 중기 이후에 활발하게 창작된 것으로서 '군자의 은거 지향'의 사례가 된다. 정선(鄭敾)의 <여산초당도(廬山草堂圖)>를 그 예로 들 수 있다.

이 그림을 보면, 산으로 둘러싸인 초당에 한 선비가 앉아 있다. 초당의 앞뜰에는 소나무가 심겨 있고 연못 주변에는 학이 노닐고 있으며, 뒤뜰에는 대나무 숲이 조성되어 있다. 초당의 오른쪽 아래로는 물이 흘러 점차 넓어지고 있음을 알 수 있다.

이와 같이 군자의 은거지는 산과 그 주변을 둘러싼 물, 소박한 초당과 그 안에 고아(古雅)하게 앉아 있는 선비, 곧 군자로 표상된다. 초당

정선, 〈廬山草堂圖〉(간송미술관 소장)

안의 군자는 앞뒤뜰의 송죽(松竹)이 상징하는 것과 같은 곧은 절개를 가진 군자이다.

17~18세기 이후에 유행했던 <산거도>는 산림에 은거하지 않고 서울을 중심으로 화려한 제택(第宅)을 소유하고 세력을 자랑하던 경화세족(京華世族)들이 즐겨 제작하던 것이다.175) 그들은 스스로가 생각하는 이상적인 군자의 은거지를 그린 그림을 벽에 걸어 두고 은거하고자 하는 소망을 달랬다. 당시 사대부들은 자신들이 생각하는 이상적인 은거지에 관한 상을 시문(詩文)을 통해 표출하기도 하였는데, 그 은거지의 형상이 이 그림에서 보이는 군자의 은거지와 유사함을 알 수 있다.

예를 들어, 윤유(尹揄)가 조세걸(曺世杰)에게 <산수정사도(山水精舍圖)>를 그려달라고 한 뒤에 다음과 같은 기문을 창작하였는데, 여기에서 중세 사대부들이 지향했던 이상적인 은거지의 형상을 확인할 수 있다.

> 이에 밤낮으로 생각한 것을 창녕 조자평에게 그려 달라고 했다. <u>우뚝하게 솟아 위 아래로 구불구불 뒤쪽으로 둘러 있는 것은 산이</u>

175) 조규희, 앞의 논문, 1998, 68-92면.

> 고, 힘차게 흘러 엎치락뒤치락 솟아오르다 눈 아래로 둘러싼 것은 호수이다, 산을 뒤로 하고 호수를 앞에 둔 자리에 높은 봉우리와 움푹 패인 계곡 사이에서 초가집 사립문이 푸른 대나무와 소나무 속에 은근히 보이는 것이 곧 '산수정사'이다. 정사는 세 칸짜리로 그 가운데 만권서(萬卷書)와 거문고가 있다. 손님과 주인이 마주 앉아 토론하다가 거문고를 연주해 본다. 그 아래 계단에 놓인, 추위를 이긴 매화 화분 두 개는 기이하고 예스럽게 얽혀 있어, 서로 지탱하고 있는 것처럼 우뚝하게 서 있다. 뜰 앞에 트인 연못에는 마름, 연꽃, 수련 등이 심겨 있다. 연못 주변에 누런 국화 여러 송이를 심어 놓았는데, 꽃이 활짝 피어 있어 그 안에 술동이와 술잔을 놓아두었다. 또한 백학 한 쌍이 고개를 숙였다 하늘을 우러렀다 하며 천천히 연못을 돌고 있다. 연못 동쪽으로 몇 걸음 거리에 맑은 샘 하나가 있는데, 바위 틈에서 물이 흘러 구덩이를 채우고 도랑으로 흘러 호수에까지 이른다.[176] (밑줄: 필자)

위에 묘사된 산수 속의 정사는 실제 존재하는 공간이 아니라 윤유의 상상 속에 이상적으로 그려진 산거지의 형상이다. 앞에서 살핀 바, <풍계육가>와 같은 강호시조나 정선의 그림, 혹은 위와 같은 기문을 통해 스스로가 처한 상황이나 위치에 따라 각기 다른 예술 장르를 선

176) 윤유, 「산수정사도기(山水精舍圖記)」, 『봉계집(鳳溪集)』(진홍섭 편, 『한국미술사자료집성』(4), 일지사, 1996, 19-20면에 수록.)
於是以其日夕之所想者, 屬昌寧曺子平畵之, 其屹然秀出, 高下屈曲, 環繞於後面者, 山也, 汪然奔流, 洶湧起伏, 襟帶於眼底者, 湖也, 背山臨湖, 架巖鑿谷, 柴扉茅屋, 隱映於翠竹蒼松之中者, 精舍也, 其爲精舍, 凡三間, 而其中有書萬卷琴一, 張賓主對坐討論講究, 而宣之於絃歌, 其下爲階一級, 寘寒梅二盆, 奇古蟠錯儼立若相持, 庭前疏而爲池, 種之芰荷菱芡, 其畔又種黃菊數叢, 開花爛漫, 置樽杯各一於其裡, 又有白鶴一雙, 繞池徐行, 或俯或仰, 自池東行數步, 得一淸泉, 自巖石間, 涌出盈科, 溢渠以達於湖泉上.

택하여 표현하는 방식으로 달리 드러났다 하더라도, 중세 사대부의 내면에 귀거래, 은거에 대한 지향이 수세기동안 사라지지 않고 존재하고 있었음을 알 수 있다. 또한, 그러한 지향은 대개 은거 공간에 대한 지향과 상상으로 표출되었음을 알 수 있다. 조선 중기 이후에는 구체적인 은거지의 형상을 입고 사대부들의 문화 속에서 여러 예술 작품 속에서 표현되고 있다.

<풍계육가>는 이러한 문화적 자장 안에서 창작된 것으로서 향촌사회에 처해 있는 상황에서 자신의 처지를 은거한 군자로 표명하며, 은거한 군자의 지향을 잃지 않는 자신의 삶을 '산과 물로 둘러싸인 자신의 복거지' 안에서 누리는 감흥을 통해 표현하고 있다. 강호시조는 향촌이라는 일상적인 공간이 은거지로 표상될 수 있다는 점을 드러낸다는 특징이 있다. 작품 공간 구성의 특징으로 볼 때, 강호시조는 자신의 복거지를 상징적 은거 공간으로 전환할 수 있도록 하기 위해 은거 공간으로 대표될 수 있는 구성물들을 호명하고 그것의 속성을 드러내는 방식으로 적절한 자리에 배치한다. 그 공간들이 다른 공간과 구분되는 개별성을 드러내기보다 보편적인 상징에 일치하는 것이 중요하기 때문에, 공간적 방역을 구체적으로 제한하거나 장소명을 드러내지 않는다. 자신이 복거한 공간이 군자의 은거지로서 얼마나 적절한 공간인지를 드러내는 것이 중요한 것이다.

이를 위해 여러 가지 장치들이 동원되는데, 그중에서 가장 중요한 것이 시적 주체이다. 시적 주체는 공간 구성물을 대하는 자신의 관점이나 태도를 드러내며, 청자들이 그것을 수용해 주기를 원한다. 이를 회화와 비교해 설명할 수 있는데, <귀거래도>의 은거 공간에는 도연명과 같은 역사적 인물이 등장함에 반해, <산거도>의 은거지에는 역사적인 인물이 아닌 은거한 선비의 모습이 등장한다. 비교적 현실적인 은자의 모습이 드러나고 있는 것이다. <풍계육가>의 시적 주체는

<산거도>의 은거한 선비와 유사한 이미지를 갖고 있다.

강호시조는 시적 주체의 발화를 통해 은거 공간의 상징성을 드러내는 장르이기 때문에 시적 주체가 은거 공간에서 자신의 위치를 어떻게 설정하며, 청자들에게 어떤 내용의 발화를 하고 있는가가 중요해진다. <풍계육가>에서는 시적 주체가 경계하고 멀리하는 것과 선호하는 것이 차이를 부각하고 있으며, 군자의 정신적 지향을 충족하는 자연물의 가치를 언급함으로써 공간의 가치를 드러내고 있다. 이런 점이 <산거도>와 같은 회화와 갖는 차이라 하겠다.

(나) 수기(修己)적 수양 공간의 구성 방식

강호시조 작품 중에는 창작 주체들이 강호시조의 공간에 수양 공간의 성격을 부여한 작품들이 있다. 이는 강호시조의 창작 주체들이 향촌에 서원(書院)을 건축하고 강학(講學)하는 삶을 은거 혹은 귀향에서 중요한 목적 중의 하나로 삼고 있음을 말해준다. 이 유형의 작품이 앞에서 논한 '은거 공간의 상징성'과 구분되는 점은, 창작 주체가 현실 속에 존재하는 구체적인 장소명을 거론하면서 그 안에서의 체험을 작품 안에 형상화하고 있다는 점이다. 이런 점들로 볼 때, 이 유형의 강호시조 공간의 성격을 이해함에 있어서는, 작품 공간이 현실 공간과의 관련성 속에서 재배치되고 있음을 이해하는 것이 중요하다.

16세기 중반부터 18세기 전반기는 서원 건축이 급증했던 시기이다. 이 시기 에 영호남 지역은 가장 많은 서원 수를 자랑하는 곳이었으며, 조선 후기에까지 그 명맥이 이어지고 있었다.[177] 이로부터 알 수 있는

177) 김봉렬의 연구에 의하면, 16세기에서 18세기까지 전라도에는 총 64곳, 경상도에는 154곳의 서원이 있었다. 이는 조선 후기에까지 이어졌으며, 조선 후기 서원의 지방별 분포는 다음의 표에서 확인할 수 있다.

바와 같이, 중세 사대부들의 삶에서 향촌에서 물러난 시기의 수기(修己)적 삶은 서원을 건축함으로써 학(學)과 교(敎)에 매진하는 삶의 특수한 양상으로 실현되고 있음을 알 수 있다. 이는 중세 사대부들의 삶에서 이념을 실천하는 특수한 방식이라고 볼 수 있다.

르페브르의 공간의 사회학에 의하면, 이념과 공간은 불가분의 관계에 있다. 서양의 기독교 이념은 '교회'라는 공간의 생산에 개입함으로써 사람들의 삶에 실제적인 영향을 끼칠 수 있었다. 그는 "이념은 공간에 근거하고 있고, 공간을 기술하며, 공간의 어휘와 연결망을 사용하고, 공간의 코드를 가지고 있다."라고 하였다.[178] 그의 논의를 참조하면, 이념이 토대로 삼는 공간이 없다면 그 이념이 유지되기는 어렵다고 볼 수 있을 만큼 이념과 공간 사이에는 밀접한 관련성이 있다.

중세의 유교적 이념은 중세 사대부들의 삶에서 실제로 존재했던 여러 공간의 코드를 통해 재현되고 있었다. 중세 반가(班家)의 주택 구성이나 정원 조영, 별서 정원 조영, 서원 건축 등에서 이러한 공간 재현 방식을 확인할 수 있다. 주지하듯, 중세의 반가 주택은 북쪽에 사당을 설치하고 동쪽에 남자의 사랑채를, 서쪽에 여자의 안채를 두어 남녀의 생활 영역을 구분하였으며, 이와는 신분적으로 구분되는 하인들의 거처인 행랑채를 따로 두어 상하의 생활을 구분하였다.[179] 이는 남녀, 장유(長幼), 상하(上下) 등을 구분하는 엄격한 위계질서에 의한 것이다. 서원 역시 마찬가지여서 중세의 서원 건축은 강당과 사당이

	경기	충청	전라	경상	강원	황해	평안	함경	계
수효	40	57	66	156	11	20	16	12	378
비율	10.6	15.1	17.4	41.3	2.9	5.3	4.2	3.2	100.0

김봉렬, 『한국의 서원』, 1991, 19-25면 참조.

178) Lefebvre, H., 앞의 책, 95면.

179) (사)한국전통조경학회, 『동양조경문화사』, 대가, 2011(개정판), 232면.

일직선상에서 뚜렷한 중심축을 이루고, 나머지 부속 건물들은 좌우에 엄격한 대칭을 이루고 있는데, 이 역시 엄격한 위계질서를 반영한 것이다.[180]

주택이나 서원의 정원 조영에서도 성리학적 이념이 재현되고 있음을 확인할 수 있는데, 퇴계의 <도산기[陶山雜詠幷記]>에서도 그 일면을 짐작할 수 있다. 주지하듯, 도산(陶山)의 천연대(天淵臺)와 천광운영대(天光雲影臺)라는 명명 역시 성리학적 이념의 표상이라 할 수 있는데, 서원 내의 지당(池塘) 조성에서 성리학적 이념의 지향을 재현하려는 의도를 확인할 수 있다. 다음을 보자.

> 당사의 동쪽 구석에 조그만 연못을 파고, 거기에 연(蓮)을 심어 「정우당(淨友塘)」이라 하고, 또 그 동쪽에 몽천(蒙泉)이란 샘을 만들고, 샘 위의 산기슭을 파서 추녀[軒]와 맞대고 평평하게 쌓아 단(壇)을 만들고는, 그 위에 매화·대(竹)·소나무·국화를 심어 절우사(節友社)라 불렀다.[181]

퇴계는 당대 서원 조경에서 흔히 볼 수 있는 바와 같이 서원에 지당(池塘)을 조성하면서 그 안에 연꽃을 심고, 그 주변에 매(梅), 송(松), 국(菊), 죽(竹)과 같은 수목을 식재하였는데, 이는 임의적인 선택이 아니다. 이 수목들이 상징하는 바, 고아한 인품과 변치 않는 절개는 이 수목들이 도의(道義)를 즐거워하고 심성을 수양하는 삶을 지향하도록 하는 대상물로서의 역할을 하고 있음을 보여준다. 정우당(淨友塘)과

180) (사)한국전통조경학회, 앞의 책, 348-349면.

181) 이황, 「陶山雜詠 幷記」, 『국역 퇴계집』Ⅰ, (주)민족문화문고간행회, 1968/1982(3판), 36면. 원문은 다음과 같다.
堂之東偏鑿小方塘種蓮其中曰淨友塘又其東爲蒙泉泉上山脚鑿令與軒對平築之爲壇而植其上梅竹松菊曰節友社.

절우사(節友社)라는 명명 역시 이러한 도학자적 삶의 표상이다. 성리학적 이념을 재현하는 이러한 방식의 공간 구성은 중세 사대부들의 공적(公的)·사적(私的) 삶의 영역에 보편적인 것으로 그들이 지향했던 이념이 공간 속에서 재현되고 있으며 그 공간 안에서의 일상적 삶을 주도하고 있음을 보여준다.

당대 서원은 공간의 이념적 배치 아래 중세 사대부들의 삶에서 수기적 삶이 실현되는 한 양상을 보여주는 공간이었다. 이 공간을 배경으로 창작된 <도산십이곡>은 성리학적 이념의 자장 속에서 도산(陶山)이라는 공간 안에서의 체험을 서정시적으로 전환하여 표현한 결과물이다. 이런 점에서 <도산십이곡>의 공간을 이해하기 위해서는 퇴계가 일상적으로 체험한 공간인 도산의 실경과 작품 공간을 대비적으로 이해할 필요가 있다. 도산서당이 도산서원으로 증축되기 이전인 16세기 도산의 실경이 어떠했는지는 <도산기[陶山雜詠幷記]>에 상세히 기술되어 있으므로 이를 참조해 보자.

> 왼쪽에 있는 산을 동취병(東翠屛)이라 하고, 오른쪽에 있는 것을 서취병(西翠屛)이라 한다. 동병(東屛)은 청량산(淸凉山)에서 나와, 이 산 동쪽에 이르러서 벌려 선 품이 아련히 트였고, 서병은 영지산(靈芝山)에서 나와 이 산 서쪽에 이르러 봉우리들이 우뚝우뚝 높이 솟았다.
>
> 두 병풍이 마주 바라보면서 남쪽으로 꾸불꾸불 기어내려가 8, 9리쯤 내려가다가, 동병은 서쪽으로 달리고 서병은 동쪽으로 달려서 남쪽의 넓고 넓은 들판의 아득한 밖에서 합세하였다.
>
> 산 뒤에 있는 물을 퇴계라 하고, 산 남쪽에 있는 것을 낙천(洛川)이라 한다. 퇴계는 산 북쪽을 돌아 낙천에 들어 산 동쪽으로 흐르고, 낙천은 동병에서 나와 서쪽으로 산 기슭아래[山趾]에 이르러

> 넓어지고 <물이> 깊어졌다.
>
> 여기서 몇 리를 거슬러 올라가면 물이 깊어 배가 다닐 만한데, 금 같은 모래와 옥 같은 조약돌이 맑게 빛나며, 검푸르고 차디차다. 여기가 이른바 탁영담(濯纓潭)이다.
>
> (중략) 여기서 동으로 몇 걸음 나가면 산기슭이 끊어지고 탁영담에 이르는데, 그 위에는 큰 돌이 마치 깎아세운 듯 서서 여러 층으로 포개진 것이 10여 길은 될 것이다. 그 위를 쌓아 대(臺)를 만들고 우거진 소나무는 해를 가리며, 위로 하늘과, 밑으로 물에는 새와 고기가 날으고 뛰며, 좌우 취병산의 물에 비친 그림자가 흔들거려, 강산의 훌륭한 경치를 한 눈에 다 볼 수 있으니, 이름을 천연대(天淵臺)라 한다.
>
> 그 서쪽 기슭 역시 이것을 본떠서 대를 쌓고 이름을 천광운영(天光雲影)이라 하였으니, 그 훌륭한 경치는 천연대에 못지 않다.[182]

여기에서 우리는 도산 골짜기와 양쪽 산, 그 아래를 흐르는 시냇물에 이르기까지 도산과 그 주변의 광범위한 공간을 확인할 수 있다. 여기에 서당을 건축한 퇴계는 탁영담의 좌우에 대를 쌓았는데, 이것이 '천연대'와 '천광운영대'이다. 도산의 실경이 이러하였으므로 퇴계가 도산서당에 기거하면서 주변의 산과 물을 감상하였으며, 자신이 건축한 대 위에서 우거진 소나무와 물고기의 유영(遊泳), 새의 움직임을

---

182) 이황, 「陶山雜詠 幷記」, 앞의 책, 34-36면. 원문은 다음과 같다.
山之在左曰東翠屛在右曰西翠屛東屛來自淸凉至山之東而列岫縹緲西屛來自靈芝至山之西而聳　峯巍峩兩屛相望南行迤邐盤旋八九里許則東者西西者東而合勢於南野莽蒼之外水在山後曰退溪在山南曰洛川溪循山北而入洛川於山之東川自東屛而西趨至山之趾則演漾泓渟沿泝數里間深可行舟金沙玉礫淸瑩紺寒卽所謂濯纓潭也 (中略) 自此東轉數步山麓十斷正控濯纓潭上巨石削立層累可十餘丈築其上爲臺松棚翳日上天下水羽鱗飛躍左右翠屛動影涵碧江山之勝一覽盡得曰天淵臺西麓亦擬築臺而名之曰天光雲影其勝槩當不減於天淵也.

감상할 수 있었으리라는 점은 쉽게 짐작할 수 있는 바이다.

그렇다면 퇴계는 <도산십이곡>을 통해 자신이 실제로 체험할 수 있었던 이와 같은 공간에 어떤 성격을 부여하였을까? 작품 공간의 성격을 이해하기 위해서는 도산의 실경과 이를 대비적으로 살펴 볼 필요가 있다.

其四
幽蘭이 在谷ᄒᆞ니 自然이 듣디 됴해
白雲이 在山ᄒᆞ니 自然이 보디 됴해
이 듕에 彼美一人를 더옥 닛디 못ᄒᆞ얘

[도산십이곡 4장 / 도산육곡(陶山六曲) 판본(板本)]

其五
山前에 有臺ᄒᆞ고 臺下애 有水ㅣ로다
떼 만ᄒᆞᆫ ᄀᆞᆯ며기ᄂᆞᆫ 오명 가명 ᄒᆞ거든
엇다다 皎皎白駒ᄂᆞᆫ 머리 ᄆᆞᄋᆞᆷᄒᆞᄂᆞᆫ고

[도산십이곡 5장 / 도산육곡(陶山六曲) 판본(板本)]

其六
春風에 花滿山ᄒᆞ고 秋夜애 月滿臺라
四時 佳興이 사롬과 ᄒᆞᆫ 가지라
ᄒᆞ믈며 魚躍鳶飛 雲影天光이아 어늬 그지 이슬고

[도산십이곡 6장 / 도산육곡(陶山六曲) 판본(板本)]

其一
天雲臺 도라드러 玩樂齋 蕭灑ᄒᆞᆫ듸
萬卷 生涯로 樂事ㅣ 無窮ᄒᆞ애라
이 듕에 往來 風流를 닐어 므슴ᄒᆞᆯ고

[도산십이곡 7장 / 도산육곡(陶山六曲) 판본(板本)]

<도산십이곡>의 4장에 언급된 골짜기[谷]와 산은 <도산기>에서 확인할 수 있는 바, 도산의 실경인 도산 골짜기와 산을 시조의 공간으로 포섭한 것이다. 5장에 언급된 산 아래 대와 대 아래 물, 6장에 언급된 산, 대, 혹은 운영천광 역시 도산의 실경이 시조의 공간으로 포섭된 것임을 알 수 있다.[183] <도산기>에서 확인할 수 있는 도산의 지리적 지형과 4장의 공간 구성이 다르지 않으며, 탁영담에 퇴계가 건축한 대와 그 아래를 흐르는 물의 위치가 5장의 구성과 다르지 않기 때문이다. 이로 볼 때, 도산십이곡의 전육곡(前六曲) 언지(言志)는 후육곡(後六曲) 언학(言學)과 대비할 때, 도산서당 주변 공간을 광범위하게 끌어들이는 공간 구성 방식을 취하고 있음을 알 수 있다. 퇴계는 도산서당의 주변 공간을 왕래(往來)하는 자신의 체험과 연관지어 이러한 공간들을 시조의 질서 안에 배열함으로써 새로운 의미를 부여하고 있다.

후육곡에서는 그 첫장인 7장의 '天雲臺 도라드러 玩樂齋 蕭灑ᄒᆞᆫ듸'에서 짐작할 수 있는 바와 같이 전육곡에 비해 협소한 공간적 방역을 시조의 공간으로 삼고 있다. 7장에서 시적 주체는 천운대를 돌아 자신이 기거하는 완락재로 돌아온다. 완락재로 돌아와 소쇄함을 느낀다는

183) 이러한 점은 성기옥의 선행 연구에서도 지적된 바 있다.
성기옥, 「<도산십이곡>의 재해석」, 『진단학보』 91, 진단학회, 2001, 257-266면 참조.

시적 주체의 상황이 후육곡의 7장에 언급되어 후육곡 전체의 시상을 아우르는 중요한 역할을 하고 있는 것이다.

이와 같은 작품의 구성을 공간적 질서와 연관지어 본다면, 전육곡에서는 도산의 외경과 내경을 아우르는 광범위한 공간이 시적 주체의 관점에 따라 질서화되고 있으며, 후육곡에서는 '천운대를 돌아 완락재로 접어드는' 시적 주체의 행위와 왕래의 목적지인 '완락재'가 강조되어 전육곡의 광범위한 공간과 등가적으로 배치되고 있는 것이다.

먼저, 전육곡의 공간 구성이 어떤 특징을 가지는지 살펴 보자. 전육곡에서 시적 주체는 공간 구성물들을 곡(谷), 산(山), 대(臺), 수(水) 등으로 명명하고 있다. 이는 도산 골짜기, 서취병과 동취병, 천운대, 탁영담 등의 구체적인 체험 공간과 대응될 수 있는 공간이지만 시적 주체는 시 속에서 이를 철저하게 이념적인 상징물들로 배치하고 있기 때문에 구체적인 장소명을 거론하지 않고 있다. 퇴계가 도산의 실경을 구체적으로 체험하는 상황을 가정해 본다면, 어떤 날 누구와 함께 그곳을 왕래했는지, 주로 왕래한 계절이 언제이며 하루 중 언제 그곳을 왕래했는지 등에 따라 상이한 체험과 상상을 했을 터이다. 그러나 퇴계는 그러한 여러 가지 체험 중에서 특정한 순간이나 상황을 포착해 시조 속에 그것을 형상화하지 않고 성리학적 이념의 자장 안에서 이를 질서화하고 있다.

4장에 나타난 바, '골짜기에 난'과 '산에 구름'은 각각 그 자리에 있어 조화로운 자연물로 만물의 이치를 대변하는 도체(道體)이다. 산 아래 대와 그 아래의 물 역시 이와 같은 맥락에서 배치되고 있다. 6장에 언급된 '四時 佳興'은 도산에서 시적 주체가 느끼는 감흥을 집약하는 표현인데, 이는 사시 운행의 질서 속에 자연과 사람이 한데 조화로움을 누린다는 성리학적 세계관이 자신의 체험 속에서 만족되고 있는 즐거움을 표현한 것이다. 이렇듯 전육곡의 공간은 도산서당 주변의 자연을 성리학적 이념의 코드로 재배치한 이념 공간으로서의 성격을 지닌다.

그러나 <도산십이곡>의 공간이 수기적 수양 공간으로서의 성격을 지니게 되는 것은 후육곡의 시적 공간이 천운대를 돌아 '완락재'로 접어드는 왕래의 행위와 '완락재'라는 구체적 장소로 대표되고 있다는 점에 의해서이다. 7장에서 시적 주체는 도산의 안과 밖을 누리는 흥을 안고 도산에 거한 중요한 목적인 수기적 수양을 상징하는 완락재로 접어 들었다. 7장의 의미로 볼 때, <도산십이곡> 속에서 완락재는 도산서당을 대표해 퇴계가 주로 기거했던 특정한 건물만을 의미하는 것은 아니다.

<도산십이곡>에서 '완락재'는 학문과 교육의 본원적 목적을 상징하는 공간이면서, '萬卷 生涯로 樂事ㅣ 無窮'한 수기적 수양의 삶이 환기되는 공간으로 전환되고 있다. 전육곡으로 포섭된 도산의 실경에 비해 후육곡의 공간으로 중심적인 위치를 차지하는 완락재는 좁은 공간이지만 그곳에는 즐거운[樂] 일이 무궁하다. 이때의 즐거움이란 완락재의 소쇄(瀟灑)함과 같이 정신적인 즐거움이라 할 수 있다. '좁은 공간'과 '무궁한 즐거움' 사이의 대비는 이 시조를 듣는 이로 하여금 어떻게 그러한 즐거움이 가능할까 하는 궁금함을 품게 한다.

이 시조의 8장에서 시적 주체는 청자(聽者)들에게 '눈 멀고 귀 먹은 자가 아니라 볼 수 있는 자, 들을 수 있는 자가 되어야 할 것'이라고 말하고 있다("雷霆이 破山ᄒᆞ야도 聾者ᄂᆞᆫ 몯듣ᄂᆞ니 / 白日이 中天ᄒᆞ야도 瞽者ᄂᆞᆫ 몯보ᄂᆞ니 / 우리ᄂᆞᆫ 耳目 聰明 男子로 聾瞽 ᄀᆞᆮ디 마로리"). 시적 주체에게 '천운대를 돌아 완락재로 접어드는 삶'으로 대표되는 수기적 수양의 삶은 열린 귀와 뜨인 눈을 갖게 되는 삶이다. 보이지 않던 것이 보이고 들리지 않던 것이 들리게 되는 즐거움은 완락재에서 누리는 즐거움 중의 하나일 것이다.

후육곡 언학에서는 만권 생애 속에서의 즐거움이 실현될 수 있도록 하기 위해, 그 공간에서 자신의 길을 가는 행위를 지속할 것을 강조하고 있다. 9장에 언급된 '(古人의) 녀던 길'이나 10장에 언급된 바 '當時에 녀든 길'이 그 근거가 된다. 만권 생애의 즐거움은 천운대를 돌아 완락재로 접어드는 삶(7장), 성현이 가던 길을 묵묵히 가는 삶(9장), 다른 마음을 품지 않고 내가 다니던 길로 돌아와 그 길을 다시 가는 삶(10장)을 통해 체험 가능한 즐거움이다. 퇴계는 성현(聖賢)들의 책은 그들이 남긴 언어이지 지혜 그 자체가 아니기에 책을 통해서는 그들의 지혜를 있는 그대로 받아들일 수 없어 이치를 구하기 어렵다고 한 바 있다.[184] 그럼에도 불구하고 퇴계는 도의를 즐기며 심성을 기르기를 즐기는 삶을 사는 것이 자신이 선택한 삶의 길임을 분명히 밝히고 있다. 자신이 선택한 수기적 수양의 길을 가는 것은 실제로 천운대를 돌아 완락재로 접어드는 행위가 반복되는 삶이며, 성현이 가던 길을 따라서 가는 삶이다.

성현을 직접 만나 그들의 가르침을 받는 것은 현실에서 불가능한 일이지만 그들이 가던 길을 가는 수기적 수양의 삶의 태도(9장), 청산(青山)과 유수(流水)가 보여주는 상청(常靑)과 부단(不斷)의 태도(11장)를 가질 때, 수기적 수양의 삶은 각자 자신의 수준에서 쉽고도 어려운 학문의 길을 가는 즐거움을 누리는 삶이 된다. 이와 관련하여 시적 주체는 이 작품의 12장에서 수기적 수양의 삶을 추구하는 즐거움을 '쉽거낫 어렵거낫 듕에 늙는 주를 몰래라'라고 표현하고 있다.

이렇듯 수기적 수양의 삶이 주는 즐거움은 후육곡의 전체 시상을

---

184) "둘째 사람으로 말하면, 즐기는 것이 조박(糟粕)뿐이어서 전할 수없는 묘한 이치에 이르러서는 구할수록 더욱 얻지 못하거늘, 즐거움이 어디에 있겠는가."
이황, 「도산기[陶山雜詠 幷記]」, 앞의 책, 39면.
由後之說 則所嗜者糟粕耳 至其不可傳之妙 則愈求而愈不得 於樂何有

좌우하고 있다. 공간적 질서와 연관지어 볼 때, 이는 천운대를 돌아 완락재로 접어드는 시적 주체의 행위와 가장 밀접한 관련성을 지닌다. 이 작품에서 완락재는 학문과 교육이라는 삶의 양상으로 지탱되는 도산서당의 지향을 상징하는 공간이면서, 시적 주체가 그 안에서 수기적 수양의 삶을 실현하고 있음을 보여주는 실제적인 공간이다.

이는 '산수간 바위 아래 띄집'과 같이 은거 공간을 표방하는 여타의 강호시조에서 흔히 발견되는 은거지의 보편적 형상과는 차이가 있다. 상징적 은거 공간의 구성에서는 은거 공간에서 보편적으로 발견되는 구성물들이나 향촌 공간의 산과 물이 개별적 지명으로 대표되어 언급되지 않는 것이 일반적이다. 또한, 이때 시적 주체의 시선이나 공간 배치를 좌우하는 것은 개별적인 체험이라기보다 은거 공간의 상징성 그 자체에 있기 때문에, 당대에 일반적으로 공유된 공간 구성의 방식이 작품들에서 발견되는 것이 일반적이다.

그러나 서원이나 정사(精舍) 안에서 실현되었던 삶의 한 양상으로서 수기적 수양의 삶은 은거하는 삶의 유형 중의 하나로 특수한 것이었다. 학문과 교육을 통해 성리학적 이념을 실현해 나가던 조선 중기에 창작된 강호시조의 공간은 창작 주체가 정사(精舍)를 경영했던 본원적인 목적, 수기적 수양에의 지향과 체험, 그 가치 등을 보여 준다.

(다) 미적 체험 공간의 구성 방식

강호시조에서 '자연에 대한 미적 체험'은 강호시조의 특징을 규정짓는 중요한 부분 중의 하나이다. 중세의 사대부들이 가졌던 미의식이 "자연물에서 흥취와 도체를 함께 추구하는 미학"[185]이라 할 때, 모

185) 김성룡, 「고려 중기 누정문학의 형성과 산수미 발견에 대한 연구」, 『국어교육』 107, 한국어교육학회, 2002, 333-339면.

든 작품에서 이러한 미의식이 발견되는 것은 아니다.[186] 어떤 작품에서는 주변의 자연이 주는 현상적 아름다움이 드러나면서 그러한 자연이 주는 흥취가 미적 체험에 있어 중요하게 부각되기도 한다.

강호시조 공간에서 주거지 주변의 자연은 중요한 공간 요소이며, 자연은 시적 주체에게 미적 태도를 갖게 하는 대상이다. 이런 점들로 볼 때, '미적 대상의 성격', '미적 체험의 성격', '미적 체험을 가능하게 하는 시적 공간' 등이 강호시조의 미적 체험 공간적 성격을 논할 때 언급되어야 할 것이다.

강호시조 작품에서 미적 대상은 산수 자연이며, 미적 체험을 가능하게 하는 미적 공간은 누정(樓亭) 문학의 누정과 같이 시각(perspective)을 고정하여 미적 체험을 가능하게 하는 특정한 공간으로 정해져 있지 않다. 오히려 강호시조에서는 시적 주체가 스스로를 무엇이라고 칭하면서 산수 자연 중에 어디에 처하느냐에 따라 미적 체험의 성격이 달라진다고 볼 수 있다. 이때 미적 체험을 가능하게 하는 미적 공간으로서 산수 자연은 시적 주체의 위치가 산인가, 강변인가, 계변인가와 같은 지리적 위치가 어디이냐에 따라 성격이 달라진다. 드물게는 시적 주체의 주거지가 미적 체험을 가능하게 하는 미적 공간이 되기도 한다. 강호시조에서 시적 주체의 미적 체험은 주로 흥(興)이나 미(味)로 표현되는데, 대체적으로 산수 자연과 더불어 누리는 어흥(漁興)이나 취흥(醉興)과 결합되어 있다. 공간적 성격과 관련지어 본다면, 이는 미적 체험 공간으로서의 성격을 특징적으로 보여준다기보다, 대체로 본고에서 논하는 여러 공간의 성격이 중첩되어 있는 것이라 할 수 있다.

---

186) 사림(士林)들의 재도(載道)적 자연인식이 그간 강호시조 연구사에서 16~17세기의 시조를 읽는 중요한 코드임은 주지의 사실이다. 이와 관련해서는 이민홍의 논의가 중요한 지침이 되어 왔다. 이민홍, 『증보 사림파 문학의 연구』, 월인, 2000b.

이런 작품들 중에서 강호시조의 공간이 미적 체험 공간의 성격을 지니는 작품군으로 두드러지는 것은 구곡가 유형의 작품이라 할 수 있다. 구곡가는 작품에 형상화된 공간적 방역이 '구곡'으로 구체적으로 한정되어 있다. 또한, 시적 주체가 구곡의 승경을 감상하고 체험하는 것이 작품 형상화의 중요한 축이기 때문에 다른 작품들에 비해 시조의 공간이 미적 체험 공간으로 전환되는 특징이 두드러진다. 구곡가 유형 작품의 이러한 특징을 보여주는 대표작으로 이이의 <고산구곡가>를 들 수 있다.

高山九曲潭을 ᄉᆞ롬이 몰으든이
誅茅卜居ᄒᆞ니 벗님네 다 오신다
어즙어 武夷를 想像ᄒᆞ고 學朱子를 ᄒᆞ리라

[고산구곡가 1장 / 해동가요(海東歌謠) 일석본(一石本) 77]

먼저, 작품의 1장에서는 율곡이 고산구곡담에 복거하였음을 말하고 있다. 주지하듯, 율곡이 고산구곡에서 경영한 석담정사는 퇴계의 도산서당과 마찬가지로 강학(講學)을 위해 마련된 공간이다. 1장의 중장에 표현된 바, 율곡이 복거한 후에 찾아온 벗들은 이 공간이 지니는 수양 공간으로서의 가치를 존중하는 사람들일 것이다. 1장에서 시적 주체는 복거했더니 찾아오는 벗들을 보며 고산(高山)과 무이(武夷)를 동질적인 공간으로 보고 학주자(學朱子)하는 기쁨을 누릴 수 있음에 즐거워하고 있다. 이후의 각 장에서는 작품의 질서 속에서 구곡의 승경이 차례 차례 작품 공간화되고 있다.

一曲은 어드ᄆᆡ고 冠岩에 ᄒᆡ 빗췬다

平蕪에 닉 거든니 遠近이 글림이로다
松間에 綠罇을 녹코 벗 온 양 보노라

[고산구곡가 2장 / 해동가요(海東歌謠) 일석본(一石本) 78]

二曲은 어드믹고 花岩에 春晩커다
碧波에 곳츨 씌워 野外로 보내노라
ᄉᆞ름이 勝地을 몰은이 알게 ᄒᆞᆫ들 엇더리

[고산구곡가 3장 / 해동가요(海東歌謠) 일석본(一石本) 79]

三曲은 어드믹고 翠屛에 닙 퍼젓다
綠樹에 山鳥ᄂᆞᆫ 下上其音 ᄒᆞᄂᆞᆫ 적의
盤松이 愛情風ᄒᆞᆫ이 녀름 景이 업ᄉᆡ라

[고산구곡가 4장 / 해동가요(海東歌謠) 일석본(一石本) 80]

이 작품의 공간 구성이 여타의 작품들과 다른 점은, 각 장에서 구곡 각각이 구체적인 미적 대상으로 호명되는 동시에, 미적 체험을 가능하게 하는 미적 공간의 역할을 하고 있다는 점이다. 여타의 강호시조에서는 작품 공간이 '산'과 '물', '초당' 등의 일반적인 명칭으로 칭해진다. 그러나 <고산구곡가>에서 시적 주체는 각 장의 초장에서 미적 대상이 되는 각 구비를 '一曲은 어듸미오'와 같이 호명하고 있다. 그리하여 2장의 관암(冠岩), 3장의 화암(花岩), 4장의 취병(翠屛)과 같이 구곡에서 감상의 대상이 되는 주요 장소가 함께 호명되고 있음이 특징적이다. 율곡은 각 장의 초장에서 각 골짜기의 이름을 부르고, 그곳에서 가장 아름다운 장소를 호명해 나열하고 있는 것이다.

한편, 율곡은 각 구비의 아름다운 장소를 '冠岩에 히 비촨다', '花岩에 春晩커다', '翠屛에 닙 퍼졋다'와 같이 하루나 사시(四時)의 시간적 흐름과 결합하여 표현하고 있다는 점에도 주목할 필요가 있다. 문장의 구성만으로 보면, 이는 특정한 시간적 배경에서 각 장소에 관해 이야기하는 것처럼 보이지만 중장과 종장의 시상 전개로 볼 때, 이는 단순한 시간적 배경이라고 보기 어렵다.

먼저, 2장에서 시적 주체는 해가 비추이는 관암의 풍경이 가장 아름답다고 보고 있다. 이때 관암 주변에서 바라 본 안개 걷힌 들판의 원경과 근경이 그림처럼 아름답다고 말한다. 이곳에서 술을 기울이며 벗을 기다리는 시적 주체의 흥은 이곳에서 누리는 최상의 흥취라 할 수 있다. 이런 점에서 하루 중 해 비추이는 시간의 관암은 그 자체로 감상의 대상이며, 관암이 있는 1곡은 구곡의 승경을 감상하는 주체의 체험을 최고의 흥으로 이끌 수 있는 미적 공간이 된다. 늦은 봄이라는 특정한 시간의 화암(3장) 역시 가장 아름다운 시간의 아름다운 감상 대상이며, 화암이 있는 2곡은 물결에 꽃을 띄워 바깥으로 내보내는 흥에 젖을 수 있는 미적 체험의 공간이다.

시적 주체가 구곡의 아름다움을 감상하는 흥취를 직접적으로 표현하고 있는 것은 다음의 5장이다.

> 四曲은 어듸믜오 松崖에 히 넘거다
> 潭心 岩影은 온갖 빗치 줌겨셰라
> 林泉이 깁도록 됴흐니 興을 계워 ᄒᆞ노라

[고산구곡가 5장 / 해동가요(海東歌謠) 일석본(一石本) 81]

여기에서 시적 주체는 못에 비친 바위 그림자를 보며 세상의 온갖 빛깔이 그 속에 담겨 있다고 한다. 미적 대상으로서의 자연에서 흥취와 도체를 함께 추구하는 성리학적 미학을 엿볼 수 있는 부분이다. '林泉이 깁도록 됴흐니'에서 볼 수 있는 바와 같이, 시적 주체는 이러한 미적 체험을 가능하게 하는 미적 대상으로서의 임천(林泉)이 좋아 흥에 겨워하고 있으며, 이는 산수 자연 속으로 깊이 들어가는 왕래의 행위와 빛 잠긴 못을 들여다 보는 완상(玩賞)의 행위 속에서 가능하다.

율곡이 남긴 <송애기(松崖記)>에서 이러한 상황을 짐작할 수 있다.

> 내가 본래 풍암(楓巖) 하류(下流)에 경치 좋은 곳이 많다고 들었으나 아직 유람하는 발길이 미치지 못하였다가, 신미년(1571) 6월 10일 경에 6~7명의 벗과 더불어 시내를 따라 올라갔다. 숲으로 덮인 산맥이 방류위이(旁流逶迤)하여 혹은 솟고 혹은 엎드린 것으로 보아서, 높은 곳에는 반드시 푸른 언덕이 있어 병풍과 같고 그 아래는 반드시 고인 물이 못을 이루었을 터인데, 객중(客中)에 이 물의 근원을 아는 이가 있어서 그 수효가 아홉임을 알았으니, 참으로 이른바 구곡(九曲)이었다.
>
> 우리는 걸어서 제4담(潭)에 이르렀다. 사람들이 경치가 가장 좋은 곳이라 하기에 모래 위에 자리를 펴고 푸른 언덕을 마주하여 앉으니, 물이 넓어 배를 띄울 만하고 언덕 밑에는 어지러운 돌이 서로 뒤섞인 가운데 바위 하나가 배와 같기에 이름을 '선암(船岩)'이라 하였는데, 4~5명이 앉을 만하니, 시골 늙은이의 낚시터이기도 하였으리라. 바위 틈을 우러러보니, 제비집이 있었다. 우리는 제비가 머물 데를 알아서 머물 줄 안 것을 기이하게 여기었다. 객(客)이 있어 그 곳의 이름을 청하기에 내가 '송애(松崖)'라 이름하였으니 언덕 위에 소나무가 있었기 때문이다.187)

율곡은 벗들과 함께 풍암의 하류를 찾아 유람하다 그곳에서 경치가 가장 좋다고 이름난 못[潭]에 이르러 낚시질하기 좋아 보이는 '선암'을 마주하게 된다. 선암 위에서 노닐다 언덕 위에 솟은 소나무를 보고 율곡이 친히 이곳의 석벽(石壁)을 '송애(松崖)'라 명명하게 되었다는 것이다.[188] 이로 볼 때, 율곡은 오랜 시간에 걸쳐 고산구곡의 승경을 찾아 유람하고 그곳에서 가장 아름답다 할 만한 장소들을 기억해 이를 시조 속의 공간으로 포섭했다고 볼 수 있다.

<고산구곡가> 5장은 자연에서 흥취와 도체를 함께 추구하는 미적 체험을 드러내고 있는데, 그렇기 때문에 이는 5곡에 위치한 은병 정사의 소쇄함을 상기하는 체험으로 이어질 수 있다.

> 五曲은 어듸미오 隱屛이 보기 됴타
> 水邊 精舍은 瀟灑홈도 ㄱ이 업다
> 이 中에 講學도 ᄒᆞ려니와 咏月 吟風 ᄒᆞ리라

[고산구곡가 6장 / 해동가요(海東歌謠) 일석본(一石本) 82]

---

187) 이이, 「松崖記」, 『國譯 栗谷全書』 III, 한국정신문화연구원, 1987, 300면. 원문은 다음과 같다.
余素聞楓巖下流多佳處 游屩適未及焉 辛未季夏之旬 與友生六七人 沿溪而上 見林巒旁流逶迤 或起或伏 高處必有翠崖如屛 其下必渟水成潭 客有窮其源者 知其數有九 眞所謂九曲也 余等行至第四潭 人以爲最勝 故設席沙上 面翠崖而坐 水廣可容舟 崖下亂石相錯 一巖狀如船 因以名 可坐四五人邨老之釣磯也 仰視巖隙 有玄鳥巢 余等奇其知所止也 有客請名其地 余創名之曰松崖.

188) 최립(崔岦)의 <고산구곡담기(高山九曲潭記)>를 보면, '화암'에서 3~4리 정도 떨어진 곳에 위치한 '송애'는 천척(千尺)의 높이에 송림이 우거진 석벽이다. '선암'은 그 아래 못 중앙에 배 모양으로 솟은 바위이다.
第四曲爲松崖 自翠屛三四里許 石壁千尺 其上松林翳日故名 潭心有石如半露船形者 名曰船巖 上可坐八人(崔岦, 高山九曲潭記, 「稀年錄」, 『簡易文集卷之九』)
원문은 한국고전종합DB에서 인용(http://db.itkc.or.kr)

고산구곡의 승경을 감상하는 일은 강학(講學)하는 삶, 즉 성리학적 지향과 무관한 일이 아니다. 이는 외물(外物)과 나 사이에 간격이 없는 상태로 천리(天理)가 구현되는 즐거움으로 이어지기 때문이다. 율곡은 <송애기>를 통해, 성현(聖賢)들이 외물(外物)을 즐겨 완상한 이유에 대해 다음과 같이 설명하고 있다.

> 대개 내외(內外)를 나누어서 둘로 보는 것은 참다운 즐거움을 아는 이가 아니다. 반드시 내외를 하나로 하여 피차가 없는 이라야 참다운 즐거움을 아는 것이다. 천리(天理)는 본래 내외의 간격이 없는 것인데, 저 안이 있고 밖이 있는 것은 반드시 인욕(人欲)이 개재하였기 때문이다. 진실로 인욕의 개재가 없다면 바로 호연자득(浩然自得)할 터이니, 어디를 간들 즐겁지 않겠는가.[189]

여기에서 율곡이 생각하는 미적 체험의 성격을 짐작할 수 있다. 그는 인욕의 개재 없이 외물과 나 사이에 경계와 간격이 없을 때라야 호연하여 자득(自得)할 수 있다고 보고 있다. 이것이 자연에서 얻을 수 있는 참다운 즐거움이라는 것이다. 그가 <고산구곡가> 각 장의 초장에서 1곡부터 9곡의 가장 아름다운 곳을 특정한 시간과 함께 호명하며, 그것을 즐기는 미적 체험의 성격을 직접적이거나 구체적으로 설명하기보다 '平蕪에 ᄂᆡ 거드니 遠近이 그림이로다'(1장), '碧波에 곳을 ᄯᅴ워 野外로 보ᄂᆡ노라'(2장), '綠樹에 山鳥ᄂᆞᆫ 下上其音 ᄒᆞᄂᆞᆫ 적의'(3장), '潭心 岩影은 온갖 빗치 ᄌᆞᆷ겨셰라'(4장)와 같이 시적 주체가 선호하는 미적 대상이 드러나는 바를 표현하거나 그 안에서 자신의

---

189) 이이, 「松崖記」, 앞의 책, 301면. 원문은 다음과 같다.
蓋分內外而二之者 非知眞樂者也 必也一內外無彼此者 其知眞樂乎 天理本無內外之間 彼有內有外 必有人欲閒之也 苟無人欲之 閒則浩然自得 焉往而不樂哉.

행위를 그 자체로 드러내고 있는 것은 그것이 그 자체로 천리를 구현하는 미적 체험일 수 있기 때문이다.

작품 전체의 공간적 질서로 볼 때, <고산구곡가>는 시적 공간을 고산구곡이라는 공간적 방역으로 한정하여 구곡담의 승경 하나 하나를 연 층위에 병렬적으로 배치하고 있다. 작품 전체의 공간적 질서로 보면, <고산구곡가>를 감상하는 청자(聽者)들은 구곡의 승경이 차례로 눈앞에 펼쳐지는 것과 같은 느낌을 받을 수 있다.[190] 또한 이때의 고산구곡은 율곡이 구곡의 승경을 유람한 체험 속에서 오랜 시간 동안 머무르고 여러 번 반복해서 찾아 온 체험이 집약적으로 담겨 있으므로 1곡부터 9곡까지 각각의 승경에 관해서 역시 차례차례 감상할 수 있게 된다. 이는 <고산구곡가>에서의 시적 주체가 구곡에 대한 미적 체험을 그것을 집약하는 성리학적 이념의 원리로 받아들일 것을 주장하지 않고 있는 것과 관련된다. 외물이 드러나는 바를 수용함으로써 그 자체로 천리의 유행을 수용하는 자득(自得)에 이르도록 하는 미적 체험의 방식이 <고산구곡가> 전반에서 발견되고 있는 것이다.

(라) 풍류적 흥취 공간의 구성 방식

앞에서 살핀 바와 같이, 강호시조의 공간은 '거(居)'와 '유(遊)'의 실

---

190) 19세기에 제작된 <고산구곡시화병(高山九曲詩畵屛)>은 12폭짜리 병풍으로, 이중 2폭에서 11폭까지에 고산구곡이 그려 있는데, 각 폭의 그림은 <고산구곡가>의 각 장을 도해(圖解)한 것이다. 각 폭에 실린 그림들은 폭 하나 하나의 그림이 감상 대상이 되기도 하지만, 병풍이 가지는 특성 상 한 자리에서 구곡의 승경을 차례로 감상할 수 있는데, 이는 <고산구곡가> 의 공간적 질서를 반영한 것이라 하겠다. <고산구곡시화병>에 관한 자세한 논의는 다음을 참조할 수 있다.
권정은, 『자연시조:자연미의 실현 양상』, 보고사, 2009, 170-182면.
이상원, 「<高山九曲詩畵屛>의 구성상 특징과 所載 詩文에 대한 검토」, 『국제어문』 31, 국제어문학회, 2004.

현 및 지향과 관련되어 있다. 강호시조 공간에서의 '유(遊)'는 자연을 통해 누릴 수 있는 정신적 자유를 뜻하는데, 이것이 산수 자연에 대한 미적 체험으로만 드러나는 것은 아니다. 강호시조 공간에서는 풍류를 즐길 수 있는 여러 가지 행위와 그에서 유발되는 흥이 중요하게 형상화되어 있으며, 이는 자연을 통해 무한한 정신적 자유를 누리는 '유(遊)'와 연관되는 중요한 행위들이다. 은자로서 상징적 인물인 도연명의 시 <음주(飮酒)>[191]에서 이러한 풍류적 흥취를 엿볼 수 있다.

	其十四
친지들이 내 취미 좋아하여	故人賞我趣
술병 들고서 함께들 왔다	挈壺相與至
싸리 깔고서 소나무 밑에 앉아	班荊坐松下
두어 잔 들고 보니 벌써 취해 버렸다	數斟已復醉
노인분네들 뒤섞여 마구 말하고	父老雜亂言
술잔은 차례 잃는다	觴酌失行次
나 있음 깨닫지 못하는 터에	不覺知有我
물건 귀한 것 어찌 알겠나	安知物爲貴
그칠 줄 모르면서 머물 곳 못들 찾지만	悠悠迷所留
술 속에는 깊은 맛 들어 있다	酒中有深味

강호시조의 공간은 이러한 풍류적 흥취를 마음껏 즐길 수 있는 공간이다. 도연명의 시에서 볼 수 있는 바와 같이, 은거의 공간에서 술로 누릴 수 있는 풍류적 흥취는 아(我)를 잊음으로써 물(物)의 영향력으로부터 벗어날 수 있는 자유를 준다. 강호시조에서도 이러한 풍류

191) 차주환의 번역을 인용한다. 원문도 함께 인용한다.
차주환, 『韓譯 陶淵明 全集』, 서울대학교출판부, 2001, 109-110면.

적 흥취를 발견할 수 있다. 강호시조에서 드러나는 풍류적 흥취는 보통 고아(古雅)한 이미지를 통해 간략하게 표현된다. 도연명의 <음주>에서도 술에 취한 사람들이 술 마시는 순서도 잊고 아무렇게나 말할 정도로 자기를 놓아 버렸다고 하는데, 도연명은 그것이 자기에 대한 지각을 없앰으로써 속박에서 벗어나는 술의 심미(深味)라고 하며 시상을 종결한다.

강호시조 작품에서 '大醉ᄒᆞᆫ 얼골을 달빗체 시러 오니'(<호아곡> 4장), '알과ᄅᆞ 어제 맛춘 ᄆᆞ지숣 맛보러 왓ᄂᆞ부ᄃᆞ'(<풍계육가> 3장), '古調을 알 이 업스니 혼ᄌᆞ 즐거 ᄒᆞ노라'(<고산구곡가> 9장) 정도로 간략하게 표현되던 풍류적 흥취는 17세기 이후의 시조에서는 흥취를 누리는 장면에 집중해 흥이 고양되는 양상을 보인다. 이는 강호시조의 공간이 풍류적 흥취의 공간으로 적극적으로 전환되고 있음을 의미한다. 작품 공간이 풍류적 흥취의 공간으로 전환되고 있는 작품이 장복겸의 <고산별곡>이다.

장복겸은 관력이 없는 재지사족이다.[192] 『옥경헌유고(玉鏡軒遺稿)』에 실린 <고산별곡>의 서문에 다음과 같은 내용이 있는데, 이 작품의 공간을 이해하기 위해서 이를 확인할 필요가 있다.

> 위로 孤山의 勝景과 아래로 西湖의 아름다움이 있는데, 이 고산과 서호의 중간에 정자를 짓고 스스로 오만하고 교만한 자 주인이 아니런가? 주인의 성정이 시를 사랑하고 술을 즐기므로 서호와 고산이 아니고서는 주인의 즐거움을 받들지 못할 것이며, 주인이 없다면 서호와 고산의 아름다움도 그려낼 수 없을 것이다. 그러므로

192) 전일환, 「옥경헌 고산별곡 연구」, 『국어국문학』 102, 국어국문학회, 1989, 208면. 전일환의 연구에 의하면, 장복겸이 불고정(不孤亭)을 지은 고산(孤山)은 현재 전북 임실 지역에 위치한 산이다.

이에 歌詞 10장을 지어서 달밝고 청량한 바람이 부는 밤이나 꽃이 피고 술 익는 때에 노래하는 아이들로 하여금 이 노래를 부르게 하였는데 그것이 바로 孤山別曲인 것이다.[193] (밑줄:필자)

여기에서 고산(孤山)은 장복겸이 그의 호이기도 한 '옥경헌(玉鏡軒)'과 '불고정(不孤亭)'을 건축한 곳으로, 고산(孤山)은 장복겸이 거주하던 집의 문 바깥쪽에 있던 작은 산이다.[194] <고산별곡> 5장의 '玉鏡軒 좁을 싀여 嫩柳莊 안니다가 / 靑溪石 흣드듸여 不孤亭을 올나가니 / 아희야 一壺酒 가지고 나을 ᄎᆞ자 오ᄂᆞ라.'에서 짐작할 수 있는 바와 같이, 장복겸은 자신의 집 앞산에 옥경헌을 짓고 거기에서 기거하며 지내다가 때가 되면 불고정을 찾아 거문고 연주와 어우러진 노래를 듣고 술을 마시면서 자연을 벗삼고 시를 짓기도 했다. 이 작품에서 창작 주체의 복거지가 위치한 공간은 위의 서문에 나타난 바, '고산'과 '서호'인데, 작품에서는 이를 '靑山' 혹은 '뫼'와 '綠水' 혹은 '믈'로 지칭하고 있다.

靑山은 에워들고 綠水는 도라가고
夕陽이 거들 ᄯᅢ예 新月이 소사난다
眼前의 一尊酒 가지고 시롬 프자 ᄒᆞ도다.

[고산별곡 1장 / 옥경헌유고(玉鏡軒遺稿)]

山林의 늘근 몸이 詩酒에 病이 되니

193) 전일환의 논문에서 재인용한다. 玉鏡軒遺稿 下 歌詞 孤山別曲 條. 전일환, 앞의 논문, 208면.

194) 전일환, 위의 논문, 206-207면.

안자면 盞을 잡고 醉ᄒᆞ면 븟을 잡ᄂᆡ
이 밧긔 녀나믄 人事ᄂᆞᆫ 全未全未 ᄒᆞ노라.

[고산별곡 2장 / 옥경헌유고(玉鏡軒遺稿)]

ᄂᆡ 말도 ᄂᆞᆷ이 마소 ᄂᆞᆷ의 말도 ᄂᆡ 아닌ᄂᆡ
孤山 不孤亭의 조하 늙ᄂᆞᆫ 몸이로쇠
어ᄃᆡ셔 妄佞의 손이 검다 셰다 ᄒᆞ나니.

[고산별곡 4장 / 옥경헌유고(玉鏡軒遺稿)]

玉鏡軒 좀을 ᄭᆡ여 嫩柳莊 안니다가
靑溪石 흣드ᄃᆡ여 不孤亭을 올나가니
아ᄒᆡ야 一壺酒 가지고 나을 ᄎᆞ자 오ᄂᆞ라.

[고산별곡 5장 / 옥경헌유고(玉鏡軒遺稿)]

엇긔제 비즌 술이 다만 세 甁 ᄲᅮᆫ이로다
ᄒᆞᆫ 甁은 믈의 놀고 ᄯᅩ ᄒᆞᆫ 甁은 뫼희 노셔
이 밧긔 나믄 甁 가지고 달의 논들 엇더리.

[고산별곡 6장 / 옥경헌유고(玉鏡軒遺稿)]

<고산별곡>에서 옥경헌과 불고정이 위치한 고산과 서호에 관해 언급하고 있는 부분은 1장, 4장, 6장이다. 2장의 '山林의 늘근 몸' 역시 고산에 관한 언급이라고 볼 수 있으나 이는 산수 자연을 지칭하는 포

괄적인 의미 맥락에서 사용된 것이다. 이 세 장에 언급된 고산이라는 공간의 의미에는 각기 상이한 바가 있다.

먼저, 작품의 1장에서 고산과 서호에 대해 '靑山은 에워들고 綠水는 도라가고'라 하고 있고, 6장에서는 '산'과 '물'이라고 명명하고 있는 점을 확인해 보자. 여기에서 '靑山'과 '綠水'나 '산'과 '물'은 장복겸이 고산과 그 밑을 흐르는 서호를 두고 언급한 말일 것이므로, 이는 실제 공간이 작품 공간으로 포섭된 것이라고 볼 수 있다. 그런데, 1장과 6장에서 그것이 '고산'이나 '서호'라는 구체적인 장소명으로 표현되지 않고 있으며, 이때의 산과 물이 1장에서는 '신월(新月)', 6장에서는 '달'과 결합된 이미지로 표현되고 있음에 주목할 필요가 있다.

복거지를 둘러싼 푸른 산과 그 옆을 휘도는 맑은 물은 강호시조에서 공통적으로 발견되는 복거지 주변의 풍경이다. 장복겸은 이러한 일반적인 표현을 수용하여 고산과 서호의 지리적 지형을 언급하고 있다. 그런데 1장의 청산과 녹수는 석양이 사그라들고 솟아오른 초승달이 비추는 곳이 됨으로써, 시적 주체가 술로 시름을 풀고자 하는 마음을 품을 수 있는 공간, 즉 풍류적 흥취를 누릴 조건을 갖춘 공간으로 전환되고 있음을 알 수 있다. 6장에서는 산과 물이 달과 결합되어 풍류적 흥취를 누리는 순간의 흥이 고양되어 있다. 작품의 시상 전개에 따라 이때는 자연 속에서 흥취를 누리는 순간의 흥이 표현되고 있음을 알 수 있다. 6장에서 시적 주체는 자신이 지닌 술 세 병 중에서 한 병을 갖고는 산에서 놀고, 다른 한 병을 갖고는 물에서 놀며, 나머지 한 병을 갖고는 달에서 놀겠다고 말한다. 산, 물, 달이 결합된 이미지 속에 흥이 고양된 양상이다.

이때, 시적 주체가 술을 매개로 자연과 합일함으로써 '우환(憂患)에 싸인 일생의 괴로움'(8장)을 잠시나마 잊는 것, 즉 술병을 들고 물에서 놀고, 산에서 놀고, 달과 함께 노는 행위를 통해 흥이 고양되는 즐거움을 누리게 되는 것(6장)은 시적 주체가 '불고정'이라는 공간으로 이동한 이후의 일이라는 점 역시 주목할 필요가 있다. 6장의 풍류적 흥취는 5장에서 나타난 바와 같이 시적 주체가 옥경헌에서 잠들어 있다가 '불고정'으로 올라감으로써 고양되고 있다. 옥경헌과 불고정을 둘러싼 산과 물, 그 위에 뜬 달을 감상하며 흥에 젖는 것은 불고정이라는 특정한 장소를 배경으로 하고 있는 것이다. 이 작품의 공간적 질서 속에서 불고정은 풍류적 흥취를 고양하는 특정한 장소로 기능하고 있다.

<고산별곡>의 서문에서 장복겸은 시를 사랑하고 술을 즐기는 자신의 성정을 수용할 수 있는 것은 고산과 서호의 아름다움뿐이며, 고산과 서호의 아름다움은 자신을 통해서만 드러날 수 있다고 하였다. 이는 창작 주체가 바람 부는 밤이나 꽃 피고 술 익는 때에 불고정에 올라 술에 취하고 시를 짓고 노래를 부르는 풍류 속에서 자연과의 일체감을 누리는 것이 고산에서의 창작 주체의 삶에서 중요한 일상이었다는 점을 말해준다. 이는 이 작품에 나타난 바와 같이, 흥취를 누릴 수 있을 만한 때가 되었을 때 벗들과 함께 불고정에 오르는 행위 속에서 실현되는 것이다.

그러나 이 작품에서의 풍류적 흥취는 창작 주체가 스스로의 삶의 지향을 잊지 않은 상태에서 이루어지고 있다는 점도 중요하다. 작품 속에서 시적 주체가 불고정에 올라 흥에 취하기 이전에 4장에서 '孤山 不孤亭의 조하 늙는 몸이로쇠'라 한 것은 '고산'과 '불고정'의 의미를 강조한 표현이라 할 수 있다. '외로운 산'과 '외로움 없는 정자' 사이에 의미가 대비되고 있기 때문이다. 시적 주체는 속된 가치와 타협하지 않기에 홀로 거하는 은거지에서 표면적으로는 외로움을 느낄 수 있지만, ['고산(孤山)'] 그 안에서 벗들과 더불어 풍류적 흥취를 즐길 수 있기에 외롭지 않은 ['불고정(不孤亭)'] 삶을 누릴 수 있는 것이다.

장복겸이 자신의 삶을 '山林에 늘근 몸'(2장)이라고 하고 있으며, '江

山의 눈이 닉고 世路에 닛치 서니 / 어듸 뉘 門의 이 허리 굽닐손고'(3장)라고 하고 있는 것도 산림에 처한 자신이 세속적인 가치를 추구하지 않는 은자로서의 삶을 지향하고 있음을 의미한다. 이는 불고정에서 누리는 풍류적 흥취가 세로(世路)와 일정한 거리를 두는 은자로서의 삶을 지향하는 가운데 실현되는 것이라는 점을 강조하는 것이다.

이 작품에서는 이 이외에도 노래, 음악 연주, 춤, 시 짓기를 통해 흥에 취하는 시적 주체의 풍류가 다양하게 표현되어 있다.

> 七絃이 冷冷ᄒᆞ니 녜 소리ᄂᆞᆫ 잇다마ᄂᆞᆫ
> 鍾期를 못 맛나니 이 曲調 게 뉘 알이
> 碧空의 一輪明月이 닉 버진가 ᄒᆞ노라.

[고산별곡 9장 / 옥경헌유고(玉鏡軒遺稿)]

> 국 安酒 깁픈 盞은 坐上의 나소오고
> 노릭 춤 댱고 붑픈 져므니 맛겨 두고
> 아히야 조히 붓 먹 드려라 聯句 ᄒᆞᆫ 작 ᄒᆞ압새.

[고산별곡 10장 / 옥경헌유고(玉鏡軒遺稿)]

이 작품에서 시적 주체는 거문고로 연주되는 곡조(曲調)를 들으며 노래의 아름다움에 취해 있지만, 이 음악의 아름다움을 알아줄 벗이 없다고 한탄하고 있다(9장). 이는 자신이 누리는 흥취의 가치를 표명하는 강호시조의 일반적인 방식을 수용한 것이다. 거문고 연주를 통해 누리는 흥취는 술과 더불어 노래와 춤으로 확대되고, 이는 시를 짓고자 하는 욕구를 불러 일으키고 있다(10장). 이렇게 이 작품에는 강호시조 공간이 풍류적 흥취의 공간이 될 수 있도록 하는 행위, 조건이 드러나며, 장을 거듭할수록 그 흥이 확대되어 드러나고 있다.

이와 같이 풍류적 흥취 공간에서는 시적 주체가 흥을 유발하는 행위를 하는 데 집중해 있으며, 그로 인해 주변의 자연과 시적 주체 사이에는 경계가 없어진다. 주변의 자연물은 미적 관조의 대상이 아니라 흥의 정서를 함께 누리는 시적 대상이며, 시적 주체의 흥은 술과 노래, 춤, 시와 같은 풍류적인 행위 가운데 고조된다.

이상에서 확인할 수 있는 바와 같이, 이 작품에서는 '불고정'이라는 특정한 장소 속에서 풍류를 누리는 여러 행위가 강조됨으로써 흥이 고조되는 장면이 주로 표현되어 있다. 이전의 강호시조에서는 풍류의 행위가 드러난다 하더라도 그것을 하나의 행이나 하나의 장에 간략하게 표현하고 있는 점과 비교한다면, 이 작품에서는 특정한 공간의 확보를 통해서 풍류적 흥취가 더 적극적으로 표현되고 있음을 알 수 있다.

그러나 여느 강호시조에서와 마찬가지로 시적 주체가 불고정에서 누리는 흥취는 불고정이 위치한 고산의 의미, 그것을 청산과 녹수, 산과 물이라는 포괄적인 강호 공간의 의미맥락이 전제된 상황 속에서 전개되고 있는 것이라는 점을 생각할 필요가 있다. 강호시조의 공간이 풍류적 흥취의 공간으로 적극적으로 전환된다 하더라도 시적 주체는 그 속에서 자신의 가치 지향을 잊지 않는다.

(마) 유자(儒者)적 생활 공간의 구성 방식

강호시조의 공간은 유자(儒者)로서 중세 사대부들의 생활 공간으로 전환되기도 한다. 이때 '유자적 생활 공간'의 의미는 다음과 같다. 강호시조의 공간에서는 조어(釣魚)나 궁경(躬耕)과 같이 은거한 군자로서의 상징적인 행위들 이외에도 유자로서의 사회적 자아의 '일상적 생활'이 강호시조의 공간에서 강조되는 경우가 있음을 뜻한다. 이는 은자로서의 상징적인 행위라기보다 사회적 자아의 성격을 지닌 유자로서의 일상적·문화적 행위이다. 강호시조의 공간이 유자적 생활 공간의 성격을 지니게 될 때의 대표적인 행위로는 벗들과 함께 모여 즐거움을 나누는 '계우제회(契友齊會)'가 있다.

사대부들의 모임은 그들의 생활 문화에서 중요한 위치를 차지하고 있었다. 중세에 제작된 '계회도(契會圖)'를 통해 이를 짐작할 수 있는데, 궁중의 화원(畵員)들은 사대부들의 요청에 따라 그들의 초상화와 계회도를 많이 그렸다고 한다.[195] 조선 전기 회화사 자료가 실려 있는 『한국미술사자료집성』[196]의 화제(畵題) 목록을 참조해 보면, 조선 전기부터 궁중 행사와 관련되는 공식적 계회를 비롯해 마음이 맞는 벗들과의 비공식적 제회를 그린 그림들이 제작되었음을 알 수 있다. 사대부들의 모임이 개최될 수 있는 장소는 여러 곳인데, 예를 들어 조선시대의 누정(樓亭)은 사대부들의 모임이 열리는 대표적인 공간 중의 하나이다.

중앙 뿐만 아니라 향촌 사회에서 역시 사대부들은 여러 가지 형태의 계회를 가졌는데, 그들의 이러한 생활 문화는 강호시조의 공간을 유자적 생활 공간으로 전환하는 기반이 되기도 하였다. 강호시조의 공간이 이렇게 전환된 것을 볼 때, 강호시조의 공간은 이념적·가치적 공간의 지향에만 머무르지 않으며, 생활 문화적 공간의 성격을 지니는 경우도 있음을 알 수 있다. 강호시조 공간이 '계우제회'의 공간으로 전환되기 시작한 것은 강호시조의 공간이 군자의 은거지로, 성시(城市)에서 멀리 떨어져 사람들의 출입을 허락하지 않는 사적(私的) 공간의 성격만을 지니는 것이 아니라,[197] 사람들의 출입을 허용하여

195) 안휘준, 『한국회화사』, 일지사, 1980/2010(20쇄), 122면.
196) 진홍섭 편, 『한국미술사자료집성』(2), 일지사, 1991/2000(3쇄).
197) 앞에서 살핀 바와 같이, 강호시조에 주로 나타나는 은거한 군자의 이미지는 다음

공적인 모임을 추구하는 장이 되기도 함을 말해준다.

강호시조의 공간을 '계우제회'의 유자적 생활 공간으로 전환한 작품을 가장 많이 창작한 사람은 김득연이다. 그는 <회작국주가>, <계우제회가>, <희영적벽가> 등을 창작하였는데, 이 세 작품이 모두 유자적 생활로서 제회에 관해 노래하고 있다. 이 세 작품이 실린 『갈봉선생문집』에서 김득연은 찾아오기 쉽지 않은 산거지(山居地)에 찾아온 벗들에게 감사하는 마음을 표하고 있다. 김득연은 <회작국주가>와 <계우제회가>의 모두(冒頭)에 각각 "느껴 절하고 모두 모여 국화주를 나누며 노래로써 감사하였다.(感拜僉會酌以菊花酒歌而謝之)", "존경하는 어르신들이 모두 비를 무릅쓰고 모이니, 또 노래로써 감사드렸다.(僉尊老契友冒雨齊會又以歌謝之)"라고 기록하고 있다.[198] 이 기록으로 볼 때, 궂은 날씨나 먼 거리, 산거지의 초라함을 마다하지 않고 찾아오는 벗들과 함께하는 모임은 일회적인 만남이 아니라 지속적인 모임으로, 모임이 개최될 때는 이 작품들을 가창함으로써 모임에 참석한 사람들에게 감사의 표시를 하고 함께 흥을 돋우었음을 알 수 있다.

김득연은 안동의 재지사족으로 중앙 정계에 진출한 관력은 없으나 향촌 사회의 사족으로 모범적이었던 인물이다.[199] 그의 부친인 유일재(惟一齋) 김언기(金彦璣)는 안동 지역에 서당을 짓고 수하에 많은 제자를 두었다.[200] 유일재 몰후(沒後)에 그의 제자들이 낙계회(洛契會)라

과 같다. 은거한 군자는 산수간 바위 아래 띄집을 지어 놓고 찾아오는 이 없는 집의 문을 닫아 놓고 책을 읽거나 잠이 든다. 시간이 날 때는 고사리와 같은 푸새를 캐러 산중(山中)으로 들어가 노닐다가 집으로 돌아온다.

198) 김득연, 『葛峯先生別集』 卷之一, 『葛峯先生文集』 坤, 396-397면.

199) 이에 관해서는 이상원, 「16세기말~17세기 초 사회 동향과 김득연의 시조」, 『어문논집』 31, 안암어문학회 참조. 그의 행장에 의하면, 그가 와룡산 기슭에 복거한 뒤에도 많은 제자들이 찾아 왔음을 알 수 있다. 且久遠近學子 執贄門下 提撕誘掖 樂以忘倦 先君子 嘗教學者 須是胸懷擺脫 得乃能有見公深體遺意(行狀, 葛峯先生文集 坤 卷之四, 360면.)

는 모임을 만들어 선생을 추모하고 친목을 도모하였는데, 김득연도 역시 이 모임에 참여하였다. 또한, 그 스스로 화수회(花樹會)를 결성하기도 하였는데, 이는 씨족을 중심으로 한 계회이다. '낙계회'와 '화수회'에 관한 기록은 그의 행장에서 찾아볼 수 있는데, 인용하자면 다음과 같다.

> 같은 문하의 여러 사람들과 함께 봄가을로 바람이 온화하고 경치가 맑을 때면, 서로 불러 모여 낙동강(洛江)변을 배회하다 경치 좋은 수석 위에서 시가를 읊조리며 돌아오던 '낙계회(洛契會)'에 관한 글귀가 있다. 김씨 종친 중에 남쪽에 낙향한 것이 여러 집안이었다. 공이 이웃한 시해(始垓), 북애(北厓), 계암(溪巖) 등 여러 종친들과 더불어 '화수회(花樹會)'를 만들어 돈목지의(敦睦之義)를 강론하여 오래도록 없애지 않았다. 남쪽 지방 사대부가의 종친회를 반드시 광김(光金)이라 일컫는 것은 대개 공(公)으로부터 비롯하였다.[201]

김득연은 말년에 와룡산 기슭에 산거지를 마련하였는데, 위에서 알 수 있는 바와 같이 계회를 통해 사람들과의 교류를 지속하였으며, 이 계회는 그의 산거지와 그 주변에서 이루어진 것으로 보인다. <계우제회가>와 <회작국주가>는 이 계회와 관련하여 창작된 작품이다. 이 두 작품에는 김득연이 마련한 산거지의 지형이 구체적으로 언급되어 있지는 않다. 김득연은 와룡산에 선친의 묘를 안장하고 그 아래 지수정(止水亭)을 지었는데, 그가 마련한 은거지의 지형과 지수정의 위치 등

---

200) 김용직, 「갈봉 김득연의 작품과 생애」 참조. 이 글은 『葛峯先生文集』 坤의 406면에 수록되어 있다.

201) 行狀, 葛峯先生文集 坤 卷之四, 360-361면.
與同門諸公 以春秋二節 風和景明 輒相招携 徜徉洛江上 水石勝處 風詠而歸 有洛契會帖 金氏同宗 落南者數家 公與金近始垓北厓溪巖諸宗設 爲花樹會 講敦睦之義 久而不廢 南州士夫家宗會 必稱光金 蓋自公始也

은 <지수정가(止水亭歌)>를 통해 짐작할 수 있다.

臥龍山이 臥龍形을 지에 ᄒᆞ고 남역크로 머리드러 구의구의 느릿혀 ᄃᆞᆺ다가 구즉기 니러 안자 九萬里長空을 울워러 天柱峯이 되야 이셔 ᄒᆞᆫ 활기 버더 ᄂᆞ려 中央애 ᄆᆡᆺ쳣거ᄂᆞᆯ 저 즘긔 黃鼠年에 先龍을 안장ᄒᆞ니 千峰은 競秀ᄒᆞ야 ᄂᆞᄂᆞᆫ 鶴이 ᄂᆞᆯ개 편 ᄃᆞᆺ 萬壑은 爭流ᄒᆞ여 怒ᄒᆞᆫ 龍이 ᄭᅩ리 치ᄃᆞᆺ 길고 깁픈 고ᄅᆡ 거후러 ᄂᆞ리거ᄂᆞᆯ 山家風水說에 洞口모시 죠타 ᄒᆞᆯ ᄉᆡ 十年을 經營ᄒᆞ여 ᄒᆞᆫ ᄶᅡ흘 어드니 形勢ᄂᆞᆫ 좁고 굴근 巖石은 하고 만타 녯 길흘 새로 내고 半畝塘을 푸단 마리 活水을 혀드러 가ᄂᆞᆫ 거슬 머모로니 明鏡이 ᄣᅴ 업서 山影만 즘겨 잇다 千古애 荒廢地을 아모도 모ᄅᆞ더니 일조애 眞面目을 내 호온자 아란노라 (중략)

疊疊峰巒은 左右에 屛風이오 森森松檜은 前後에 울히로다 九曲上下臺은 層層이 두러젓고 三逕松菊竹은 주주리 버러 잇다 ᄒᆞ믈며 岩崖 노픈 우히 老松이 龍이 되어 구푸려 누엇거ᄂᆞᆯ 雲根을 베쳐내고 小亭을 브쳐 셰어 茅茨을 不剪ᄒᆞ니 이거시 엇던 집고 南陽애 諸葛廬인가 武夷예 臥龍庵인가 고쳐곰 살펴보니 畢宏韋偃이 그림엣 거시로다 武陵桃源을 예 듯고 못밧더니 이제야 아래와라 이 진짓 거긔로다

[지수정가 / 갈봉선생문집(葛峯先生文集)]

위에서 확인할 수 있는 바와 같이 와룡산의 기세는 학이 나는 듯이 지수정의 주변을 둘러싸고 있다. 김득연은 천주봉의 기운이 맺혀 있는 곳에 선친을 안장하고 그 아래 못과 암석이 있는 곳에 새로 길을 내어 지수정을 세웠다. 지수정은 주변에 산봉우리가 병풍처럼 둘러

있으며, 송(松) · 국(菊) · 죽(竹)이 아름다운 숲을 이룬 곳으로, 김득연은 이곳이 무릉도원과 다르지 않다고 말하고 있다.

<지수정가>에서 이 뒤로 이어지는 부분에서는 산을 둘러싸고 흐르는 물이 낙동강으로 이어지고 있음 역시 확인할 수 있다.

> 산 밧긔 萬里長江은 潢池예 發源ᄒᆞ여 淸凉을 지나 흘너 退溪예 渟滀ᄒᆞ여 月川로 바로ᄂᆞ려 栢潭을 감도라 浩浩洋洋ᄒᆞ여 道脈川이 되여 이서 다시곰 龍飛鳳舞ᄒᆞ여 廬江의 五老峯을 ᄢᅵ듸여 芝谷어리 빗기지나 臨川을 ᄒᆞᆫ듸 모다 城山에 鶴峯을 ᄇᆞ라보고 屛山애 玉淵을 向ᄒᆞ여 洛東이로 가노라

[지수정가 / 갈봉선생문집(葛峯先生文集)]

<계우제회가>나 <회작국주가>에는 지수정을 둘러싼 광범위한 지형이 이와 같이 묘사되어 있지는 않다. <지수정가>에서는 지수정의 주변 풍경에 대해 자세히 묘사함으로써 와룡산에서 지수정이 위치한 곳이 무릉도원과 같이 아름다운 곳임을 거듭 강조하고 있는데, <계우제회가>나 <회작국주가>에서는 다른 강호시조에서와 마찬가지로 지수정이 소박한 산거지임을 짐작할 수 있도록 표현되어 있을 뿐이다. 작품을 확인해 보자.

> 어와 이 山中에 모다 모다 괴 오시니
> 風松 寒竹도 조차 즐겨 ᄒᆞᄂᆞ괴야
> 이 후애 이 모돔블 히히마다 ᄒᆞ쇼셔

[회작국주가 1장 / 갈봉선생문집(葛峯先生文集)]

구름 깁고 돌 험ᄒᆞᆫ 길헤 머다 아냐 즐겨 오시니
山城 薄酒은 못 자셤 즉 ᄒᆞ거니와
그려도 뜻 고즐 봐겨셔 ᄯᅩ ᄒᆞᆫ 잔을 잣쇼셔

[회작국주가 2장 / 갈봉선생문집(葛峯先生文集)]

옛 사ᄅᆞᆷ이 菊潭水을 마시고도 늘거 오래 사닷거든
오늘날 이 내 술의 옛 고지 ᄯᅩ 뻐 인ᄂᆡ
진실로 이 잔곳 자시면 不老仙이 되오리라

[회작국주가 3장 / 갈봉선생문집(葛峯先生文集)]

鶴髮 尊老님네 비 오ᄂᆞᆫ 날 ᄯᅩ 오시니
人間 勝事ᄂᆞᆫ 이 외예 ᄯᅩ 업ᄂᆞ다
이 압ᄑᆡ 百年을 그음 삼고 ᄆᆡ일 노사이다

[계우제회가 1장 / 갈봉선생문집(葛峯先生文集)]

滿山 烟雨中에 술을 실고 죄 오시니
小亭 風景이 오늘날 더옥 죠타
모ᄃᆞ신 珍重ᄒᆞᆫ 뜻ᄃᆞ니즐 줄 이스랴

[계우제회가 2장 / 갈봉선생문집(葛峯先生文集)]

草亭은 다믄 三間이오 池塘은 겨유 半畝로다
무서슬 보려 ᄒᆞ야 비 오ᄂᆞᆫ ᄃᆡ ᄯᅩ 오신고

이 날을 ᄇᆞ리지 아니 ᄒᆞ시니 그를 감샤ᄒᆞ여라

[계우제회가 3장 / 갈봉선생문집(葛峯先生文集)]

<계우제회가> 3장에서 볼 수 있는 바와 같이 시조에 나타난 지수정은 소박한 초정(草亭)이며, 그 앞에는 작은 연못이 있을 뿐이다. 또, <회작국주가>에서 볼 수 있는 바와 같이 시조에 나타난 지수정은 험한 산중에 있고, 찾아 와서 즐길 수 있는 것은 박주(薄酒)일 뿐이다. 가사에서와 달리 시조에서 김득연은 지수정 주변을 이렇게 소박한 공간이라고 말함으로써 오히려 초라한 산거지에 귀한 벗들이 찾아 온 사실, 특히 멀고 험한 길을 마다 않고 찾아 온 어르신[尊老]들께 감사하는 마음을 강조해 표현하고 있다. 이 작품들을 통해 알 수 있는 바와 같이, 정기적인 모임인 계회를 통해 벗들과 함께 교류할 수 있는 공간이 된 산거지는 홀로 고아하게 앉아 책을 읽는 사적인 공간이 아니라 유자로서의 일상 생활이 이루어지는 공적인 공간으로 그 성격이 전환되고 있다.

<회작국주가>에서 김득연의 산거지는 구름 깊고 험한 산중에 있는 곳으로, 송죽이 둘러 싸여 있으며, 주변에 핀 국화로 술을 담가 먹을 수 있는 공간으로 표현되고 있다. <계우제회가>에서는 지수정이 깊은 산 작은 연못 앞에 일군 초라한 산거지로 일컬어지고 있다. 이는 여타의 일반적인 강호시조의 공간 구성 방식을 수용한 것으로서 공간의 아름다움에 관해 장황히 말하지 않는, 시조에 합당한 표현 방식이다. 이 때문에 오히려 이 공간은 계회의 유자적 생활이 이루어질 수 있는 문화적 공간의 성격이 두드러질 수 있었다. 이 작품들 속에서 강호시조 공간은 시적 주체의 은거 지향에 공감하는 친밀한 벗들로 한정된 수의 사람들이 오가는 공적 공간으로 전환되었음을 알 수 있다.

김득연의 작품 중에 벗들과의 모임에 대한 작품으로 이 외에도 <희영적벽가>가 있는데, 이 작품에서 시적 주체는 이 모임을 소식(蘇軾)이 7월 기망(旣望)에 손님들과 더불어 시를 읊고 노래하던 모임에 빗대고 있다. <희영적벽가>에서는 공간의 성격이 풍류적 흥취의 공간이자 벗들과의 모임을 즐길 수 있는 유자(儒者)적 생활 공간의 성격을 갖고 있는 공간 성격의 중첩이 두드러지는데, 시적 주체는 벗님들이 오셨기에 오늘의 모임이 소식의 적벽(赤壁)에서의 모임보다 더 빛난다고 말한다. 이를 이 작품의 3장인 "어와 벗님네야 이 山中에 다 오시니 / 今日 勝會은 赤壁두곤 더 빗나다"를 통해 알 수 있다.

이와 같은 공식적인 의미의 제회(齊會)가 아니더라도 강호시조 공간이 계우(契友)의 공간인 점이 드러나는 작품으로는 김광욱의 <율리유곡>이 있다.

뒷집의 술ᄡᆞᆯ을 ᄭᅮ니 거츤 보리 말 못ᄎᆞ다
즈는 것 마고 ᄢᅵ허 쥐비저 괴아내니
여러날 주렷ᄃᆞᆫ 입이니 ᄃᆞ나 ᄡᅳ나 어이리

[율리유곡 3장 / 청구영언(靑丘永言) 진본(珍本) 148]

崔行首 빡달힘 ᄒᆞ새 趙同甲 곳달힘 ᄒᆞ새
ᄃᆞᆯ빔 게ᄢᅵᆷ 오려 點心 날 시기소
每日에 이렁셩 굴면 무슴 시름 이시랴

[율리유곡 17장 / 청구영언(靑丘永言) 진본(珍本) 163]

김광욱의 <율리유곡>에서 시적 주체의 주거지는 모옥(茅屋)으로

('茅簷 기나긴 히에 히올 일이 아조 업서' <율리유곡> 7장) 여타의 강호시조에 나타난 거점 공간의 이미지를 수용하고 있다. 그런데 주거지와 주변의 자연 외에 촌락(村落)에 관한 구체적인 언급이 없는 다른 작품들에 비해 이 작품에서는 '율리(栗里)'라고 칭한 마을 풍경이 비교적 자주 언급되고 있다. 시적 주체는 술 담글 쌀이 없어 뒷집에서 거친 보리를 꾸어다가 겨우 술을 빚고(3장), 다리를 건너 주가(酒家)를 찾아 가는데(15장), 이러한 장면들이 그 예가 된다.

시적 주체는 이 작품의 1장에서 자신이 은거한 곳이 마침 도연명의 율리(栗里)와 같은 이름을 가진 곳으로서, 도연명의 '수졸전원(守拙田園)'이나 나의 전원에서의 삶이나 다르지 않다고 했다. 이것은 이 작품의 공간이 상징적 은거 공간으로서의 성격을 갖고 있음을 뜻하는 것인데, 이 작품의 마지막 장면이 위와 같은 벗들과의 모임으로 마무리된다는 것은 의미심장한 변화라고 여겨진다. 율리에서의 시적 주체의 삶이 상당 부분 일상 생활화되어 영향을 끼치고 있음을 뜻하기 때문이다.[202]

시적 주체는 은거의 공간에 고립되어 있지 않고 벗들과 마주 앉아 밥을 먹는다. 밥을 먹는 모임에서 각자의 역할이 있는 것을 보니, 이 모임이 여러 번 반복되어 온 모임임을 짐작할 수 있다. 강호시조의 공간이 일상적인 계우(契友)의 공간이 되었으므로 그들과 마주 앉아 식사하면서 너는 행수(行首)요, 너는 나와 동갑(同甲)이요, 하며 누구는 전을 준비하고 누구는 찜과 밥을 준비하는 장면이 연출될 수 있다.[203] 이런 면들로 볼 때, 김광욱의 <율리유곡>은 상징적 은거 공간이자 유자적 생

202) 본고에서 연구 대상으로 삼은 연시조 작품에 한정해 볼 때, 여타의 강호시조에서 친구들끼리 모여 함께 '밥을 먹는' 장면은 등장하지 않는다.

203) 중세 사대부의 계회에는 여러 가지 종류가 있는데, 그중에는 동갑회(同甲會)도 있었다. <율리유곡>에서의 계회 역시 이런 모임의 일종이리라고 짐작할 수 있다.

활 공간의 성격이 중첩된 공간적 성격을 보여주는 작품이다. 계우제회의 유자적 생활 공간에서는 공간 그 자체의 성격보다 모임에 참여한 사람들이나 그 사람들과 더불어 즐기는 행위가 강조되고 있음을 알 수 있다.

이상에서 볼 수 있는 바와 같이, 강호시조의 공간은 강호시조 창작 주체가 강호 공간에서 실현한 유자로서의 공적·사적 삶의 실제적 공간으로 전환되고 있다. 이때의 유자적 일상은 벗들과 더불어 누리는 일상이기에 이때의 유자적 생활 공간으로서의 성격은 그에 수반되는 풍류적 흥취 공간으로서의 성격과 중첩되어 표현되고 있음 역시 주목해야 할 것이다.

이상에서 강호시조 공간의 성격 부여 방식에 관해 살펴 보았다. 분석 결과를 참조하면, 학습자들이 작품에 반영된 창작 주체의 삶의 양상에 대해 이해하고 공감할 필요가 있다는 점을 확인하게 된다. 이러한 이해는 종합적 읽기의 성격을 가진 것으로서, 학습자들은 강호시조 공간에 대한 분석적·세부적 이해에 기반하여 이를 종합적 이해 과정으로 심화할 수 있어야 할 것이다. 심화된 읽기로서 공간의 성격 부여 방식에 대한 이해를 수행하려면, 관련된 자료나 배경 지식에 관한 교사의 협력이 활성화될 필요가 있다는 점 역시 확인할 수 있다.

2. 강호시조에서 공간의 역할

지금까지 강호시조 공간의 특징을 다양한 기준에 따라 분석해 보았다. 학생들이 강호시조를 거듭 읽는 과정에서 위에서 논한 바와 같이 강호시조 공간의 특징을 파악하게 되었다고 가정한다면, 이것이 강호시조의 서정시적 세계의 이해로 어떻게 나아갈 수 있을 것인가를 논할 수 있어야 할 것이다.

강호시조의 서정시적 세계와 강호시조 공간은 서로 어떤 관련성이 있을까? 여기에서는 강호시조 공간이 강호시조 작품에서 행하는 역할을 분석함으로써 강호시조 공간에 대한 이해를 강호시조의 서정시적 세계에 대한 이해로 확장할 수 있는 경로에 관해 논하고자 한다. 강호시조 공간의 특징 이해를 바탕으로 이를 강호시조 작품의 이해로 확장하려면 강호시조의 공간이 강호시조 안에서 하는 역할이 무엇인지를 검토할 수 있어야 한다.

검토의 결과, 강호시조에서 공간은 창작의 동기, 작시의 원리, 시상 전개의 측면에서 일정한 역할을 함을 알 수 있었다. 각 항목들에 해당하는 내용을 몇 개의 작품을 들어 설명하는 방식을 취하고자 한다. 그 내용은 아래와 같다.

(1) 창작 동기로서의 공간 체험

서정시의 본질이 '자아와 세계 사이의 동일성'에 있다 할 때,[204] 시에서 공간은 단순한 활동 배경일 수만은 없다. 시적 주체가 공간을 인식하고 공간을 형상화한다는 것은 자신의 위치가 어디에 있는지를 결정하고 보여주는 일이다.

강호시조 작품을 통해 시적 주체는 다음과 같은 자신의 공간적 위치에 대해 말하고 있다. 시적 주체는 자신이 향촌의 산천이라는 특정한 공간에 거했으며, 서울과 거리를 두고 있고, 그 안에서 유(遊)를 즐기면서도 향촌 생활에서 자신이 중요하게 생각하는 가치 지향을 버리지 않겠다고 말한다. 때때로 풍류의 흥취에 젖어 세속의 속박에서 벗어나는 유(遊)를 누리는 것 그 자체가 강호시조의 공간에서 이루어지는 행위로 그려지더라도 그에게는 언제나 자신이 돌아가야 할 상징적

204) 김준오, 『시론』, 삼지원, 1982, 36면.

인 의미의 거점 공간이 존재한다. 세속을 벗어나 있되 세속을 져버리지 않고 유자로서 자신의 세계를 구축해가는 과정들이 그 안에 그려져 있는 것이다. 시적 주체의 주거지는 자신이 구축하는 세계의 가치지향인 은거와 수양, 유자적 생활 세계의 상징이다.

강호시조 시적 주체의 주거지 주변의 산수 자연은 시적 주체가 오랜 시간에 걸쳐 오갈 수 있는 공간이라는 특수함을 지닌다. 여기에는 사시와 하루의 일상적 변화를 체험할 수 있으며 그것이 반복된다는 특징이 있다. 시적 주체에게 주거지 주변의 자연은 '변화'와 '변하지 않음'을 동시에 체험할 수 있도록 돕는다. 그렇기에 자연 경관의 계절적 변화 속에서 변하지 않는 리(理)가 무엇인지를 궁구(窮究)할 수 있도록 해 준다. 자연이 주는 이러한 혜택은 정치 경제의 중심지에서 벗어난 시적 주체가 경쟁과 욕망의 속박으로부터 벗어난 이완의 상태에서 누릴 수 있는 것이다. 시적 주체는 이를 자신이 누릴 수 있는 락(樂)이자 흥(興)이라고 보며, 이러한 공간 체험은 강호시조에서 드러나는 하나의 정서로서 강호시조 창작의 동기가 됨을 알 수 있다.

(2) 작시 원리로서의 공간 구성 방식

한편, 공간의 구성 방식은 강호시조를 창작할 때 작시의 원리로서 중요한 한 축을 차지한다고 볼 수 있다. 강호시조의 공간은 시조의 초장-중장-종장의 배열과 관련한 율적 전개와 관련이 있다. 또한, 강호시조에서 공간은 연 층위에서 병치적인 공간 질서 아래 구성되고 있다. 이는 일종의 작시 원리라 볼 수 있다. 여기에서는 강호시조의 공간 구성 방식을 '시행 층위'와 '연 층위'에서 살펴 보고, 그것이 작시 원리로서 어떻게 기능하는지를 살펴보고자 한다.

(가) 시행 층위의 장소 병치와 시적 주체의 위치 설정

강호시조 공간이 구성될 때, 시행 층위에서는 강호시조 공간 안의 여러 장소들이 시적 주체의 시선에 따라 각 행에 병치된다. 시적 주체의 시선이 원근(遠近), 상하, 좌우와 같은 시각적 질서를 가지므로, 이러한 시각적 질서에 의해 포착된 장소들이 강호시조의 공간 안에 구나 행의 시적 질서를 통해 병치되는 것이다. 아래와 같은 경우를 예로 들 수 있다.

㉠ 一曲은 어드ᄆᆡ고 冠岩에 ᄒᆡ 빗쵠다
平蕪에 ᄂᆡ 거든이 遠近이 글림이로다
松間에 綠罇을 녹코 벗 온 양 보노라

[고산구곡가 2장 / 해동가요(海東歌謠) 일석본(一石本) 78]

㉡ 其四
幽蘭이 在谷ᄒᆞ니 自然이 듣디 됴해
白雲이 在山ᄒᆞ니 自然이 보디 됴해
이 듕에 彼美一人를 더옥 닛디 못ᄒᆞ얘

[도산십이곡 4장 / 도산육곡(陶山六曲) 판본(板本)]

㉢ 其五
山前에 有臺ᄒᆞ고 臺下애 有水ㅣ로다
뻬 만ᄒᆞᆫ ᄀᆞᆯ며기ᄂᆞᆫ 오명 가명 ᄒᆞ거든
엇다다 皎皎白駒ᄂᆞᆫ 머리 ᄆᆞᄉᆞᆷᄒᆞᄂᆞᆫ고

[도산십이곡 5장 / 도산육곡(陶山六曲) 판본(板本)]

㉣ 冬

北風이 노피 부니 앞 뫼헤 눈이 딘다
茅簷 촌 비치 夕陽이 거에로다
아희야 豆粥 니것ᄂᆞ냐 먹고 자라 ᄒᆞ로라

[전원사시가 7장 / 선석유고(仙石遺稿) 필사본]

㉠에서는 중장에 평무와 원산이 반행 단위로 병치되어 있으며, ㉡에서는 골짜기와 산이 행 단위로 병치되어 있고, ㉢에서는 위에서 아래로의 시각 변화에 따라 '산 아래 대'와 '대 아래 물'이 초장에서 반행 단위로 병치되어 있다. ㉣에서는 원경(遠景)으로서 '앞 산'과 근경(近景)으로서 '모첨(茅簷)'이 행 단위로 병치되어 있다. 이와 같이 강호시조에서는 공간 안의 장소들이 상하, 좌우, 원근의 시각적 질서라는 하나의 축과 3단의 시행이라는 또 다른 축에 의해 질서화된다고 볼 수 있다.

이러한 방식의 장소 병치는 시적 자아의 위치 설정과 밀접한 관련을 가진다. 상하, 좌우, 원근의 위치는 그러한 시각적 질서를 주관하는 주체의 시선을 전제로 한 것이기 때문이다. 이를 시적 주체의 입장에서 말한다면, 원근·상하·좌우에 보이는 장소에 관해 말함으로써 자신의 위치가 어디인지를 설명하는 것이 된다. 그렇기 때문에 위에 예로 든 시조들의 종장이 시적 주체의 행위, 정서, 의지 등을 표명하는 문장으로 종결되는 것이 어색하지 않다. 장소에 대해 말하는 것은 결국 시적 자아의 위치에 대해 말하는 것이기 때문이다.

이와 같이 구와 행 단위에 병치된 각각의 장소들은 시적 주체의 위치를 설명해 줌으로써 강호시조 공간이 시적 주체에게 어떤 의미를 가지는지를 말해주고 있다. 한편, 다음과 같이 공간이 대비적인 구도로 설정된 경우에도 예외는 아니다.

구버ᄂᆞᆫ 千尋 綠水 도라보니 萬疊 靑山
十丈 紅塵이 언매나 ᄀᆞ렷ᄂᆞᆫ고
江湖애 月白ᄒᆞ거든 더옥 無心 하얘라

[어부단가 2장 / 어부가(漁父歌) 판본(板本)]

이 작품에서는 중장의 ‘홍진’과 종장의 ‘강호’가 각각 저편의 공간과 이 편의 공간으로 병치되어 있다. 이러한 병치를 통해 시적 자아의 위치가 강호에 속하고 있음을 확인할 수 있다. 구름에 가려진 ‘홍진’은 존재하지 않는 것처럼 보이지만 시 안에서는 ‘강호’와 등가적인 역할을 하며, 의미론적으로는 대립된다.

(나) 연 층위의 공간 병치와 공간적 상징 구현

강호시조의 공간 구성에서, 연 층위에서는 각 연을 중심으로 공간 심상이 병치되어 포괄적인 시적 공간의 공간적 상징을 구현하는 데 기여하고 있음을 알 수 있다. 작품을 예로 들어 이에 대해 확인해 보겠다. 다음은 강익의 <단가삼결>이다.

물아 어ᄃᆡ 가ᄂᆞᆫ 나 갈 ᄶᅵᆯ 미러셔라
뉘 누리 다 ᄎᆡ와 지내노라 여흘여흘
滄海예 ᄆᆞᆫ 밋ᄌᆞᆫ 젼의야 근칠 ᄶᅮᆯ이 이시랴

[단가삼결 1장 / 개암선생문집(介庵先生文集) 상(上)]

芝蘭을 갓고랴 ᄒᆞ야 호믜를 두러메고
전원을 도라보니 반이 나마 荊棘이다
아희야 이 기음 몯 다 ᄆᆡ여 ᄒᆡ 져믈까 ᄒᆞ노라

[단가삼결 2장 / 개암선생문집(介庵先生文集) 상(上)]

柴扉예 개 즛ᄂᆞᆫ다 이 山村의 긔 뉘 오리
댓닙 푸른 듸 봄ㅅ 새 울 소ᄅᆡ로다
아희야 날 推尋 오나든 採薇 가다 ᄒᆞ여라

[단가삼결 3장 / 개암선생문집(介庵先生文集) 상(上)]

이 작품의 각 연에서 시적 공간은 시내[물], 밭[전원], 초당[柴扉, 山村]이다. 이들을 포괄하는 시적 공간은 산촌(山村)인데, 이 공간은 병치된 공간 심상들의 중첩을 통해 공간적 성격이 완성되고 있음을 볼 수 있다. 각 연의 공간을 통해 시적 공간의 방역이 넓어졌으며, 각 연의 공간 심상과 상징적 의미는 서로 보완적인 역할을 함으로써 시적 공간의 의미를 강화하고 있는 것이다.

1장에서 시내는 '부단한 의지'라는 관념적 의미와 결합된 상징이다. 또한 2장에서의 밭 역시 지란(芝蘭)과 형극(荊棘)의 대비에서 볼 수 있는 바와 같이 세속적 가치를 거부한 채 산촌에 들어와 사는 시적 주체의 '은거'의 상징이다. 3장에서 시적 주체의 초당은 '사람 없음', '봄 새 우는 소리', '채미(採薇)' 등의 요소를 통해 은자가 기거하는 전형적인 초당의 심상을 구성하는 요소들로 구성되고 있다.[205]

이 작품에서 시적 공간은 1장에서는 주변의 자연 공간, 2장에서는

205) 앞에서 논한 바와 같이, 이는 가도의 <심은자불우>의 모티프와 유사하다.

거주지, 3장에서는 주변의 자연 공간을 지칭하고 있다. 각각의 공간이 차지하는 공간적 방역이 다른데, 이 공간들은 시적 공간의 방역을 확장하는 데 기여하고 있다. 또한, 1장에서는 공간에 거하는 시적 주체의 의지, 2장에서는 공간에서 추구하는 가치, 3장에서는 공간에 거주하는 시적 주체의 은자 이미지를 표현함으로써 시적 공간이 가지는 이미지를 강화하고 있다.

강호시조의 연 층위에서는 이와 같이 서로 인과적 관련성이나 시간적 질서에 의한 논리적인 관계를 갖지 않는 공간들이 연 단위로 등가적으로 병치되는 구조가 반복된다. 여러 공간적 장소들이 시적 주체의 가치 지향이나 시적 주체의 자기 이미지 구성, 시적 주체의 흥취 등을 축으로 질서화됨으로써 시적 공간의 상징성을 강화한다. 또한, 청자들로 하여금 각 연마다 등가적인 공간이 등장할 것이라는 기대를 불러일으키고 그 기대를 충족시킴으로써 안정감을 주고 있는 것으로 보인다.

(3) 공간 전환의 시상 전개

강호시조 작품의 시상 전개에서 공간의 전환은 중요한 역할을 담당한다. 공간을 중심으로 강호시조에 나타난 시상 전개의 유형을 살펴보면, 두 가지 유형을 찾을 수 있는데, 첫째는 공간 거점형 시상 전개, 둘째는 공간 이동형 시상 전개이다. 강호시조에서 공간이 시상 전개에 있어 중요한 역할을 담당하는 것은 연시조라는 형식적 특성에 기인한 것이다. 단시조에서 '초장-중장-종장'의 3단을 통해서만 시상을 전개할 때와 달리, 유사한 형식을 가진 연의 확장으로 시상을 전개하는 대부분의 강호시조에서는 공간이 어떤 방식으로 전환되느냐에 따라 시에서 의(意)와 정(情)을 표출하는 방식과 시적 의미가 달라지게 된다. 그만큼 공간이 시상을 전개하는 하나의 중요한 중심축의 위치를 차지하게 된다는 것이다. 그렇다면 작품을 통해서 공간이 시상 전개에 어떤 역할을 하는지 살펴보자.

(가) 공간 거점형 시상 전개

이 유형의 작품은 시적 주체가 자기 삶의 근거지인 거점 공간을 중심에 두고 시조의 각 장을 전개해 나가는 것을 의미한다. 대부분의 장에서 시적 주체가 위치하는 곳은 시적 주체의 거점 공간이다. 강호시조 공간에서 거점 공간은 초당, 소정 등으로 주로 화려하지 않은 몇 칸의 집으로 대표되는데, 창작 주체가 처한 상황에 따라 자신의 원림(園林)으로 그 범위가 확장되기도 한다. 시상 전개에 있어 거점 공간이 중요한 작품의 예로는 신계영의 <전원사시가>가 있다.

春
봄날이 졈졈 기니 殘雪이 다 녹거다
梅花는 볼셔 디고 버들가지 누르럿다
아히야 울 잘 고티고 菜田 갈게 ᄒᆞ야라

[전원사시가 1장/ 선석유고(仙石遺稿) 필사본]

春
陽坡의 플이 기니 봄빗치 느저잇다
小園 桃花는 밤비예 다 픠거다
아히야 쇼 됴히 머겨 논밧 갈게 ᄒᆞ야라

[전원사시가 2장/ 선석유고(仙石遺稿) 필사본]

秋
흰 이슬 서리되니 ᄀᆞ올이 느저잇다
긴 들 黃雲이 ᄒᆞᆫ 빗치 퍼거고야
아ᄒᆡ야 비준 술 걸러라 秋興 계워ᄒᆞ노라

[전원사시가 5장/ 선석유고(仙石遺稿) 필사본]

秋
東籬에 菊花 피니 重陽이 거에로다
自蔡로 비준 술이 ᄒᆞ마 아니 니것ᄂᆞ냐
아ᄒᆡ야 紫蟹黃鷄로 안酒 작만 ᄒᆞ야라

[전원사시가 6장/ 선석유고(仙石遺稿) 필사본]

冬
北風이 노피 부니 앞 뫼ᄒᆡ 눈이 딘다
茅簷 ᄎᆞᆫ 비치 夕陽이 거에로다
아ᄒᆡ야 豆粥 니것ᄂᆞ냐 먹고 자라 ᄒᆞ로라

[전원사시가 7장/ 선석유고(仙石遺稿) 필사본]

이 작품에서 시상 전개를 주도하는 두 축은 사시(四時)의 시간과 거점 공간인 시적 주체의 원림(園林)이다. 이 작품에서는 사시의 변화로 인해 원림 주변 공간의 자연물이 변화한다.

사시의 변화에 대한 시적 주체의 일상적인 체험은 각 장의 초장과 중장에 걸쳐 묘사되어 있다. 예를 들어, 이 작품의 2장에서와 같이, 원림 너머로 보이는 언덕의 풀이 긴 봄빛을 받아 길게 자란 것을 보는 즐거움(초장)과 사람들이 모두 잠든 사이에 비를 맞고 활짝 핀 복숭아 꽃을 보는 기쁨(중장)은 계절의 변화가 시적 주체에게 주는 다채로운 체험이다. 이 작품의 6장에서 '동리(東籬)에 핀 국화'(초장)는 스스로를 도연명과 같은 은자로 칭하는 중의적인 의미를 가진 표현이지만, '자채(自蔡)[206]로 비존 술'(중장)과 '자해황계(紫蟹黃鷄)'(종장) 즉, 특별한 쌀로 빚은 술과 게와 같은 해산물, 누른 닭을 먹는 원림에서의 체험은 지극히 일상적인 것이며, 이는 시간의 변화에 따른 일상적 체험이 주는 혜택이다.

그러나 이 작품의 시적 주체가 각 장의 종장에서 '아히'를 부르며 각 장의 시상을 종결적으로 마무리하고 있으며, 이때의 발화 공간이 시적 주체가 일군 '원림'이라는 점이 각인된다는 것은 시상 전개에서 중요한 부분이다. '아히'는 원림에서의 자기 생활을 위해 데리고 있는 동자이다. 시적 주체는 원림 안에서의 이완된 삶을 즐기면서도 종장에서 '아히'를 호명하며 자신이 점하고 있는 공간과 그 공간 안에서의 자신의 역할을 상기하는 것이다.

이와 같은 점으로 볼 때, 이 작품에서는 계절에 대한 일상적 체험이 강화됨으로써 변화하는 자연의 일상적 체험이라는 시상 전개의 한 축이 원림 공간이라는 변화하지 않는 축으로 인해 지탱됨으로써 시상 전개의 안정성이 보장되고 있다고 볼 수 있다. 결국, 초-중-종 3단의 안정적 구조를 '연' 단위로 확장한 이 시조가 사대부 시조로서의 안정감을 유지하는 것은 변화하는 시간의 축의 다른 한 편에 거점 공간이 변화하지 않는 중심적 위치를 차지하고 있기 때문이다. 거점 공간이 주는 안정성이 이 시조를 지탱해 주고 있다고 볼 수 있다.

206) 자채쌀. 이를 '紫蔡'의 오기(誤記)로 보는 황충기의 견해를 수용하고자 한다. 황충기, 『조선시대 연시조 주해』, 푸른사상, 2009, 153면.

(나) 공간 이동형 시상 전개

다음은 시상 전개에서 공간 이동이 차지하는 역할에 관해 검토할 것이다. 여기에서는 이를 '공간 이동형 시상 전개'라고 칭했다. 이러한 유형의 작품은 강호시조 작품에서 시적 주체의 이동이 강조되는 경우를 말한다. 윤선도의 <어부사시사>가 이러한 유형을 대표하는 작품으로, 이는 지금까지의 연구사에서도 자주 언급되어 온 바이다. 널리 알려진 바와 같이, 공간을 중심으로 시상 전개에 대해 확인하자면, <어부사시사>에서는 하루의 일과가 어부의 출항에서 귀항으로 이어지는 회귀적인 경로를 보인다.

이 작품에서는 춘·하·추·동의 사시는 해거지(海居地)→바다→해거지의 이동 경로 속에서 반복된다. 시적 주체가 출항할 때는 출항의 흥이 강조되지만, 해거지로 귀항하였을 때는 시적 주체의 해거지가 강조된다. 춘사부터 동사까지 10장의 내용을 확인하자면 다음과 같다.

> ᄅᆡ일(來日)이 또 업스랴 봄밤이 몃 덛 새리
> ᄇᆡ 브텨라 ᄇᆡ 브텨라
> 낫대로 막대 삼고 **ᄉᆡ비(柴扉)**ᄅᆞᆯ ᄎᆞ자 보자
> 지국총(至菊悤) 지국총(至菊悤) 어ᄉᆞ와(於思臥)
> 어부(漁父) ᄉᆡᆼ애(生涯)ᄂᆞᆫ 이렁구러 디낼로다 (강조: 필자)
>
> [어부사시사 춘사 10장 / 고산유고(孤山遺稿)]

> **와실(蝸室)**을 ᄇᆞ라보니 ᄇᆡᆨ운(白雲)이 둘러 잇다
> ᄇᆡ 븟텨라 ᄇᆡ 븟텨라

부들부체 ᄀᆞ른 쥐고 셕경(石逕)으로 올라가쟈
지국총(至菊悤) 지국총(至菊悤) 어ᄉᆞ와(於思臥) (강조: 필자)
어옹(漁翁)이 한가(閑暇)터냐 이거시 구실이라 (강조: 필자)

[어부사시사 하사 10장 / 고산유고(孤山遺稿)]

송간셕실(松間石室)의 가 효월(曉月)을 보쟈 ᄒᆞ니
ᄇᆡ 브텨라 ᄇᆡ 브텨라
공산(空山) 락엽(落葉)의 길흘 엇디 아라 볼고
지국총(至菊悤) 지국총(至菊悤) 어ᄉᆞ와(於思臥)
ᄇᆡᆨ운(白雲)이 좃차 오니 녀라의(女蘿衣) 므겁고야 (강조: 필자)

[어부사시사 추사 10장 / 고산유고(孤山遺稿)]

어와 져므러 간다 연식(宴息)이 맏당토다
ᄇᆡ 븟텨라 ᄇᆡ 븟텨라
ᄀᆞ는 눈 ᄲᅳ린 길 블근 곳 흣더딘 ᄃᆡ 흥치며 거러가셔
지국총(至菊悤) 지국총(至菊悤) 어ᄉᆞ와(於思臥)
셜월(雪月)이 셔봉(西峯)의 넘도록 **송창(松窓)**을 비겨 잇쟈 (강조: 필자)

[어부사시사 동사 10장 / 고산유고(孤山遺稿)]

춘사의 시비, 하사의 와실, 추사의 송간석실, 동사의 송창은 각각의 개별적인 의미를 갖는 공간이지만 모두 시적 주체의 해거지의 건축물을 뜻한다. 작품 안에서는 이 공간들이 어부가 돌아가야 할 해거지로서의 상징적 의미를 갖고 있다. 춘사와 하사에서 나타나는 바와 같이,

시적 주체는 바다에서 하루를 보낸 흥을 뒤로 하고 해거지를 찾아 가며, 추사와 동사에서 볼 수 있는 바와 같이 해거지에서 쉬면서 은거의 현실과 지향을 상기한다.

이 작품에서 '배'는 해거지를 벗어난 물외(物外)의 자유를 누리게 하는 중요한 이동 수단이다. 시적 주체는 바다에서 배를 타고 이동하면서 어흥을 즐기는데, 그 과정에서 구곡가 유형의 시에서와 같이 각 장마다 특정한 장소를 호명하는 방식을 취하지 않는다. 시적 주체가 하사의 3장에서 '녀름 ᄇᆞ람 뎡홀소냐 가ᄂᆞᆫ대로 ᄇᆡ 시겨라'라고 말한 바와 같이 배가 흘러가는 곳이라면 어디든 자연이 주는 아름다움을 체험할 수 있으며, 그것이 속박에서 벗어난 자유이기 때문이다.

그런데 배를 타고 노니는 자유로움은 해거지의 존재로 인해 세속을 벗어난 완전한 자유로움이기 어렵다. 해거지는 자신이 해거하게 된 이유를 상기하도록 해 주기 때문이다. 위의 작품 인용에서 볼 수 있는 바와 같이, 배가 어디로 흘러가든 개의치 않던 시적 주체는 해거의 목적을 상징하는 해거지를 찾아 간다. 석실이 은거의 상징 공간임은 그의 한시 <석실(石室)>[207]에서도 엿볼 수 있다.

용거(容車)라 함은 소동파(蘇東坡)의 시요	容車坡老詩
측호(側戶)라 함은 주문공의 기로다	側戶文公記
어찌 여섯 겹문이 있을까마는	那有六重門
뜰과 샘, 대와 못은 갖추었다네	庭泉臺沼備

이 작품에서 볼 수 있는 바와 같이, 윤선도에게 석실은 한편으로는 소식의 시를, 다른 한편으로는 주자의 기문을 읽으면서 은거한 유자

207) 윤선도, 이형대 외 공역, 『국역 고산유고(孤山遺稿)』, 소명출판, 2004, 141-142면.

로서의 지향을 잃지 않도록 해 주는 공간이다.

이상에서 살핀 바와 같이, 이 작품의 시상 전개를 주도하는 하나의 축은 사시와 하루의 흐름이며, 또 다른 축은 공간 이동을 통한 물외의 유(遊)와 은거지라는 상징적 공간으로의 귀환이라고 볼 수 있다.

강호시조에서 공간이 갖는 역할에 대한 이상과 같은 검토를 참조해 보면, 학습자들은 이에 대한 이해를 기반으로 작품 전체의 의미 구성이나 공간 형상화의 의도에 관한 이해 활동을 수행할 수 있다. 이는 작품 공간의 특징을 시조의 형식적 질서와 같은 장르적 특수성과 연관지음으로써 그 이해를 시조에 관한 이해로 확장하는 과정이다.

Ⅳ. 공간 중심의 강호시조 이해 교육 설계

이 장에서는 Ⅲ장에서 작품을 중심으로 질서화 한 공간 이해의 성격을 바탕으로 하여, '공간 중심의 강호시조 이해 교육'이 실제적으로 어떻게 가능한지를 보이고자 한다. Ⅲ장에서는 공간 중심의 강호시조 이해를 작품 변인을 중심으로 논했다면, 이 장에서는 학습자 변인과 작품 변인을 연관 지으면서 중등학교의 수업에서 실행할 수 있는 교수·학습의 실제를 구안할 것이다.

학습자 변인을 중심으로 본 '공간 중심의 강호시조 이해'란, 학습자들이 공간을 이해의 범주로 삼아 여러 가지 범위와 기준, 방법 등을 활용해 강호시조를 이해하는 전체적인 과정을 뜻한다. 학습자들은 자신의 일상적 공간 체험으로부터 이해의 기준과 방법을 도출하거나, 교사가 제시하는 공간 개념과 범위, 기준으로부터 이해의 기준과 방법에 관한 시사점을 얻을 수 있다. 학습자들은 가능한 한 여러 가지 방법과 기준을 활용하여 강호시조 공간의 특징을 거듭 탐구하고 이해할 수 있어야 한다. 교사와의 협력 속에서 학습자들은 강호시조 공간의 실체를 확인하고 그 성격을 이해하며, 그것이 지니는 문화적 의미를 이해하는 데로 이해의 범위를 확장할 수 있어야 할 것이다.

이러한 이해의 과정은 Ⅲ장에서 논한 작품 변인과의 관련성 속에서 교육의 실제로 구안될 수 있어야 한다. 본고에서는 이를 위해, '공간 중심의 강호시조 이해 교육'의 실제를 '목표'와 '활동' 중심으로 구안하고자 한다. '공간 중심의 강호시조 이해 교육의 구도'에서 '목표'는 Ⅲ장에서 논한 작품 변인을 학습자의 이해 속에서 재해석 하는 가운데 설정될 수 있다. 이때의 목표는 학습자가 공간 중심의 강호시조 이해 교육의 과정에서 획득할 수 있는 능력을 의미하는 것이다.

또한, 본고에서는 학습자들이 이러한 목표에 도달할 수 있도록 돕는 교수·학습의 실제를 학습자의 '활동'을 중심으로 구안하는 것이 유용하다고 판단했다. '이해'는 학습자가 작품과 적극적으로 상호작용하는 가운데 얻어질 수 있는 것이기 때문이다. 학습자들은 작품 분석이나 작품 감상, 문화 분석과 같은 '활동'을 적극적으로 수행하는 가운데 강호시조의 공간을 이해하고 이를 강호시조에 대한 이해로 확장할 수 있다.

1. 공간 중심의 강호시조 이해 교육의 목표

공간 중심의 강호시조 이해 교육을 "미숙한 독자로서의 학습자들이 강호시조를 시조 장르의 하위 유형으로서 특수성을 가진 하나의 작품군으로 이해하고 분별할 수 있도록 돕는 교사와 학습자의 협력적인 활동"이라고 볼 때, 이 전체적인 과정 속에서 교육의 목표는 교실 수업 상황에서 학습자가 이해하고 획득해야 할 지식이나 경험의 전체상을 안내한다.

학습자의 강호시조 이해가 오랜 시간에 걸쳐 이루어진다고 할 때, 교사는 그 전반적인 과정에 관한 상을 갖고 있어야 한다. 그 상을 기반으로 하여 수업 활동을 통해 학습자들을 강호시조 이해로 안내할 수 있으며, 필요에 따라 학생들에게 학생들 스스로 수행할 수 있는 학습 활동을 제안할 수 있다. 학교 수업은 시수가 한정된 상황에서 이루어지는 것이기 때문에 학습자는 교실 바깥에서 스스로 활용할 수 있는 학습 방법에 따라 이해 활동을 수행할 필요도 있다.

이와 같이, 교사는 "학습자가 공간을 중심으로 하여 강호시조를 이해한다"고 할 때의 구체적인 기준을 갖고 있어야 하며, 목표는 그러한 기준을 기술해 준다. 교사는 공간 중심의 강호시조 이해 교육의 목표를 기준으로 하여 학습자들에게 적합한 학습 활동을 독려하며, 수업의 진행과 절차와 관련된 자신의 교수 방법을 점검할 수 있어야 할 것이다.

본고에서는 공간 중심의 강호시조 이해교육과 관련하여 목표를 감상 층위, 작품 분석 활동 층위, 문화 분석 활동 층위에서 설정했다. 이해란 학습자의 체험적 영역에 속하는 것이기 때문에, 이해의 활동적 성격과의 관련성 속에서 목표를 설정할 필요가 있기 때문이다. '작품 분석'과 '감상'은 공간을 중심으로 하여 강호시조를 이해하는 과정에서 필수적으로 이루어지는 활동이다. 강호시조 공간의 이해는 학습자가 작품을 감상하고, 여러 가지 기준을 활용해 작품을 분석하는 과정에서 완성된다. 또한, 본고에서는 강호시조를 중세 문화적 기반 위에서 수세기에 걸쳐 창작된 작품군으로 보는 관점을 취하고 있기 때문에 그러한 관점에 따라 '문화 분석 활동' 역시 공간을 중심으로 강호시조를 이해하는 데 필수적인 활동 영역이 된다.

이와 같이, 본고에서는 공간 중심의 강호시조 이해 교육을 위해 설정 가능한 목표를 '작품 분석 층위', '감상 층위', '문화 분석 층위'의 세 층위에서 구안하였다. 자세한 내용은 다음과 같다.

(1) 작품 분석 층위의 목표

한 대상을 이해하기 위해서 이해의 주체는 그 대상과 관련한 사실이나 정보를 확인하고 그것들 사이의 관련성을 추론함으로써 자신의 이해를 완성해 나갈 수 있어야 한다. 이러한 이해의 과정에서 중요한 것은 가능한 한 여러 가지 기준에 따라 이해하고자 하는 대상의 특징을 지각하고 그 대상의 성격이나 의미에 관해 추론을 시도해 감으로써 자신의 이해를 수립하는 것이다.[208] 즉, 한 대상의 이해는, 이해의 주체가 이해의 목적에 따라 자신의 이해 방법과 기준을 점검하는 과정 속에서 이해 대상의 실체에 관해 지각하고, 그 대상의 성격을 탐구하는 분석적 과정을 필요로 한다.

이와 같은 일반적인 의미의 이해 개념을 수용한다면, 공간을 중심으로 한 강호시조의 이해에서 역시 학습자의 작품 분석 활동이 필수적이라 하겠다. 학습자들은 강호시조 읽기 과정에서 이해의 대상이자 도구로서 강호시조 공간에 그 범위를 한정하여 작품에 드러난 공간의 특징을 파악하는 분석적 과정을 거칠 수 있다.

또한, '공간 중심의 강호시조 이해'라는 이해의 전반적 과정을 고려한다면, 학습자들은 공간의 특징에 대한 이해를 기반으로 하여, 그것

---

208) 이와 관련하여서는 목표분류학의 논의를 참조할 수 있다. 학교 교육과정(curriculum)의 구성과 평가를 위해 목표분류학을 내세운 블룸(Bloom)의 뒤를 이어 목표 분류학을 체계화 한 하우엔슈타인(Hauenstein)의 논의를 참조하면, '이해(understanding)'는 학교에서 수용할 수 있는 인지적 영역의 목표로, '번역', '해석', '추론'의 세 가지 표지를 통해 측정 가능한 것이다. 그에 의하면, 교실 수업에서의 인지적 이해란, 자신이 이해한 것을 설명할 줄 알며, 자신이 이해하고 해석한 결과를 언어적·예술적 양식으로 표현할 줄 알며, 원리를 도출하고 예측하며 추론할 줄 아는 능력을 획득하는 것이다. 이해의 과정을 이와 같이 본다면, 이해는 '이해의 대상에 대한 분석' 과정을 반드시 필요로 한다.
물론, 목표분류학의 이해(understanding)는 본고에서 논한 이해(comprehension)와 차이점이 있는데, 이해의 대상이 문학 작품이기에 문학 작품의 이해는 인지적 목표로만 성취될 수는 없다. 따라서 다른 층위의 목표를 설정해야 한다.
Hauenstein, A. D., *A Conceptual Framework for Educational Objectives*, University Press of America(김인식 외 공역, 『신교육목표분류학』, 교육과학사), 1998/2004, 77면 참조.

을 시조의 하위 유형으로서 강호시조에 대한 이해로 확장할 수 있어야 한다. 이런 점들을 고려하여, 본고에서는 공간 중심의 강호시조 이해를 위한 '작품 분석 층위'의 목표로 다음과 같은 세 가지의 목표를 설정해 보았다.

(가) 구성소 분석을 통한 강호시조 공간 인식 능력 향상

학습자들이 숙련된 독자로서 교사나, 고전시가 연구자들과 달리 강호시조를 접한 경험이 거의 없다고 가정할 때, 학습자들은 강호시조 읽기 과정을 통해 작품 속에 공간과 관련되는 사실에는 어떤 것이 있는지 그 실체를 확인하고, 이와 연관될 수 있는 정보들에는 어떤 것들이 있는지를 확인할 수 있어야 한다. 이를 위해 학습자들이 가장 먼저 수행할 수 있는 것은 강호시조 공간에 등장하는 반복적인 구성 요소들에는 어떤 것들이 있는지를 확인하고, 그것들이 강호시조의 공간을 어떻게 완성하고 있는지를 하나의 문학적 사실로 확인하는 것이다.

이러한 과정 속에서 학습자들은 자신의 일상적 체험 속에서 늘 접하게 되는 공간이나 다른 장르의 문학 작품에 형상화된 공간과 강호시조 공간에는 어떤 차이가 있음을 발견하게 될 것이다. 학생들이 강호시조 공간을 다른 공간들과 구분되는 특징을 가진 공간으로 인지할 수 있는 능력을 획득했다고 할 때, 이를 '강호시조 공간 인식 능력'이라 칭할 수 있을 것이다. 이런 맥락에서, '공간 구성소 분석을 통한 강호시조 공간 인식 능력의 향상'은 공간 중심의 강호시조 이해 교육을 위한 분석 층위의 첫 번째 목표가 될 수 있다.

학습자들이 다른 공간들과 구분되는 강호시조 공간의 특징을 인식하는 능력을 획득한다고 할 때, 이는 일반적인 작품 읽기의 과정이나, 다른 장르의 작품과의 비교, 학습자들의 체험 공간과의 비교 등을 통

해 수행될 수 있다. 강호시조 공간의 인식 능력을 향상하기 위한 이와 같은 활동들은 이해의 주체인 학습자들의 체험과 그들이 가진 배경지식 등에 따라 다양하게 설정될 수 있다. 이해의 주체로서 학습자 역시 중요한 이해의 변인이기 때문에 공간 중심의 강호시조 이해의 교수 학습 상황에서 학습자 활동을 구안할 때는 이해의 전제로서 학습자가 자신의 체험 공간이나 스스로의 문학 공간 인식을 점검해 볼 필요가 있다.

이해의 주체로서 학습자들 역시 일상적으로 공간을 인식하고 체험하며 생활한다. 학습자들은 자신의 방과 같은 사적(私的) 공간, 또래 문화 활동과 교과 학습이 이루어지는 학교와 같은 공적(公的) 공간, 취미와 관심사에 따라 선호하는 문화 공간이나 놀이 공간 등, 현대의 문화와 청소년 문화와 관련된 일상적 공간을 수용하고 체험하며 생활하는 것이다. 강호시조의 공간은 학습자들이 일상적으로 체험하는 이러한 공간들과는 구분되는 요소들을 갖추고 있기에, 학습자들은 자신들이 선호하는 공간을 구성하는 구성물들과, 강호시조 작품 공간 안에 존재하는 구성소들을 비교·대조하면서 확인해 보는 유의미한 학습 활동을 수행할 수 있다.

Ⅲ장에서 확인한 바와 같이, 강호시조 공간을 구성하는 구성소들은 현대의 학습자들이 보기에 익숙한 것들이 아니다. 디지털 시대, 10대의 또래 문화, 학교를 중심으로 이루어지는 생활 패턴, 빠르게 변화하는 도시의 소비 문화 등이 기반이 되어 구성된 학습자들의 체험 공간과 강호시조의 공간의 구성소 사이에는 큰 차이가 있다. 강호시조 공간을 구성소들은 시적 주체의 소박한 주거지, 주거지 안의 몇 개 안되는 세간, 소박한 음식물, 주거지를 둘러싼 아름다운 자연, 낚싯대 하나 들고 시내와 강을 찾아 가는 어부와 같은 시적 주체, 반복되는 하루와 사시(四時), 물소리 새소리를 들으며 청하는 잠, 현실 정치의 상황에

상관없이 태평성대(太平聖代)라 선언하는 시적 주체 등이다. 이는 현대를 살아가는 학습자들의 공간을 구성하고 있는 구성물들이나 그들의 지향과는 분명한 차이가 있다.

학습자들은 여타의 문학 장르의 공간이나 자신들의 공간과 차이점을 갖는 이러한 공간 구성소들을 확인하여, 강호시조 공간에 대한 하나의 상을 획득할 수 있어야 할 것이다. 이 과정에서 학습자들은 여타의 문학 장르에서 발견되는 공간과 강호시조 공간의 차이를 인지할 수 있는 능력을 획득하게 되리라 본다. 이와 같이 볼 때, 공간 중심의 강호시조 이해 교육의 과정에서 학습자들이 획득할 수 있는 '강호시조 공간 인식 능력'이란 강호시조의 공간을 여타의 공간들과 다른 특징을 가진 공간으로 분별해 낼 수 있는 능력을 의미한다.

(나) 공간 배치 원리 추론을 통한 시적 의미 구성 능력 향상

학습자들이 강호시조 공간을 구성하는 구성소들을 확인하고, 강호시조 공간에 대한 하나의 상을 갖게 되어 다른 공간들과 강호시조의 공간을 다른 공간으로 분별해 낼 수 있게 되었다고 할 때, 학습자들의 공간 이해는 여기에 그치지 않고 심화된 이해로 확장될 필요가 있다. 다음 단계로, 학습자들은 작품 읽기 과정에서 스스로 확인한 공간 구성소들이 어떤 원리에 의해 공간 안에 배치되고 있으며, 그것이 작품의 의미를 어떻게 확정짓고 있는지를 이해할 필요가 있다. 강호시조 공간 속에 공간의 구성소들이 어떤 원리에 의해 배치되고 있는지를 이해하는 과정은 작품 전체의 의미와 연관되므로, 이를 '강호시조 공간 배치 원리 이해를 통한 시적 의미 구성 능력'이라 칭할 수 있다.

그렇다면, 공간 배치의 원리는 어떻게 추론할 수 있을까? Ⅲ장에서 확인한 바와 같이, 중세의 강호시조 창작은 중세의 사대부들이 그들의 삶에서 정치 경제의 중심지인 서울에 속하지 않고 향촌(鄕村)이라는 특정한 공간에 거하게 된 삶에 의미를 부여하게 된 실제적 체험과 관련이 있다. 그렇기 때문에 강호시조의 공간은 중세 사대부가 거한 향촌의 복거지를 실제 배경으로 삼아 그들의 체험 공간을 특정한 질서에 따라 선별하고 작품 속에 질서화한 결과물이라 할 수 있다.

창작 주체의 주거지와 그 주변의 자연은 실제의 체험 공간으로서, 그 안에 복합적인 구성물들이 존재하기 마련인데, 창작 주체는 이러한 실제의 체험 공간을 그들의 이념 지향, 이념 실천의 특정한 방법, 향촌 사회에서의 생활 문화적 필요, 시조를 통한 정서적 만족감의 표출 등 다양한 목적과 필요에 의해 강호시조 속에 선별적으로 배치하고 있다. 강호시조의 공간을 이해하고 그것을 강호시조에 대한 이해로 확장할 가능성은 이러한 공간 배치의 원리를 추론하고 그것을 강호시조 작품의 의미로 확장하는 과정에서 얻어질 수 있다.

즉, 학습자들은 작품 읽기의 과정에서 스스로 확인한 공간 구성소와 이들로 구성된 강호시조 공간의 구체적인 상이 어떤 원리에 의해 배치되었는지에 관해 의문을 품고 그 이유에 대해 탐색하는 과정에서 강호시조 공간에 대한 이해와 시조 장르의 하위 유형인 강호시조에 관한 이해를 획득할 수 있다는 것이다. 이것은 작품 내적 읽기보다 확장된 의미의 읽기라 할 수 있다.

공간 배치의 원리는 강호시조의 창작 주체들이 강호시조를 통해 전달하고자 한 시적 의미와 관련된다. 학습자들은 강호시조 공간 배치의 원리는 추론하는 과정에서 이를 작품 전체의 의미와 연관지으면서 작품 전체의 의미를 구성할 수 있다. 이와 같은 점들을 종합적으로 고려하면, '공간 배치 원리 추론을 통한 시적 의미 구성 능력 향상' 역시 공간 중심의 강호시조 이해 교육에서 중요한 목표라 할 수 있다.

이는 창작 주체가 체험한 실체의 체험 공간과 작품 공간의 대비, 창작 주체가 지향한 이념, 창작 주체의 삶의 방식이나 문화 등에 관한 이해를 필요로 하는 분석 활동으로, 작품 내적 읽기에만 그치지 않는 확장적 읽기의 과정이다.

(다) 공간의 시적 질서화 방식 분석을 통한 시조 이해 능력 향상

강호시조의 창작 주체들은 시조의 장르적 특징을 수용하면서 그 안에서 공간을 형상화하고 있다. 학습자들이 강호시조 공간 이해를 강호시조라는 시조 장르의 하위 유형에 대한 이해로 확장하려면, 강호시조의 창작 주체들이 시조의 장르적 특수성의 자장 속에서 강호시조 공간을 어떻게 질서화하고 있는지를 확인하는 과정을 통해 강호시조를 이해할 수 있어야 할 것이다. 분석 층위의 세 번째 목표로서 이를 '공간의 시적 질서화 방식 이해를 통한 강호시조 이해 능력 향상'이라 칭할 수 있다.

공간을 중심으로 강호시조를 이해하는 전체적인 과정에서 최종적인 지향은 학습자들이 강호시조를 시조 장르의 하위 유형으로서 이해하는 것이다. 그렇기 때문에 학습자들은 강호시조 공간의 특징을 분별해 내고 공간을 중심으로 하여 시적 의미를 구성하는 과정에서 이러한 이해의 결과를 시조 장르의 하위 유형으로서 강호시조의 특징과의 연관짓는 이해 활동을 수행할 필요가 있다.

주지하듯, 중세에는 한시, 기(記), 가사 등 사대부들이 자신의 정서를 표출하는 데 활용할 수 있는 여러 문학 장르들이 있었다. 중세 사대부들이 동일한 공간을 배경으로 하는 여러 다른 장르의 문학을 창작하였던 점이 그 하나의 예가 된다.[209] 중세에 존재했던 여러 문학

209) 예를 들어 김득연의 시조인 <산중잡곡>, <계우제회가>, <회작국주가>와 그의 가사인 <지수정가>는 동일한 공간적 배경으로 와룡산 기슭의 지수정 주변을 공간

장르 중에서 창작 주체들이 시조라는 장르를 선택했을 때는 자신의 주거지와 그 주변의 자연에서 느끼는 감흥을 시조의 장르적 특수성과 시조 고유의 미학적 자장 아래 표현하고자 하는 의도가 있었다고 볼 수 있다.

공간을 이해의 범주로 하여 이를 강호시조의 이해로 확장하는 구도에서는 시조의 장르적 질서 속에서 공간이 질서화되는 방식을 이해함으로써 중세의 창작 주체들이 공간을 중심으로 시조를 창작한 이유를 탐색하고, 이를 시조의 장르적 특성과 연관지을 수 있다.

강호시조의 창작 주체들은 연시조가 갖는 시적 질서 아래 자신이 선택한 의미 있는 장소들을 선택하여 행 단위와 연 단위에 배치하고 있다. 강호시조의 창작 주체들은 3단 구성의 반복적 전개라는 연시조의 특성을 고려하여 자신의 체험을 그 안에 담으면서도 거점 공간을 중심으로 하여 안정성을 유지하고 있다. 또한, 공간의 회귀와 공간적 방역의 한정 등을 통해 다채롭게 공간을 시조 속에 그려내면서도 흐트러지지 않는 평정한 정서를 유지하면서 시조의 공간을 질서화하고 있다.

이런 점들로 볼 때, 강호시조의 창작 주체들은 시조의 장르적 특수성을 고려하여 자신의 체험 공간을 시적 공간으로 전환함으로써 강호시조만이 지닌 독특한 미학을 획득하고 있는 것이다. 공간 중심의 강호시조 이해 교육의 구도에서 학습자들은 시조의 장르적 특성에 대한 이와 같은 이해를 획득할 수 있을 것으로 기대된다.

(2) 감상 층위의 목표

공간 중심의 강호시조 이해 교육에서 '작품 분석 층위'의 목표는 문

적 배경으로 삼고 있다. 퇴계의 <도산십이곡>과 <도산기[陶山雜詠 幷記]>, <도산잡영>이나, 신계영의 <전원사시가>와 <월선헌 십육경가>, 박인로의 <입암>과 <입암별곡> 역시 그 사례가 된다.

학 작품에 관한 인지적 이해의 과정을 염두에 두고 설정된 것이다. 그러나 문학 작품에 대한 이해는 분석을 통한 인지적 이해로만은 완성될 수 없다. 문학 작품에 대한 이해는 의미 있는 타자로서 창작 주체의 삶과 문학을 이해하고, 공감하며, 이를 수용하는 과정을 통해 이해의 주체로서 학습자가 자신의 삶을 되돌아보는 정서적 과정, 즉 감상의 과정을 필요로 한다.

문학 독자로서 학습자들은 문학 창작의 주체들이 자신의 삶 속에서 선택한 가치로운 체험을 분석의 대상으로서 뿐만 아니라 공감과 수용의 대상이자 정서적 가치 판단의 대상으로 받아들일 수 있어야 한다. 이 과정에서 학습자들은 한 시대의 문화이자 언어 예술로 존재하는 문학의 가치를 깊이 있게 체험하게 된다. 이런 면에서 감상 층위의 목표 역시 공간 중심의 강호시조 이해의 목표로 중요한 위치를 차지한다고 볼 수 있다.

강호시조의 특수성과 관련지어, 강호시조에는 유학(儒學)의 이념을 존숭(尊崇)하며 그에 따라 현실의 변화에 대응했던 특정한 계층인 사대부의 삶의 지향과 실제가 담겨 있다. 학습자들은 강호시조 읽기 과정에서 강호시조 창작과 향유, 작품 공간의 형상화 등을 통해 드러나는 중세인들의 삶의 실제와 지향, 문학을 통한 정서의 표출 등에 관해 호기심을 갖고 공감하며, 이에 대한 정서적 가치 판단을 수행할 수 있어야 한다.210) 이러한 이해의 과정을 공간 중심의 강호시조 이해 교육에서 '감상 층위'라 볼 수 있을 것이다.

특히 시조는 서정 장르로서 한 연이 3단으로 구성되는 간결한 형식 속에 삶의 문제를 다루고 있는 장르이기 때문에 시 속에서 직접적으로 말하지 않은 창작 주체의 지향과 정서, 문화 등에 관한 종합적 고려

210) 문학 감상의 개념과 실제에 관해서는 조하연의 연구를 참조할 수 있다. 조하연, 앞의 논문.

속에서 작품의 이해가 수행되어야 한다. 이러한 이해의 과정은 현대의 문화와는 차이가 있는 중세의 문화에 대한 수용과 공감, 정서적 가치 판단 속에서 이루어질 수 있다. 문학 작품의 이해에서 수용과 공감, 정서적 가치 판단은, 향후 문학 작품 읽기 활동을 견인하는 중요한 역할을 한다.[211] 그러므로 공간 중심의 강호시조 이해 교육의 목표로 '감상 층위'의 목표를 설정하는 것 역시 필수적이라 하겠다. 본고에서는 다음과 같은 두 가지의 목표를 감상 층위의 목표로 설정하였다.

(가) 공간 지향에 대한 공감적 이해 능력 향상

과거의 서정시인 강호시조에는 인간의 삶 속에 존재하는 다양한 인간관계나 그 안에서 생겨나는 갈등, 가치 지향의 실천 과정, 작품 창작의 문화적 맥락이나 의미 등이 자세하게 언급되어 있지 않다. 이러한 특징을 가진 과거의 서정시를 이해하기 위해, 학습자들은 나와는 다른 시대를 살아가던 창작 주체들의 삶에 대해 공감하고 이해할 필요가 있다. 시의 언어로 언급되지 않는 부분들을 학습자들은 작품 감상의 과정에서 상상하고 채워나갈 수 있어야 하는 것이다.

이러한 과정은 문학 작품으로서 강호시조가 갖는 보편성과 특수성에 대한 이해를 조율하면서 나와는 다른 시대를 살아갔던 사람들을

211) 심리학의 동기론이나 철학의 가치론에 의하면, 인간의 활동이 내재적 동기나 가치에 의해 추구되면 그 활동의 목적이 달성될수록 더 높은 수준의 목적을 달성하기 위한 열기가 고조되는 것이 일반적이다. 한 대상의 가치 체험을 문학 작품 이해의 맥락에서 논한다면, 이는 작품에 관한 정서적 가치 판단의 과정과 가장 밀접한 관련을 가진다. 학습자들이 작품의 감상을 제대로 수행하게 되면, 학습자는 문학 작품 읽기를 지속하고자 하는 내면적 동기를 갖게 될 것이라 기대된다. 이에 관해서는 다음 논의를 참조할 수 있다.
장상호, 『학문과 교육』 상, 서울대출판부, 1997, 143면.
졸고, 앞의 논문, 2008, 467-468면.

학습자들의 삶에 의미 있는 타자로 정립해 가는 중요한 과정이다. 또한, 중세 강호시조 창작 주체들의 삶의 문제와 지향, 그에 대한 대응 방식 등에 관해 공감하는 과정 속에서 학습자들은 중세의 문학과 문화, 더 넓게는 서정시에 대한 공감을 획득할 수 있으리라 기대된다. 강호시조와 관련하여, 이는 특정한 공간에 대한 지향과 그 지향이 실현되었을 때의 충족감을 통해 드러나고 있으므로, '공간 중심의 강호시조 이해 교육'의 구도에서 이는 창작 주체의 공간 지향에 대한 공감적 이해의 과정에서 수행될 수 있을 것이다.

그렇다면, 공간 지향에 관한 공감적 이해의 성격은 어떤 것일까? 학습자들이 공간과 관련하여 강호시조 작품을 감상한다고 할 때, 학습자들은 강호시조의 창작 주체들이 자신의 주거지와 그 주변의 자연을 시조 장르를 통해 미화하고자 한 까닭에 대해 이해할 필요가 있다. 이는 강호시조의 창작 주체들이 서울이 아닌 향촌(鄉村)을 지향하고 그곳에 거하게 되면서, 그 공간 속에서의 삶에 가치를 부여하였던 당대적인 맥락과 연관된 것이다.

현대의 문화 속에서 살아가는 학습자들에게 자연 속에 위치한 향촌은 도시를 벗어난 여행지로서의 의미를 지닌다. 그들에게 아름다운 자연은 복잡한 일상을 잊고 새로운 체험을 할 수 있는 여행지이다. 학습자들에게 자연은 문명과 구분되는 아름다움을 가진 공간이기에 이러한 체험이 가능한 것이다.212) 그러나 강호시조의 공간은 창작 주체들이 자아와 가족, 사회, 자연, 국가, 우주에 대해 성리학적으로 성찰하면서 선택한 일상적이면서도 특수한 공간이다. 강호시조의 공간에

212) 이 역시 모든 학습자들에게 동일하게 적용될 수 있는 기준은 아니지만, 한 대학의 '고전시가론' 수업을 통해 이를 확인한 바 있다. 학생들의 강호시조 감상문에서 학생들은 강호시조에 나타난 자연의 의미를 자신의 이러한 체험들과 연관지어 해석하는 것이 대부분이었다.

는 창작 주체들이 현실 정치의 변화 속에서 이에 대해 출(出)이나 처(處)에 대한 선택, 즉 공간에 대한 선택으로 대응한 삶의 문제들이 복합적으로 반영되어 있다.

이런 점을 고려한다면, 학습자들은 현대의 문화 속에서 자신이 체험하는 자연과 향촌의 의미가 중세의 강호시조 창작 주체들의 삶의 문제와 관련하여 강호시조 속에서는 다른 의미를 갖고 있음을 알고 그 차이를 인지하되, 그에 공감할 수 있어야 한다. 이는 중세의 강호시조 창작 주체들의 입장에서 그들이 서울에 있으면서도 지속적으로 귀거래를 지향했던 까닭과 실제로 귀거래했을 때 시조 속에 형상화된 공간이 그들에게 아름답고 가치로운 공간으로 형상화될 수 있었던 이유에 대해 공감하는 과정이라 할 수 있다.

(나) 삶의 양상에 대한 가치 판단 능력 향상

학습자들이 창작 주체의 공간 지향에 관해 공감적 태도를 갖게 되었다면, 다음으로는 강호시조의 공간에 형상화된 창작 주체들의 삶의 양상에 대한 이해에도 이를 수 있어야 한다. 이를 '공간에 반영된 삶의 양상에 대한 가치 판단'이라 볼 수 있으며 이를 공간 중심의 강호시조 이해 교육에서 감상 층위의 두 번째 목표로 설정할 수 있다.

강호시조의 공간은 창작 주체의 체험 공간이 시조 속에서 여러 가지 성격을 가진 공간으로 전환된 결과물이다. 강호시조 공간의 성격을 특징짓는 데 가장 큰 영향을 미친 것은, 강호시조의 창작 주체가 향촌의 주거지에 복거함을 통해 실현하고자 한 삶의 양상이다. Ⅲ장에서 살핀 바와 같이, 강호시조는 성리학적 이념의 자장 아래 탄생된 작품군이지만 강호시조에는 그 이념을 삶 속에서 실천하는 삶의 다양한 양상들이 공간을 중심으로 형상화되고 있다. 학습자들의 강호시조 공간 이해는, 특정한 공간에서 특정한 삶의 양상을 실천한 창작 주체에 대해 가치 판단을 수행하는 감상의 과정을 통해 심화될 수 있다.

그렇다면, 강호시조 속에는 창작 주체들의 삶의 양상이 어떻게 그려지고 있는가? 이는 강호시조 공간의 성격과 연관된 것이다. 먼저, 강호시조의 창작 주체들은 보편화된 은거 공간의 상징적 구성물들에 일치시키는 방식으로 자신들이 복거한 공간에 의미를 부여했던 점을 들 수 있다. 이는 스스로를 은거한 군자로 표명하는 주요한 방식 중의 하나라 할 수 있다. 향촌에서의 수기적 삶의 지향을 잃지 않는 태도를 유지하는 것이 그들의 삶에서 중요했기 때문이다. 이것은 그들이 향촌 사회에 거하는 삶의 양상 중의 하나이다. 강호시조의 창작 주체들은 자신들이 지향하던 은거한 군자로서의 삶이 실현되고 있는 충족감을 수기적 삶의 지향이 실현되는 상징적 삶으로 표현하고 있는 것이다.

한편, 향촌에서의 사대부의 삶에서 유자(儒者)적 삶의 지향은 여러 다른 삶의 양상으로도 표출되었다. 그들의 수기(修己)적 수양은 학문 활동과 교육에 몰두하는 삶의 실제적 양상으로 실현되기도 하였는데, 강호시조의 공간은 학문과 교육에 몰두하는 수기적 수양의 삶이 환기되는 이념적·실제적 공간으로 전환되기도 하였다. 또한, 향촌에서의 유자(儒者)적 삶은 그 안에서의 다양한 공적(公的)·사적(私的) 삶으로 실현되었으며, 강호시조의 공간에는 이러한 삶의 양상들이 담겨 있다.

학습자들의 강호시조 이해는 강호시조의 창작 주체들이 향촌(鄕村)이라는 특정한 공간에서 지향하고 실현했던 삶의 양상에 대한 이해의 과정에서 심화될 수 있다. 학습자들은 강호시조 감상의 과정에서 창작 주체들이 유자적 삶의 이념적 지향을 특정 공간에서 실제적으로 실현하기 위해 선택한 삶의 양상들에는 어떤 것들이 있으며, 그러한 삶의 양상들이 창작 주체의 삶에서 중요했던 이유에 관해 생각해 볼 수 있어야 한다. 학습자들이 강호시조 공간에 드러난 삶의 양상을 이해하는 이러한 과정은 강호시조 공간에 반영된 창작 주체의 삶의 양상을 추체험해 보고 이에 대해 가치 판단을 내리는 정서적 이해의 과정이다.

창작 주체의 삶의 양상에 대한 가치 판단이 중요한 것은, 이것이 고전시가교육과 관련해 학습자들이 가지기 쉬운 거부감이나 거리감을 완화시켜 줄 가능성이 있기 때문이다. 예를 들어, <도산십이곡>에 나타난 삶의 양상으로서 학(學)과 교(敎)에 매진하는 삶에 대해 추체험하고 가치 판단을 내리는 이해의 과정이 없다면, 학습자들은 이 작품을 자신의 학교 체험과 연관지어 학문하자는 교훈적 수사로서만 읽을 가능성이 있다.[213] 그러나 <도산십이곡>에는 삶의 한 양상으로서 학문과 교육에 관한 퇴계의 실제적 가치 체험이 담겨 있는 작품이다. 학습자들은 감상 수행의 과정에서 이에 대해 추체험하고 적절한 가치 판단을 내릴 수 있어야 한다.

학습자들은 강호시조에 나타난 다양한 삶의 양상들을 이해하는 가치 판단의 감상적 과정에서 학습자 스스로의 삶에 관해 점검하고 되돌아 볼 수 있다. 강호시조에 나타난 삶의 양상에 대한 가치 판단은, 과거를 살아간 타인들이 무엇을 고민하고 어떤 선택을 하였으며, 그것이 그들이 삶에서 매우 중요한 위치를 차지했던 이유가 무엇인가에 관해 고민하는 것이기 때문이다. 과거의 창작 주체들의 삶을 나와 무관한 것으로 보지 않고, 그들이 실현한 삶의 양상이 현재의 내가 지향하고 실천하는 삶의 양상과 같고 다른 점에 대해 생각해 보는 과정에서 이해의 주체인 학습자들은 넓게는 현대인의 삶, 좁게는 자신의 삶에 관한 성찰을 수행할 수 있다.

213) 실제로 대학 학생들의 감상문을 통해 이와 같은 점을 확인할 수 있었는데, 이는 시조에 나타난 삶의 양상에 대한 적절한 감상을 수행하지 못한 결과로 보인다. 학생들은 자신의 학교 체험과 연관지어, <도산십이곡>이 학교 선생님들의 훈화와 같다고 평가하기도 했다.

이런 점들로 볼 때, '삶의 양상에 대한 가치 판단 능력의 향상' 역시 공간을 중심으로 한 강호시조 이해의 과정에서 중요하게 다루어져야 하는 목표라 할 수 있다.

(3) 문화 분석 층위의 목표

작품 분석적 층위의 이해는 작품 내적 공간이 어떻게 구성되고, 어떤 상을 갖고 있는지를 학습자가 구체적으로 확인하는 활동이 중심이 되는 이해이다. 또한 감상 층위의 이해는 몇몇 작품을 중심으로 창작 주체들의 삶의 양상에 관해 공감적으로 이해하는 활동이 중심이 된다. 이에 비해 문화 분석적 층위의 이해는 강호시조 작품과 작품 간, 그림이나 다른 장르의 문학 작품 간, 강호시조 작품과 현대 문학 작품의 공간이나 현대의 체험 공간과의 대비 속에서 강호시조 공간의 문화적 의미를 이해하는 거시적 층위의 읽기라 할 수 있다.

'문화 분석 층위'의 이해는 '작품 분석' 층위나 '감상 층위'의 이해에 기반을 두되, 강호시조의 창작이 한 시대의 문화적 현상으로 존재할 수 있었던 이유와 그 의미에 관해 탐색하는 과정이다. 그렇기에 '문화 분석 층위'의 이해를 위해서는 작품과 작품 사이의 관계와 그것들 간의 소통과 향유에 대해 탐색하는 거시적인 시각의 확보가 필요하다. 이런 점들을 고려하면서 본고에서는 공간 중심의 강호시조 이해 교육에서 문화 분석 층위의 목표를 다음과 같은 두 가지로 설정하였다.

(가) 공간적 상징의 문화적 의미 이해 능력 향상

강호시조의 창작이 수세기에 걸쳐 여러 사람들에 의해 이루어질 수 있었던 것은 강호시조 작품과 작품 사이의 영향 관계 속에서 강호시조 공간의 의미가 수용되고 변형되는 문화적 현상이 존재하고 있었기 때문이다. 학습자들은 강호시조의 창작 주체들이 그림이나 시, 혹은 앞서 창작된 시조 작품을 통해 당대에 형상화되었던 여러 공간의 상징적 의미들을 수용하고 변형하였던 이유에 대해 이해할 수 있어야 한다. 이는 강호시조의 공간과 공간이 영향 관계 속에서 문화적 의미를 창출하였던 현상에 관한 이해라 할 수 있다.

이와 같이, 학습자가 작품과 작품, 창작 주체와 창작 주체, 창작 주체와 청자(聽者) 사이의 관련성이나 영향 관계에 주목하게 되면, 학습자들은 강호시조 창작 주체가 시조 창작에 기꺼이 참여하는 이유를 중세 사대부의 예술 문화적 현상에서 찾는 거시적인 시각을 확보하게 된다. 학습자들이 강호시조 공간의 영향 관계에 주목한다면, 이와 관련하여 가장 먼저 수행되어야 하는 분석적 접근은 강호시조 작품과 작품 사이에 존재하는 공간의 수용과 변형에 관한 분석이다.

작품 분석 층위의 이해에서 확인한 강호시조 공간의 보편적인 상이 어떤 작품에서는 보편성을 지향하면서 수용되고, 어떤 작품에서는 개성적으로 변형되고 있는지를 확인하는 과정 속에서 학습자들은 강호시조 공간의 상징적 의미를 이해하게 된다. 강호시조의 창작 주체들이 자신의 작품 속에서 공간을 수용하고 변형한 것은 강호시조 공간의 상징성이 창작 주체가 사대부로서의 정체성을 유지하기 위해 시조 창작에 참여하는 문화적 의미를 규정하는 중요한 요소 중의 하나이기 때문이다.

강호시조 공간이 수용되고 변형되는 과정 속에서 상징적 의미를 획득하는 문화적 현상에 대한 분석의 과정은 학습자의 체험 속에 존재하는 여러 공간들이 갖는 문화적 의미에 대한 탐구로도 이어질 수 있다. 근대적인 공간과 그 공간이 갖는 상징성, 그것이 현대인들의 공간 문화에서 갖는 의미는 중세의 강호시조 공간과 차이가 있다. 학습자들은 이 둘을 비교함으로써 각각 다른 시공간 속에 존재하는 공간적 상징이 갖는 의미에 대해 탐구할 수 있다.

(나) 소통 양상 분석을 통한 시조 향유 문화 이해 능력 향상

강호시조 공간이 갖는 문화적 의미는 작품 속에 존재하는 공간의 상징성을 통해 구현되기도 하지만, 시조가 우리말 노래로서 갖는 특징을 통해 구현되기도 한다. 우리말 노래인 시조의 향유에서는 경우에 따라 창자(唱者)와 창작 주체가 구분된다. 또한, 그 향유의 현장에는 그 노래를 감상하는 여러 명의 청자(聽者)들이 존재한다. 시조가 갖는 이러한 특징에서 강호시조 역시 예외가 아니다.

시조가 갖는 이러한 장르적 특수성을 고려한다면, 문화 분석적 층위에서의 강호시조 공간 이해는 강호시조의 향유 문화에 대한 이해로 확장될 수 있다. 학습자들은 공간을 중심으로 하여 강호시조의 소통적 의미를 탐색함으로써 이와 같은 문화 분석을 수행할 수 있다. 강호시조의 창작 주체들은 우리말 노래로서 시조가 소통되고 향유되는 실제를 고려하며 강호시조 공간을 형상화했다고 볼 수 있다. 시조의 장르적 질서 속에서 강호시조의 창작은 그 노래를 들을 법한 청자를 고려하여 이루어지기 때문에 청자를 어떻게 설정하고 향유의 상황을 어떻게 보느냐에 따라 창작 주체가 시조 속에 공간을 형상화한 의도와 목적이 달라질 수 있다.

강호시조의 창작 주체들은 당대에 보편화된 공간적 상징을 수용함으로써 시조 속에서 자신의 위치를 드러내기도 하고, 자신의 삶의 양상이 가치로운 것임을 설득하기도 하며, 시조 향유 현장에서 시조를 즐기는 문화의 즐거움을 고양하기 위해 공간 형상화를 시도하기도 하였다. 강호시조의 창작은 이렇듯 시조 속에 공간을 형상화함으로써 시조의 향유에 참여하는 사람들과의 문화적 교류가 여러 가지 목적에

의해 지속되는 것을 염두에 두고 이루어졌다고 볼 수 있다.

학습자들은 강호시조 공간을 중심으로 하여 그것의 소통적 의미를 탐색함으로써 스스로가 가진 이해의 시각을 시조 향유의 실제에 대한 이해로 확대할 수 있다. 문화적 층위에서 강호시조에 대한 이해를 확장한다면, 강호시조의 이해는 글로 적힌 과거의 문학에 대한 평면적 이해에 그치지 않게 된다. 학습자들은 문화 분석적 층위의 이해를 통해 강호시조가 향유되고 소통됨으로써 당대의 창작 주체들에게 의미를 가질 수 있었던 시조 문화의 실제에 대해 이해할 수 있는 능력을 획득하게 되리라 기대된다.

지금까지 공간 중심의 강호시조 이해교육의 목표를 분석 층위, 감상 층위, 문화 분석 층위에서 설정해 보았다. 이는 학습자들이 공간을 중심으로 강호시조를 이해하는 과정에 기반하여 그 과정을 통해 '학습자들이 획득할 수 있는 능력'을 중심으로 구현해 본 목표들이다. 학습자들이 공간 중심의 강호시조 이해 교육의 과정을 통해 위와 같은 능력을 획득할 수 있으리라고 가정한다면, 다음 단계로는 학습자들로 하여금 이러한 능력을 획득하도록 돕는 교육의 실제를 구안할 수 있어야 할 것이다.

2. 공간 중심의 강호시조 이해 활동

본고에서는 위에서 설정한 바와 같은 세 가지 층위의 목표에 도달할 수 있도록 돕는 학습자 활동을 중심으로 교육의 실제를 구안해 보고자 한다. 학습자 활동을 중심으로 교육을 구안하는 것은 특정 대상에 대한 학습자의 '이해'가 학습자의 체험 속에서 이루어지는 것이기 때문이다.

교육의 맥락에서는 공간을 중심으로 한 강호시조 이해에 관해 특정한 정답을 가정하고 이를 일방적으로 전달할 것이 아니라, 학습자가 스스로의 활동 속에서 이해의 답을 찾아 가고 그 이해의 수준을 높일 수 있도록 독려해야 한다.[214] 문학교육연구에서는 이러한 맥락에서 학습자 '활동' 중심의 교수・학습 모형을 제시한 바 있다.[215] 활동 중심의 교수・학습은 "학습자의 자발적이고 능동적인 문학 읽기"를 유도한다는 면에서 큰 장점을 지닌다.

활동을 중심으로 하여 공간 중심의 강호시조 이해 교육을 설계한다면, 교사는 학습자가 공간을 중심으로 강호시조를 이해하는 전체적인 과정을 고려하면서 학습자가 실제적으로 수행할 가치가 있는 몇 가지 활동들을 제안할 필요가 있다. 그러므로 여기에서는 학습자가 공간을 중심으로 강호시조를 이해하는 활동의 전체상을 설정한 뒤에, 이에 합당한 활동을 제안하는 방식으로 논의를 진행하고자 한다.

(1) 공간 중심의 강호시조 이해 활동의 구조

여기에서는 앞서 논한 세 층위의 목표의 성격에 따라 이것들이 각각 어떤 활동으로 구체화될 수 있는지에 관해 논함으로써, 공간 중심의 강호시조 이해 활동의 전체 상을 그려 보고자 한다. 먼저, 위에서 설정한 목표와 관련하여 학습자들이 수행할 수 있는 주요 활동을 다

214) 이에 관해서는 교육적 인식론의 논의를 참조할 수 있다. 지식은 그 지식이 옳다는 사실을 논리적으로 정당화하는 맥락도 중요하지만, 그에 못지 않게 그 지식을 발견하는 '발견의 맥락' 역시 중요하다. '논리적 정당화의 맥락'은 언어로 진술되기 쉽지만, 지식을 구성하는 주체의 "추측, 육감, 개인적 판단, 열정" 등과 관련된 '발견의 맥락'은 체험적 층위의 것으로 언어로 진술되거나 전달되기 어렵다. 교육은 학습자의 성장과 관련된 것이기에 이 '발견의 맥락'을 중시해야 한다. 이와 관련하여서는 다음 논의를 참조할 수 있다.
엄태동, 『교육적 인식론 탐구』, 교육과학사, 1998, 29-31면.

215) 김대행 외, 『문학교육원론』, 서울대출판부, 2000, 387-391면.

음 표와 같이 정리할 수 있다.

층위		목표		주요 활동 사례
A 작품 분석	1	구성소 분석을 통한 강호시조 공간 인식 능력 향상	a 분석	공간 구성소를 목록화하여 공간 특징 변별하기
	2	공간 배치 원리 추론을 통한 시적 의미 구성 능력 향상	b 추론	체험 공간과 작품 공간을 비교하여 작품 공간의 특징 찾기
	3	공간의 시적 질서화 방식 분석을 통한 시조 이해 능력 향상	c 분석	공간이 선택되고 결합된 방식을 시조의 형식과 관련 짓기
B 감상	1	창작 주체의 공간 지향에 대한 공감적 이해 능력 향상	a 공감	공간 선택의 준거를 찾고 그 의미에 대해 기술하기
	2	공간에 반영된 삶의 양상에 대한 가치 판단 능력 향상	b 가치 판단	행위를 기준으로 시적 주체의 삶을 재구하고 평가하기
C 문화 분석	1	공간 수용과 변형 분석을 통한 공간의 상징적 의미 이해 능력 향상	a 분석	공간 형상이 유사한 작품을 분류하고 작품군별 특징 구분하기
	2	공간의 소통 양상 분석을 통한 시조 향유 문화 이해 능력 향상	b 분석	청자 설정 방식을 기준으로 공간 형상화의 의도 찾기

[표 Ⅳ-1] 공간 중심의 강호시조 이해 교육의 목표와 활동

표에서 볼 수 있는 바와 같이, 목표의 성격과 연관 지어 볼 때 각 층위의 목표와 연관되는 주요 활동은 '분석', '추론', '공감', '가치 판단'의 네 가지이다.

먼저, 작품 분석 층위(A)에 관해 검토해 보자. 목표1(A-1)은 학습자들이 공간 구성소를 분석하여 강호시조 공간의 특징을 분별해 내는 능력을 획득하는 것인데, 이를 위해 가장 활성화되어야 하는 활동은 '분석'(A-1-a) 활동이다. 이때 분석 활동의 대상은 작품 속에 존재하는 공간 구성소들이기 때문에 이 대상에 적합한 분석을 활성화할 수 있는 활동의 사례[216]로는 '공간 구성소를 목록화하여 공간의 특징 변별

하기'를 들 수 있다. 학습자들은 작품 읽기 과정에서 공간 구성소에 한정하여 그것의 실체를 확인하고 이것이 강호시조 공간 전체를 어떻게 구성하고 있는지를 확인할 필요가 있다. 이를 일종의 활동 과제로 서술한다면, 학습자들은 학교 수업의 국면에서 스스로 대상을 목록화하고 변별하는 작품 읽기 활동을 수행할 수 있다.

목표2(A-2)는 공간 배치의 원리를 추론하여 시적 의미를 구성하는 능력을 기르는 목표이다. 이 목표에 도달하기 위한 주요 활동은 '추론'이다. 원리를 추론하는 과정은 추론의 자료가 되는 관련 '사실'을 확인하고 그 사실과 사실 사이의 관련성, 영향 관계 등을 검토해 이러한 사실들을 통합적으로 설명할 수 있는 체계를 구상하는 과정이다. 학교 수업에서 학습자들의 이러한 추론 활동을 활성화하기 위한 활동의 사례로 '체험 공간과 작품 공간을 비교하여 작품 공간의 특징 찾기'를 들 수 있다. 학습자들은 체험 공간과 작품 공간 사이의 공통점과 차이점을 확인하는 과정에서 관련성을 검토해 볼 '사실'들을 확인할 수 있다. 작품 공간이 갖는 특징이 무엇인지를 정리하는 이러한 과정은 교사가 제시하는 다른 읽기 자료나 배경 지식과의 관련 속에서 공간 배치 원리의 추론으로 심화될 수 있다.

목표3(A-3)은 공간의 시적 질서화 방식 분석을 통해 시조를 이해하는 능력을 향상하는 것인데, 이 목표에 도달하기 위한 주요 활동은 '분석'이다. 이때 분석 활동의 대상은 시조의 장르적 질서 아래 공간이 질서화되는 방식이다. 분석 대상의 성격을 고려하면, 분석 활동을 활성화할 수 있는 학습자 활동의 사례로는 '공간이 선택되고 결합된 방식을 시조의 형식과 관련짓기'를 들 수 있다. 학습자들은 시조 속에 존재하는 특정 장소들이 선택되고 결합되는 방식을 확인하되, 이를

216) [표 Ⅳ-1]에 정리한 활동은 하나의 '사례'이기 때문에 학습자의 관심사나 이해의 수준, 공간 체험 등에 따라 여러 가지 다른 활동이 구안될 수 있다.

시조의 형식인 행 단위와 연 단위 등의 시적 질서와 연관 지음으로써 시조의 장르적 특성 아래 강호시조 공간의 특징을 이해할 수 있다.

다음은 감상 층위(B)를 살펴 보자. 감상 층위에서 주로 활성화되어야 하는 주요 활동은 목표의 성격으로 볼 때, '공감'(B-1-a)과 '가치 판단'(B-1-b)이다.

학습자들이 강호시조 창작 주체들의 공간 지향에 관해 공감하는 감상 활동을 수행할 때, 그 활동의 사례로 들 수 있는 것은 '공간 선택의 준거를 찾고 그 의미를 기술하기'(B-1-a)이다. 학교 수업의 국면에서 정서적 이해인 '공감'을 활성화하려면 공감의 대상에 대해 학습자 스스로가 어떤 생각을 갖고 있는지를 점검할 필요가 있다. 학습자는 스스로의 생각을 '기술하기' 활동을 통해 점검할 수 있다. 이 목표와 관련한 이해 대상의 성격에 따라 학습자들은 창작 주체가 특정 공간을 선택할 때의 준거를 그들의 삶과 연관 지어 생각해 보고 그 의미를 기술할 수 있다.

감상 층위의 목표에서 '가치 판단' 활동은 '평가하기'(B-1-b) 활동을 사례로 들 수 있다. 학습자들은 수업의 국면에서 활성화된 '평가하기'를 수행함으로써 이해 대상이 가진 가치를 판단하는 내적 체험을 활성화할 수 있다. 감상 대상의 성격에 따라 이때의 평가 대상은 창작 주체들의 삶이다. 강호시조 작품 속에서 이는 주로 '행위' 요소로 드러나고 있다. 학습자들은 행위 요소를 살펴 시적 주체의 삶을 재구해 보고 이에 대한 평가 활동을 수행해 봄으로써 감상의 전반적인 과정을 활성화할 수 있다.

한편, '공감'과 '가치 판단'의 전반적인 과정은 창작 주체의 삶과 관련되는 것이면서, 학습자의 삶과도 연관된다는 점을 생각해 본다면 여러 가지 흥미로운 활동들이 구안될 수 있다. 타인의 삶에 대한 정서적 판단의 과정은 자신의 삶에 대한 가치 판단의 과정과 무관한 것이 아니기 때문이다. 학습자들은 자신의 공간 체험을 중심으로 자신의 삶을 되돌아보고 평가하며, 이를 중세인들의 삶과 견주어 보는 다양한 활동을 수행할 수 있다.

다음은 문화 분석 층위(C)의 목표를 살펴보자. 문화 분석 층위의 목표 역시 작품 분석 층위와 마찬가지로 '분석' 활동이 중심이 되는 목표이다. 강호시조 공간의 특징과 관련하여, 분석의 대상은 공간의 수용과 변형(C-1), 공간을 중심으로 한 소통(C-2)의 두 가지이다.

먼저, 공간의 수용과 변형에 대한 분석을 활성화하기 위해서 학습자들은 몇몇 강호시조 작품을 자료로 삼고 공간의 형상이 유사한 작품들끼리 작품을 분류하고 그 특징을 찾는 활동을 수행할 수 있다.(C-1-a) 미숙한 독자로서 학습자들은 작품들 사이의 영향 관계에 대한 배경 지식이 없을 것이므로, 교사는 공간과 공간 사이에 영향 관계가 분명하거나, 영향 관계가 있다고 판단되는 작품들을 선별해 학습자들에게 이를 제공해 줄 필요가 있다.

공간의 소통 양상을 분석하기 위한 활동 사례로, 학습자들은 강호시조의 청자 설정 방식을 따져 보고 그에 기반하여 공간 형상화의 의도를 찾는 활동을 수행할 수 있다.(C-1-b) 이러한 활동을 위해서 역시 교사는 강호시조 공간의 표현 의도가 다른 몇 가지 유형의 작품을 선별해 학습자들에게 제공해 주어야 한다.

이상에서는 공간 중심의 강호시조 이해 교육의 목표에 적합한 중심적 활동의 사례를 들어 보았다. 이를 학교 수업에서 구현할 수 있으려면, 이 활동들은 공간 중심의 강호시조 이해의 전체적 과정 속에서 배치될 수 있어야 할 것이다. [표 Ⅳ-1]에서 확인할 수 있는 바와 같이, 목표와 관련한 주요 활동을 분석, 추론, 공감, 가치 판단의 네 가지로 보고, 그 활동 사례들의 성격을 검토해 보면, 공간 중심의 강호시조 이해 활동의 전반적인 과정을 다음과 같이 구상할 수 있다.

활동	분석과 추론			가치 판단	공감
활동 과정	변별하기	유추와 문제 해결	의미 구성하기	평가하기	표현하기
활동 상세화 사례	목록화 비교・대조 분류	문제 설정 유추하기	관련짓기 의도 찾기	재구와 평가	의미 기술

[표 Ⅳ-2] 활동 중심의 이해 과정

[표 Ⅳ-2]에서 확인할 수 있는 바와 같이, 활동을 중심으로 한 공간 이해의 과정을 '변별하기→유추와 문제 해결→의미 구성하기→평가하기→표현하기'로 구안해 보았다.

앞에서 검토한 바와 같이, '공간 중심의 강호시조 이해 교육'의 목표와 관련하여 활성화될 수 있는 학습자 활동의 성격은 '분석', '추론', '가치 판단', '공감' 등의 4가지이다. '분석', '추론', '가치 판단', '공감' 등은 학습자의 인지적・정서적 사고 활동의 성격을 지닌다. 이러한 활동들은 일종의 지적 기능의 성격을 지닌 것으로서, 그 성격에 따라 다시 몇 가지 활동으로 세분화 가능하다.217)

먼저, '분석'과 '추론' 활동은 '변별하기→유추와 문제 해결→의미 구성하기'의 과정으로 상세화 할 수 있다. 자세한 내용은 다음과 같다.

먼저, 분석과 추론을 위해서는 '변별하기'의 기초적 활동을 수행할 필요가 있다. '변별하기'는 인지적 이해의 기본 과정으로, 같은 것과

217) 교수・학습의 상황에서 '인지적 사고'는 일종의 '지적 기능(技能)'이다. 학습의 상황에서 '지적 기능'은 "상징을 사용해 환경과 상호작용"하는 수행을 통해 "개인이 환경의 개념화에 반응할 수 있게 하는 정신 작용"이라고 개념화할 수 있다.[1)] 이러한 지적 기능은 다시 몇 가지 기능으로 세분화될 수 있는데, 그 사례로는 변별 학습, 개념 학습, 규칙 학습, 고차원적 규칙 학습 등을 들 수 있다. Margaret, E. G., *Learning and Instruction - Theory into Practice*, Prentice Hall(이경화 외 역, 교수-학습의 이론과 실제, 아카데미프레스), 2005/2006, 187-196면 참조.

다른 것을 구분하고 선택할 줄 알게 되는 것을 의미한다.218) '공간 중심의 강호시조 이해'의 맥락에서 학습자들은 작품을 중심으로 하여 작품 내적 사실이나 외적 사실을 확인하고 강호시조 공간의 특징을 변별해낼 수 있어야 한다. '변별하기'를 상세화한 학습자 활동으로는 목록화, 비교・대조, 분류 등을 들 수 있다. 변별을 위한 활동은 공통점과 차이점을 분별해 낼 수 있는 비교와 대조, 분류 등의 활동이 유용하며, 선택을 위한 목록화의 과정 역시 이와 관련하여 유의미하다고 볼 수 있다. 이때, 목록화와 비교・대조, 분류를 위한 기준의 선정이나 과정의 진행과 관련하여서는 Ⅱ장과 Ⅲ장에서 논한 바와 같은 공간 이해의 개념이나 방법이 활용될 수 있다.

학습자의 활동은 변별하기의 기초적 과정을 거쳐 획득한 자료들을 기반으로 하여 학습자 스스로 선정한 탐구 문제를 해결하는 과정으로 이어질 수 있다. 이를 '유추와 문제 해결', '의미 구성하기' 활동으로 구안해 볼 수 있다. 분석과 추론은 확인한 자료나 지식 등을 기반으로 그것들 사이의 관련성을 찾아 규칙을 발견하는 고차원적 이해의 과정이다. 학습자들은 작품의 내적 사실이나 외적 사실을 확인하고 그것들 사이의 관련성을 탐색하는 과정 속에서 그 이해를 심화할 수 있다. 상세한 활동으로는 '문제 설정', '유추하기', '관련짓기', '의도 찾기' 등을 그 예로 들 수 있다.

앞에서 살핀 바와 같이, 분석과 추론의 자료들을 토대로 학습자들은 작품을 거듭 읽는 과정에서 작품 감상을 수행할 수 있다. 작품 감상에서는 가치 판단과 공감 활동이 중심이 되며, 그 성격상 '분석과 추론'에 비해 정서적 사고가 활성화된다. 학교 수업의 국면에서 이를 활성화하기 위한 유의미한 활동으로는 '평가'와 '표현'을 꼽을 수 있

218) Margaret, E. G., 앞의 책, 201면.

다. '가치 판단'을 위해서는 '가치 평가' 활동이 필수적으로 이루어질 필요가 있고, '공감'은 '표현'을 통해 활성화될 수 있기 때문이다.

공간을 중심으로 강호시조를 이해하는 과정을 이와 같이 설정한다면, 교사는 상세화한 활동과 목표 사이의 관련성, Ⅱ장에서 논한 바와 같은 공간 이해의 방법, Ⅲ장에서 논한 바와 같은 공간 이해의 성격 등을 생각하면서 학습자들의 활동을 활성화할 수 있는 구체적인 자료와 활동 과제를 제시할 수 있어야 할 것이다.

다음에서는 이해의 과정을 이상과 같이 구안하였을 때의 활동의 구체적 사례를 들고자 한다.

(2) 변별하기

작품에 대한 분석 활동을 활성화하기 위해 학습자들은 작품을 거듭 읽는 과정에서 강호시조의 특징을 변별해 낼 수 있는 문학적 사실들을 발견할 수 있어야 한다. 학습자들은 이 자료들을 기반으로 하여 강호시조 공간과 다른 공간을 구분해 낼 수 있으며, 그 구분의 근거가 무엇인지에 관해 설명할 수 있게 된다. '변별하기'를 수행하기 위해 학습자들은 목록화, 비교나 대조, 분류 등의 활동을 수행할 수 있으며, 그 구체적인 사례를 다음과 같이 들 수 있다.

(가) 공간 구성 요소의 목록화

학습자들이 강호시조의 특징을 분석하기 위해서는 작품 속에서 구성 요소들의 실체를 확인하고 그것을 자신이 생각하는 기준, 혹은 교사가 제안한 기준에 따라 목록화해 볼 필요가 있다. 학습자들은 작품 속에서 주목할 만한 구성 요소들을 찾고 그것을 목록화하여 작품 공간의 전체적 특징을 구성해 보거나 그 의미를 해석하는 기초 자료로 삼을 수 있다. 여기에서는 <도산십이곡>을 예로 하여 이에 관해 설명해 보겠다.

이황, 〈도산십이곡〉 言志

其一
이런ᄃᆞᆯ 엇다ᄒᆞ며 뎌런ᄃᆞᆯ 엇다ᄒᆞ료
草野 愚生이 이러타 엇다ᄒᆞ료
ᄒᆞᄆᆞᆯ며 泉石膏肓을 고텨 므슴ᄒᆞ료

其二
煙霞로 지블 삼고 風月로 버들 사마
太平 聖代예 病오로 늘거 가뇌
이 듕에 ᄇᆞ라ᄂᆞᆫ 이른 허므리나 업고쟈

其三
淳風이 죽다 ᄒᆞ니 眞實노 거즈마리
人性이 어디다 ᄒᆞ니 眞實노 올ᄒᆞᆫ 마리
天下애 許多 英才를 소겨 말솜ᄒᆞᆫ가

其四
幽蘭이 在谷ᄒᆞ니 自然이 듣디 됴해
白雲이 在山ᄒᆞ니 自然이 보디 됴해
이 듕에 彼美一人를 더옥 닛디 못ᄒᆞ얘

其五
山前에 有臺ᄒᆞ고 臺下애 有水ㅣ로다
ᄠᅦ 만ᄒᆞᆫ ᄀᆞᆯ며기ᄂᆞᆫ 오명 가명 ᄒᆞ거든
엇다다 皎皎白駒ᄂᆞᆫ 머리 ᄆᆞᅀᆞᆷᄒᆞᄂᆞᆫ고

其六
春風에 花滿山ᄒᆞ고 秋夜애 月滿臺라
四時 佳興이 사ᄅᆞᆷ과 ᄒᆞᆫ 가지라
ᄒᆞᄆᆞᆯ며 魚躍鳶飛 雲影天光이아 어늬 그지 이슬고

도산육곡 판본

이황, 〈도산십이곡〉 言學

其一
天雲臺 도라드러 玩樂齋 蕭灑ᄒᆞᆫ듸
萬卷 生涯로 樂事ㅣ 無窮ᄒᆞ얘라
이 듕에 往來 風流를 닐어 므슴ᄒᆞᆯ고

其二
雷霆이 破山ᄒᆞ야도 聾者ᄂᆞᆫ 몯듣ᄂᆞ니
白日이 中天ᄒᆞ야도 瞽者ᄂᆞᆫ 몯보ᄂᆞ니
우리ᄂᆞᆫ 耳目 聰明 男子로 聾瞽 ᄀᆞᆮ디 마로리

其三
古人도 날 몯 보고 나도 古人 몯 뵈
古人를 몯 봐도 녀던 길 알ᄑᆡ 잇ᄂᆡ
녀던 길 알ᄑᆡ 잇거든 아니 녀고 엇뎔고

其四
當時에 녀던 길흘 몃 ᄒᆡ를 ᄇᆞ려 두고
어듸 가 ᄃᆞᆫ니다가 이제ᅀᅡ 도라온고
이제나 도라오나니 년듸 ᄆᆞᅀᆞᆷ 마로리

其五
靑山ᄂᆞᆫ 엇뎨ᄒᆞ야 萬古애 프르르며
流水ᄂᆞᆫ 엇뎨ᄒᆞ야 晝夜애 긋디 아니ᄂᆞᆫ고
우리도 그치디 마라 萬古常靑 호리라

其六
愚夫도 알며 ᄒᆞ거니 긔 아니 쉬운가
聖人도 몯 다 ᄒᆞ시니 긔 아니 어려운가
쉽거나 어렵거낫 듕에 늙ᄂᆞᆫ 주를 몰래라

도산육곡 판본

학습자들은 분석 활동을 수행하기 위해 여러 가지 기준에 따라 공간의 구성 요소들을 목록화할 수 있다. 구성 요소 목록화하기는 주로 하나의 작품을 집중적으로 읽는 과정에서 수행될 수 있는데, 목록화의 기준을 선정하는 방법은 다양하다. 예를 들자면 다음과 같다.

학습자들은 자신의 관심사에 따라 언어적 기준으로서 명사, 동사, 형용사와 같은 품사의 성질에 따라 공간의 구성요소들을 목록화할 수 있다. 또한, 학습자가 자신의 체험 공간을 구성하는 구성 요소들을 목록화하는 방법, 예를 들어 시적 주체의 소유물, 공간 속의 인간, 건물, 경물, 인공적 구성물 등을 기준으로 구성 요소를 목록화할 수 있다. 이렇게 목록화한 구성물들은 행이나 연의 구분과 전개에 따라 재목록화될 수 있다.

<도산십이곡>의 경우, 특히 언지(言志)에서는 창작 주체의 체험 공간이 성리학적 이념에 따라 질서화되고 있으며 공간의 구성물 역시 이념적 기준에 따라 명명되고 있다. 그러므로 이 작품의 공간 구성 요소들을 목록화할 때는 구성 요소들의 성격에 따른 목록화와 명명 방식을 기준으로 한 목록화를 동시에 수행할 필요가 있다. 또한, 언지와 언학을 구분의 기준으로 하여 구성 요소의 목록화를 시도함으로써 전육곡과 후육곡 사이의 의미 변화나 공간의 차이를 변별해 낼 수 있다.

학습자들이 공간 구성소를 목록화하는 것은 강호시조 공간의 보편적이고 개별적인 특징을 변별하기 위한 것이다. 그러므로 학습자는 목록화하기 활동의 진행 과정에서 한 작품의 특징을 가장 선명하게 드러내 줄 수 있으리라고 짐작되는 목록화하기 결과를 자료로 삼아 이후의 다른 활동들을 수행할 수 있어야 한다. 공간 구성소의 목록화는 분석 활동을 위한 가장 기본적인 활동의 성격을 가진 것으로, 이 활동의 결과는 다른 활동을 수행하기 위한 기초적 자료가 된다.

(나) 공간의 비교 · 대조

학습자들이 강호시조 공간의 특징을 변별하고자 할 때, 비교와 대조의 방법은 널리 활용될 수 있는 유용한 방법이다.[219] 학습자들은 분석하고자 하는 강호시조 작품과 다른 자료들을 대비함으로써 공간의 특징을 변별할 수 있다. 대비할 수 있는 자료의 성격에 따라 비교 · 대조 활동은 변별을 위한 활동으로만 그치지 않게 된다. 학습자들은 대비할 수 있는 여러 자료 속에서 자신의 공간 체험과 강호시조 창작 주체의 체험을 비교하거나, 현대의 문화와 중세의 문화를 비교할 수 있다.

그러므로 여기에서는 변별을 위한 비교 · 대조를 중심으로 논의를 진행하되, 이 활동을 통해 확장된 이해의 가능성을 보이는 활동 역시 그 사례를 들고자 한다.

① 체험 공간과 작품 공간의 대비

비교 · 대조를 통한 변별 활동의 사례로, '체험 공간과 작품 공간의 대비'를 들 수 있다. 강호시조의 공간은 창작 주체의 체험 공간을 배경으로 하여, 창작 주체가 그 공간에 의미를 부여하고 이를 시적 공간으로 전환한 결과물이기 때문에 체험 공간과 작품 공간 사이에는 유의미한 유사점과 차이점이 존재한다. 이를 인지하는 것은 작품 공간의 특징을 변별해 내는 것이면서, 다른 작품들과의 유사점과 차이점

219) 문학교육연구에서 '비교'의 방법은 대상의 특징을 인지하고 그와 관련된 상상력을 이해하는 문제해결적 사고로 발전할 수 있다는 점이 지적된 바 있다.(김대행 외, 『문학교육원론』, 서울대출판부, 2000, 435면.) 또한, 매체교육에서는 매체 분석을 위한 교수 · 학습 방법의 사례로 '비교 매체 수업'을 활성화하고 있어 이를 참조할 만하다.(최지현 외, 『국어과 교수 · 학습 방법』, 역락, 2007, 342-349면.) 한편, '이해'의 교육을 위해 '비교'의 방법을 활용할 수 있다는 점은 교육학 이론에서도 언급된 바 있다.(임철일, 앞의 책, 108-115면 참조.)

을 이해하는 데 중요한 참조 사항이 된다.

창작 주체의 체험 공간을 확인할 수 있는 방법은 여러 가지이다. 그 주변의 경관에 대한 지리적 정보나 사진, 그림 등이 있을 경우 이는 유용한 비교·대조의 자료가 된다. 또한, Ⅲ장에서 확인한 바와 같이, 동일한 공간을 배경으로 한 기문이나 서문, 가사 등에는 창작 주체의 체험 공간이 상세하게 묘사되어 있는 경우가 있어 이를 작품과의 비교 자료로 삼을 수 있다. 김득연의 <지수정가>와 <계우제회가>를 예로 들어 이에 관해 설명해 보겠다.

김득연, 〈지수정가〉
臥龍山이 臥龍形을 지에 ᄒᆞ고 남역크로 머리드러 구의구의 느릿혀 ᄃᆞᆺ다가 구ᄌᆞᆨ기 니러 안자 九萬里長空을 울워러 天柱峯이 되야 이셔 ᄒᆞᆫ 활기 버더 ᄂᆞ려 中央애 ᄆᆡᆺ쳐 거ᄂᆞᆯ 저 죠괴 黃鼠年에 先龍을 안장ᄒᆞ니 千峰은 競秀ᄒᆞ야 ᄂᆞᄂᆞᆫ 鶴이 ᄂᆞᆯ개 편 ᄃᆞᆺ 萬壑은 爭流ᄒᆞ여 怒ᄒᆞᆫ 龍이 ᄭᅩ리 치ᄃᆞᆺ 길고 깁픈 고ᄅᆡ 거후러 ᄂᆞ리거ᄂᆞᆯ 山家風水說에 洞口모시 죠타 ᄒᆞᆯ ᄉᆡ 十年을 經營ᄒᆞ여 ᄒᆞᆫ 짜ᄒᆞᆯ 어드니 形勢ᄂᆞᆫ 좁고 굴근 巖石은 하고 만타 녯 길ᄒᆞᆯ 새로 내고 半畝塘을 푸단 마리 活水을 혀드러 가ᄂᆞᆫ 거ᄉᆞᆯ 머모로니 明鏡이 ᄠᅴ 업서 山影만 ᄌᆞᆷ겨 잇다 千古애 荒廢地을 아모도 모ᄅᆞ더니 일조애 眞面目을 내 호온자 아란노라 (중략) 疊疊峰巒은 左右에 屛風이오 森森松檜은 前後에 울히로다 九曲上下臺은 層層이 두러젓고 三逕松菊竹은 주주리 버러 잇다 ᄒᆞ믈며 岩崖 노픈 우희 老松이 龍이 되어 구푸려 누엇거ᄂᆞᆯ 雲根을 베쳐내고 小亭을 브쳐 셰어 茅茨을 不剪ᄒᆞ니 이거시 엇던 집고 南陽애 諸葛廬인가 武夷예 臥龍庵인가 고쳐곰 살펴보니 畢宏韋偃이 그림엣 거시로다 武陵桃源을 예 듯고 못밧더니 이제야 아래와라 이 진짓 거긔로다
葛峯先生文集

김득연, 〈계우제회가〉
鶴髮 尊老님네 비 오ᄂᆞᆫ 날 ᄯᅩ 오시니 人間 勝事ᄂᆞᆫ 이 외예 ᄯᅩ 업ᄂᆞ다 이 압ᄒᆡ 百年을 그음 삼고 ᄆᆡ일 노사이다 滿山 烟雨中에 술을 실고 ᄯᅩ 오시니 小亭 風景이 오ᄂᆞᆯ날 더옥 죠타

모ᄃᆞ신 珍重ᄒᆞᆫ 뜻ᄃᆞ니ᄌᆞᆯ 줄 이스랴

草亭은 다믄 三間이오 池塘은 겨유 半畝로다
무서ᄉᆞᆯ 보려 ᄒᆞ야 비 오ᄂᆞᆫ ᄃᆡ ᄯᅩ 오신고
이 날을 ᄇᆞ리지 아니 ᄒᆞ시니 그ᄅᆞᆯ 감샤ᄒᆞ여라

葛峯先生文集

이 두 작품은 와룡산 기슭에 위치한 김득연의 산거지를 배경으로 한 작품이다. 김득연의 가사인 <지수정가>를 통해서는 김득연의 산거지 주변의 지형이 어떤지를 그려낼 수 있다. <지수정가>에서는 와룡산의 기세, 펼쳐진 산맥의 웅장함을 상상할 수 있다. 김득연은 그 아래 물이 흐르는 못 주변에 산거지를 일구었다. 주변에는 겹겹의 산이 병풍처럼 둘러쳐져 있고 아름다운 숲이 조성되어 있으며, 석벽과 그 위의 소나무 역시 산거지의 주변을 둘러싼 아름다운 풍경이다. 이를 통해 김득연의 산거지 주변의 풍경을 광범위하게 그려낼 수 있으며, 이것이 창작 주체의 체험 공간을 확인하는 유의미한 대비적 자료가 될 수 있다.

이에 비해서 시조의 공간으로 포섭된 공간은 '세 칸 짜리 초정(草亭)과 반묘의 못' 뿐이다. 그 주변을 둘러싼 풍경 역시 '萬山 烟雨'로 깊은 산에 안개비가 내리고 있음을 짐작할 수 있을 뿐이다. 학습자들은 가사의 공간을 통해 창작 주체의 체험 공간의 지형은 광대하고 아름다웠을 것임을 짐작할 수 있는데, 이에 반해 시조의 공간으로 포섭된 주된 공간은 시적 주체의 주거지로 소박한 '세 칸 짜리 초정과 연못'임을 확인할 수 있다.

두 공간을 대비함으로써 얻어지는 시조 공간의 특징에 관한 이해는 여러 가지 활동으로 활성화될 수 있다. 예를 들어, 학습자들은 위의 두 자료를 읽고 가사의 공간과 시조의 공간을 그림으로 그리거나 글로 표현해 보는 활동을 통해 두 공간 사이의 차이점을 분별해 내고 그 중 시조의 공간이 가지는 유의미한 특징을 분별해 낼 수 있다. 두 자료의 대비를 통해 얻은 시조 공간의 특징에 대한 이해는 시조 공간의 상징적 의미나 문화적 의미에 대한 이해 활동으로 확장될 수 있는 기본 자료가 된다.

체험 공간과 작품 공간을 대비함에 있어서는, Ⅱ장과 Ⅲ장에서 언급한 바 있는 여러 가지 공간 분석 기준들이 활용될 수 있다. 체험 공간과 작품 공간의 대비는 강호시조의 공간이 시적 주체를 중심으로 하여 어떻게 구성되고 있으며, 그 특징이 무엇인지에 관한 변별을 목적으로 한 것이기 때문이다. 시적 주체를 중심으로 한 위치, 거리, 공간적 방역, 공간의 배치, 공간에 대한 명명, 공간의 이동 등, 현상학이나 사회학에서 활용한 기준들이 이를 위해 선택될 수 있다.

한편, 사례로 든 활동에서 가사와 시조를 비교·대조하는 활동 역시 구성 요소의 목록화와 마찬가지로 강호시조 공간의 특징을 이해하고 변별하기 위한 것이라는 점을 생각할 필요가 있다. 그렇기 때문에 학습자는 비교·대조의 과정에서 가사의 공간에는 드러나 있는 것들이 시조의 공간에 표현되지 않은 이유에 대해 생각해 보아야 한다. 또한, 가사에 나타난 공간 형상화의 방식이 시조에 나타난 공간 형상화의 방식과 다른 점은 무엇이며, 그것이 시조의 장르적 특수성에 기인한 것인지, 창작 주체가 표현하고자 했던 체험의 차이에서 기인한 것인지 등에 관해 생각해 볼 수 있어야 한다. 학습자들은 이를 토대로 강호시조 공간의 특징을 변별하고 그에 관해 설명할 수 있는 능력을 획득하게 된다.

② 유사 작품 공간 간의 대비

다음으로는 유사한 특징을 지닌 작품 공간과 작품 공간을 대비함으로써 강호시조 공간의 특징을 변별해 내는 활동을 구안할 수 있다. 본고에서는 수세기에 걸쳐 창작된 강호시조를 공통적 특징을 가진 작품군으로 보는 관점을 취했다. 학습자들이 강호시조를 이와 같이 이해할 수 있으려면 여러 작품을 읽고, 공간 구성 상의 공통적인 특징이 무엇인가를 변별할 수 있어야 한다. 이를 위해 유용한 것이 강호시조 작품과 강호시조 작품을 비교・대조하는 활동이다. 학습자들은 여러 편의 강호시조가 유사한 작품군으로서 가지는 공통적 특징과 그 자장 안의 개별적 특징을 변별해 낼 수 있어야 할 것이며 이를 위해서는 작품 공간과 작품 공간의 대비적 활동이 필수적이라 하겠다.

강익, 〈단가삼결〉	이정, 〈풍계육가〉[220]
물아 어ᄃᆡ 가ᄂᆞᆫ 나 갈 ᄭᅵᆯ 미러셔라 뉘 누리 다 ᄎᆡ와 지내노라 여흘여흘 滄海예 몯 밋츤 젼의야 근칠 ᄯᅮᆯ이 이시랴 芝蘭을 갓고랴 ᄒᆞ야 호ᄆᆡ를 두러메고 전원을 도라보니 반이 나마 荊棘이다 아희야 이 기음 몯 다 ᄆᆡ여 ᄒᆡ 져믈까 ᄒᆞ노라 柴扉예 개 즛ᄂᆞᆫ다 이 山村의 긔 뉘 오리 댓닙 푸른 ᄃᆡ 봄ㅅ 새 울 소ᄅᆡ로다 아희야 날 推尋 오나든 採薇 가다 ᄒᆞ여라	淸風을 죠히 역여 창을 ᄋᆞ니 ᄃᆞ닷노ᄅᆞ. 明月을 죠히 역여 즘을 ᄋᆞ니 드런노ᄅᆞ 옛ᄉᆞ름 이 두ᄀᆞ지 두고 어ᄃᆡ 혼ᄌᆞ 갓노? ᄂᆡ라셔 뉘로ᄅᆞ ᄒᆞ여 爵祿을 ᄆᆞ암에 둘고? 죠고만 씌집을 시ᄂᆡ 우예 이룬바 어졔밤 숀쇼 다든 문을 늣도록 닷치엿소. 床 우희 冊 을 노코 床 아ᄅᆡ 신을 ᄂᆡ여라. 이바 ᄋᆞ희야, 날 보리 그 뉘고? 알과ᄅᆞ, 어제 맛춘 ᄆᆞ지술 맛보러 왓ᄂᆞ부ᄃᆞ 두고 ᄯᅩ 두고 져 慾心 ᄀᆡ지 읍다. ᄂᆞᆫ ᄂᆡ 집에 ᄂᆡ 셰ᄀᆞᆫ을 ᄉᆞᆯ펴보니 우섭다 낙씨되 ᄒᆞᆫᄂᆞ 외예 것칠 거시 전혀 읍세ᄅᆞ 山ᄋᆞᆫ 너ᄂᆞᆫ 어이 한갈갓치 노ᄑᆞ시며 물ᄋᆞᆫ 너ᄂᆞᆫ 웃지 날날리 흐르ᄂᆞ냐? 此間에 仁智ᄒᆞᆫ 君子ᄂᆞᆫ 못ᄂᆡ 즐겨 ᄒᆞ노니ᄅᆞ 五斗米 위ᄒᆞ여 紅塵의 ᄂᆞ지 ᄆᆞᄅᆞ ᄇᆞᄅᆞᆷ 비 어쥬러워 칼 토비 ᄆᆞ셔워ᄅᆞ ᄂᆞ중에 슬코 뉘웃친ᄂᆞ 崎嶇ᄒᆞᄃᆞ 岐路多端ᄒᆞ여ᄅᆞ
介庵先生文集	

220) 임형택, 앞의 책에서 인용.

강익의 <단가삼결>과 이정의 <풍계육가>는 두 작품 모두 창작 주체가 작품 공간을 상징적 은거 공간으로 전환한 공통점이 있다. 그렇기 때문에 이 두 작품 공간은 유사한 공간 구성물들로 채워져 있다. 학습자들은 이 두 작품 공간 사이에서 유사한 점은 강호시조 공간의 보편적 특징과 관련짓고, 상이한 점은 작품의 개별적 특징으로 이해하는 활동을 수행할 수 있다.

이 두 작품의 공통점으로는 다음과 같은 것들이 있다. 먼저, 이 두 작품에서 창작 주체는 주거지 주변 자연을 고유 명사로 명명하지 않고 '산'과 '물'이라는 일반 명사를 활용하고 있다. 이는 주거지 주변 자연의 범위를 구체적으로 한정짓지 않는 방법으로 공간을 포괄적으로 명명하는 은거 공간의 전형적인 구성 방식이다. 또한, 이 두 작품에서 모두 시적 주체는 산과 물 사이에 위치한 소박한 주거지의 문을 닫아 놓고 있다. 이 역시 오가는 사람이 많지 않은 은거 공간의 특징을 보여준다.

한편, 이 두 작품 사이의 차이점은 다음과 같다. <단가삼결>의 1장에서 시적 주체는 부단히 흐르는 '물'의 속성으로부터 은거한 시적 주체가 은거한 군자의 지향을 잊지 않겠다는 의지를 표명하고 있다. 2장에서 전원의 김을 매는 '궁경'의 행위는 세속적인 가치를 수용하지 않는 은거 공간의 특징을 드러내 준다. 이와 같이, <단가삼결>은 보편적인 은거 공간의 이미지를 수용하되, 그 공간에 거하는 시적 주체의 의지를 표명하고 있는 작품이다.

그러나 <풍계육가>에서 시적 주체는 산중에 은거한 군자가 자신의 주거지와 그 주변에서 누리는 흥취가 <단가삼결>에 비해 구체적으로 드러나고 있다.(1장~3장) 즉, <풍계육가>는 은거 공간 속에서 시적 주체가 공간의 가치를 누리고 있음을 구체적으로 제시하고 더 폭넓게는 작품 속에 설정한 청자에게 이를 설득적으로 제시하고자 하는 점에 그 차이가 있다.

학습자들은 작품 공간과 작품 공간을 대비하는 과정에서 작품 사이의 공통점을 변별해 내고, 차이점을 드러내는 작품 속의 특징을 찾는 과정에서 개별 작품의 특수성을 함께 이해할 수 있다.

작품 공간과 작품 공간의 대비 역시 변별을 위한 활동이므로 이와 같은 구도에서 강호시조 공간에 대한 변별과 이해 활동을 활성화하기 위해 교사는 몇 가지 질문을 학습자들에게 제시할 수 있다. 그 예로는 다음과 같은 것들을 들 수 있다.

- ·작품 공간의 범위는 어디까지인가?
- ·작품 공간 속에 형상화된 자연과 인공물에는 어떤 것들이 있는가?
- ·작품 공간의 구성물들은 어떤 특징을 가지는가?
- ·작품 속의 시적 주체는 어디에 있는가?
- ·작품 속의 시적 주체는 무엇을 하고 있는가?
- ·작품에서 드러나는 시적 주체의 정서는 어떠한가?
- ·작품 공간 속의 구성물들을 시적 주체는 어떤 언어로 명명하고 있는가? 그 명명의 방식은 구체적인가, 추상적인가?

이와 같은 질문에 대해 답을 마련하는 과정에서, 학습자들은 강호시조 공간의 특징이 한 편의 작품에서 발견되는 것이 아니라 다수의 작품에서 발견된다는 점을 이해할 수 있게 된다. 작품과 작품과의 대비 속에서 학습자들이 강호시조 공간의 특징을 변별하게 되면, 이는 강호시조 공간이 이러한 특징을 가지는 이유에 대한 탐색으로도 확장될 수 있다. 교사는 이와 같은 질문을 통해 학습자들이 비교·대조 활동을 충실히 수행할 수 있도록 독려해야 한다. 또한, 비교하는 작품의 특징에 따라 그 이해를 확장할 수 있는 가능성이 있음을 생각하여 비교의 자료를 기반으로 이해의 심화를 꾀할 수 있는 다른 활동들을 제안할 수 있다.

③ 작품 공간과 학습자 공간의 대비

비교·대조의 활동은 작품 공간과 대비되는 자료의 성격에 따라 변별적 이해를 위한 활동의 성격만을 가지지 않는다. 비교·대조의 활동은 감상이나 문화 분석을 위한 활동으로도 확장될 수 있으므로 이에 대해서 역시 생각해 볼 수 있을 것이다. 작품 공간과 학습자 공간의 대비가 그 사례가 될 수 있다.

학습자들 역시 자신들이 누리는 문화, 가치 지향, 일상 생활을 통해 여러 가지 성격을 가진 공간을 체험하며 생활한다. 자신의 공간과 작품의 공간을 비교·대조하는 활동을 통해서 학습자들은 강호시조 공간의 구성소들을 변별하는 데 그치지 않고 그 구성소들로 만들어진 공간의 성격이나 공간을 구성하는 원리에 대한 이해로 자신들의 탐구 문제를 확장할 수 있다.

비교·대조의 자료로서 학습자의 공간을 설명할 수 있는 자료는 여러 가지이다. 학습자들은 하루의 일과를 되돌아보며 자신이 체험한 공간 중에 특정 공간을 선택해 공간의 구성물과 공간의 성격을 스스로 검토해 보고 그것을 자료로 삼아 강호시조와 비교·대조하는 활동을 수행할 수 있다. 또한, 학습자들은 현대 문화를 수용하고 그 안에서 살아가는 주체들이므로, 이를 대표할 수 있는 자료로 광고, 신문 기사, 수필, 소설 등을 선택해 이를 비교·대조의 자료로 삼을 수 있다.

다음은 한 대학생의 <어부사시사> 감상문으로, 자신의 체험 공간과 <어부사시사>의 공간을 비교하여 그에 관한 자신의 생각을 기술하고 있으므로 이를 참조해 보자.

> (전략) 힘든 상황이지만 이겨내기 위해 반어적인 표현을 사용했고 그것은 마치 나 스스로를 최면에 걸어 의지를 더욱 확고하게 만드는 것과 같은 역할을 했다. 또한 나는 이따금씩 집 앞 공원에 들러 경치를 감탄하기도 하고, 힘들 때 마음을 다스리기도 했다. 모든 시험의 결과가 좋았을 때는 주위의 경치를 보며 여유를 부리기도 했고, 가끔씩 정말로 힘들어 마음이 답답할 때에는 바람을 쐬면서 나무와 하늘을 멍하니 바라보곤 했다. 어부사시사에 나온 경치에 대한 감탄은 나의 이 마음과 비슷한 것 같다. 어부사시사가 어부로서 낚시하는 상황에 대해 노래했다면, 나는 학생으로서 공부에 대해 그와 비슷한 마음을 가졌었다.
>
> <대학생의 '어부사시사' 감상문>221)

이 학습자는 자신이 일상적으로 체험하는 공간인 집 앞의 공원과 <어부사시사>의 시적 주체가 낚시질 하러 출항한 바다를 비교하고 있다. 학습자가 비교의 대상으로 삼고 있는 집 앞의 공원은 현대 문화의 산물로 인공적인 경관을 감상하며 여가를 즐길 수 있도록 하는 공간이다. <어부사시사>의 공간이 천연의 자연임을 생각한다면 이 사이에 차이는 유의미하다.

그런데, 이 학습자가 두 공간 사이에서 공통점을 찾고 있음에 주목할 필요가 있다. 그 공통점은 주체가 주변의 자연을 대하는 태도에 있

221) 이 감상문은 다음 논의에서 인용한 바 있다.
졸고, 「<어부사시사>의 해석에 대한 교육적 접근」, 『고전문학과 교육』 20, 한국고전문학교육학회, 2010, 208면.

다. 학습자는 자신의 주거지 주변의 공원에서 자기 앞에 놓인 삶의 문제에 대해 생각하고 자신의 마음을 다스린다고 하였는데, <어부사시사>의 시적 주체 역시 자연에 대해 그러한 태도를 갖고 있다는 것이다. 학습자가 자신의 공간과 작품의 공간을 대비적인 구도로 비교하여 변별할 때는 자신의 공간을 체험할 때의 정서, 태도, 가치관 등에 관한 종합적인 고려를 하게 된다. 이런 점에서 작품 공간과 학습자 공간의 대비는 강호시조 공간의 성격과 의미에 대한 탐구로 확장될 가능성이 있다.

특히 다수의 학습자들은 고전시가를 감상할 때도 자신의 체험에서 연상하여 작품 공간의 특성을 기술하는 성향이 있다는 점에 주목할 필요가 있다.[222] 이는 학습자의 문학 읽기에서 스스로의 체험과 관련 짓는 읽기의 방식이 활성화되고 있음을 말해준다. 학습자의 읽기 방법과 수준을 고려하여, 공간을 중심으로 강호시조를 이해할 때 역시 이러한 활동을 활성화할 수 있다. 학습자가 자신의 체험에 주목한다는 것은 강호시조를 읽을 때도 그 안에 형상화된 창작 주체의 체험에 주목하고 있음을 말해 준다. 그렇기 때문에 작품 공간과 학습자 공간을 대비하는 활동은 강호시조의 창작을 둘러싼 삶의 문제에 대한 이해로 확장될 가능성이 있다.

교사는 이러한 읽기 활동을 활성화하도록 독려하되, 심화된 읽기를 위해 학습자의 읽기 활동이 '연상'에만 머무르지 않도록 더 다양한 활동을 제시할 필요가 있다. 학습자는 강호시조 작품을 객관적으로 '분석'하고 비교하거나 대비할 자신의 체험을 개인적 체험에만 한정하지 않아야 한다. 이런 과정에서, 학습자의 공간 읽기는 현대 문화의 공간과 중세 문화의 공간에 대한 대비적 읽기로 확장될 수 있다.

---

222) 이에 관해서는 다음에서 논의한 바 있다.
졸고, 앞의 논문, 206-209면.

④ 작품 공간과 현대시 공간의 대비

학습자들이 비교·대조의 활동을 수행할 때, 대비되는 자료를 현대시 작품 역시 유의미한 자료가 된다. 현대시 작품은 작품에 따라 학습자 공간을 대변해 주는 자료로 선택될 수도 있는데, 여기에서는 근대적 공간과 중세적 공간을 대비적으로 변별하는 활동을 제안하고자 한다. 박목월의 <청노루>와 이현보의 <어부단가>를 예로 하여 이에 관해 설명해 보겠다.

박목월, 〈靑노루〉	이현보, 〈어부단가〉
머언 산 靑雲寺 낡은 기와집 山은 紫霞山 봄눈 녹으면 느릅나무 속ㅅ잎 피어가는 열두구비를 靑노루 맑은 눈에 도는 구름	이 듕에 시름 업스니 漁父의 生涯이로다 一葉 扁舟를 萬頃波에 ᄣᅴ워 두고 人世를 다 니젯거니 날 가ᄂᆞᆫ 줄ᄅᆞᆯ 안가 구버ᄂᆞᆫ 千尋 綠水 도라보니 萬疊 靑山 十丈 紅塵이 언매나 ᄀᆞ렛ᄂᆞᆫ고 江湖애 月白ᄒᆞ거든 더옥 無心 하얘라 靑荷애 바ᄇᆞᆯ ᄡᆞ고 綠柳에 고기 ᄢᅦ여 蘆荻 花叢애 ᄇᆡ ᄆᆡ야 두고 一般 淸意味를 어늬 부니 아ᄅᆞ실고 山頭에 閒雲이 起ᄒᆞ고 水中에 白鷗이 飛이라 無心코 多情ᄒᆞ 니 이 두 거시로다 一生에 시르믈 닛고 너를 조차 노로리라 長安을 도라 보니 北闕이 千里로다 漁舟에 누워신ᄃᆞᆯ 니즌 스치 이시랴 두어라 내 시름 안니라 濟世賢이 업스랴
靑鹿集	漁父歌 板本

현대시 공간과 강호시조 공간 사이의 대비는 자연을 소재로 하여 작품 공간을 형상화하고 있다는 공통점을 축으로 하여 이 둘 사이의 차이가 어디에서 발생하는가를 탐색하는 활동을 중심으로 이루어질 수 있다. 위에 예로 든 박목월의 <청노루>와 이현보의 <어부단가> 사이에 공통점은 그리 많지 않다. 두 작품이 모두 시적 공간으로 자연을 주되게 형상화하고 있으며, 자연 속에 인공적인 구성물들이 거의 없고, 사람이 거의 없다는 점을 공통점 이외에는 차이점이 더 두드러지고 있다.

박목월의 <청노루>의 경우 창작 주체는 현실 공간과 밀착되지 않은 공간을 형상화하고 있다. 그러나 이현보의 <어부단가>는 작품 향유의 현장인 분천(汾川)이라는 실제 배경을 형상화하고 있다는 차이점이 있다. 또한, <청노루>의 자연은 시각적 이미지를 중심으로 하여 자연 공간을 가상의 공간으로 전환하고 있음에 반해, <어부단가>는 임금이 살고 있는 서울, 현실 정치의 세속적 가치들이 충돌하는 서울이라는 공간이 시적 주체가 위치한 공간의 바깥 공간으로 언급되고 있음에 주목할 필요가 있다.

두 작품 사이의 이러한 차이는 일제 치하에 현대시를 창작한 주체들이 처한 삶의 문제와 중세에 치인(治人)의 소임을 다하고 향촌으로 내려와 수기(修己)의 삶을 지속하며 주변의 벗들과의 생활을 지속하는 창작 주체의 체험의 차이에서 비롯된 것이다. 또한, 현대시의 창작 상황에서 그들에게 자연이 주는 의미와, 중세 사대부의 유가적 삶의 지향 속에서 자연이 그들에게 주는 의미 사이의 확연한 차이 역시 두 작품 공간 사이의 차이를 빚어 내고 있는 유의미한 요인이다.

두 작품의 비교・대조 과정에서 학습자들은 현대시의 공간이 현실 공간과 관련성을 찾기 어려운 가상 공간으로 그려진 이유를 현대 문화와의 연관성 속에서 찾을 수 있어야 한다. 강호시조 작품 중에 가상 공간이 형상화된 사례로는 윤선도의 <몽천요>를 들 수 있다. 그러나 이때의 가상 공간은 정치 권력의 중심지가 꿈속 백옥경(白玉京)의 형상을 입고 있는 것으로서, 이는 이념 공간을 가상 공간화한 것이다. 그렇기 때문에 이때의 가상 공간은 <청노루>의 공간과 달리 현실과 밀착되어 있는 공간이라 할 수 있다.

Ⅲ장에서 살핀 바와 같이, 강호시조의 공간은 중세 사대부의 유자적 지향이 작품 공간화한 것이다. 중세의 창작 주체들에게 유자적 지향은 현실의 다양한 문제에 대한 성리학적 대응이다. 그러므로 강호시조의 공간은 중세 사대부들의 삶의 현실적인 문제들과 밀접한 관련을 가진다. <어부가>의 공간 역시 그러한 지향을 보여주는 대표적인 작품이다. 그러나 <청노루>의 공간은 식민지적 현실과 해방 공간의 이념적 혼란으로부터 벗어나고자 한 시인의 고민이 담겨 있다. 작품 속에 형상화된 공간은 시인 개인의 상상 속에서 탄생한 가상 공간으로서 현실의 문제와 철저히 단절되어 있는 것이 특징이다.

학습자들은 이 두 공간 사이의 차이점을 변별해 내고, 그 차이가 발생한 이유가 무엇인가에 대한 탐구로 이해의 문제를 확장할 수 있어야 할 것이다. 교사는 학습자들의 작품 비교 활동을 독려하기 위해 몇 가지 질문을 제기할 수 있는데, 그 사례로는 다음과 같은 것들이 있다.

- 작품 공간으로서의 자연은 우리가 주변에서 볼 수 있는 자연인가?
- 창작 주체의 창작 공간과 작품 공간은 어느 정도 일치하는가?
- 시적 주체가 위치한 공간 이외의 공간이 작품 속에 언급되고 있는가?
- 작품 속에 형상화된 공간은 비슷한 시대의 다른 작품 공간과 유사한가?
- 창작 주체가 자연을 형상화하고 자연을 대하는 태도는 유사한가?
- 창작 주체가 작품 속에 자연을 그려내고 있다고 할 때, 그 표현 방식은 어떻게 다른가?

(다) 공간의 분류

공간의 특징을 이해하고 변별하는 활동으로 공간과 공간 사이의 수용과 변형을 이해하기 위한 '공간의 분류'를 하나의 사례로 들 수 있다. 이해의 목표와 관련하여 볼 때, 이는 문화 분석적 층위의 목표와 관련된다. 그렇기 때문에 이때의 공간 분류 활동은 문화적 수용과 변형의 문제에 대한 이해로 확장될 수 있어야 한다. 학습자들의 '공간 분류' 활동을 위해서 교사는 학습자들이 자료로 삼을 수 있는 유사한 작품들을 선별해 제공해 줄 수 있어야 한다. 그 사례로는 이이의 <고산구곡가>와 권섭의 <황강구곡가>를 들 수 있다.

이 두 작품은 창작 주체의 체험 공간이 시조의 장르적 특수성 속에서 '수기적 수양 공간화'한 특징을 지니는 작품이다. 이 두 작품은 모두 '구곡가'의 장르적 질서를 수용하고 있기 때문에 공간의 질서화 방식에 있어 공통점이 많다. 이 두 작품은 공간의 범위를 정사(精舍)가 있는 '구곡'으로 한정해 놓고 각 연 단위에서 구곡의 승경을 자신의 관점에 따라 형상화하고 있다. 또한, 시적 주체가 지향하는 수기적 수양의 삶이 실현되는 거점 공간인 정사가 중요한 공간으로 형상화되고 있다. 연 단위에서 시적 주체의 체험적 질서 속에서 공간의 아름다움을 형상화하고 있는 점 역시 중요한 공통점이라 하겠다.

공간의 이러한 구성 방식은 권섭의 <황강구곡가>가 그보다 앞선 작품인 <고산구곡가>의 정신을 계승하고 있음을 드러내는 것인데, Ⅲ장에서 논한 바와 같이, 이러한 점은 <황강구곡가>의 1장에서 고산구곡을 언급하고 있는 점을 통해 짐작할 수 있다. 이어지는 작품의 다른 장들에서도 이와 같은 점을 확인할 수 있다. 공간적 배경에 있어 <황강구곡가>는 <고산구곡가>와 다른 곳을 배경으로 하고 있지만, 공간의 지향이나 상징적 의미, 공간과 결합된 시적 주체의 행위 등의 면에서 상당 부분 <고산구곡가>의 공간을 수용하고 있다.

학습자들이 공간의 특징을 변별하기 위해 이 두 작품을 유사한 작품으로 분류할 때는, 이와 같이 한 작품이 다른 작품을 수용한 부분을 공간과 관련지어 이해할 필요가 있다.

공간 사이에 유사성이 있는 두 작품은 공통점만을 갖고 있는 것은 아니다. <황강구곡가>의 경우, <고산구곡가>에 나타난 율곡의 도학자적 정신을 수용하고 공간의 질서화 방식을 수용하면서도 이와는 다른 미학을 구축하고 있다. 권섭은 <황강구곡가>에서 권섭의 백부인 권상하의 정신을 기리되, 구곡에서의 체험을 <고산구곡가>에 비해 환상적으로 그리고 있다. 이는 율곡이 <고산구곡가>에서 자신의 공간 체험을 표현할 때와는 차이가 있는 부분이다. <고산구곡가>에서는 시적 주체의 입장에서 가장 아름다운 순간의 가장 아름다운 경관을 있는 그대로 표현하고 있기 때문이다.

학습자들은 이 두 작품을 비슷한 유형의 작품으로 분류하되, 두 작품 사이에 존재하는 공통점을 중심적인 특징으로 보고, 그 차이점을 개별적 특징으로 변별할 수 있어야 한다. 또한, 공간을 분류하여 강호시조 공간의 특징을 변별하는 이러한 활동은 문화 분석적 층위의 심화된 이해로 나아갈 수 있어야 한다. 이를 위해서는 유사한 유형으로 분류할 수 있는 다른 작품들과의 관련성 속에서 이와 같은 공간이 반복적으로 형상화되는 이유에 대해 탐색하는 활동이 이어져야 한다.

(3) 유추를 통한 문제 해결 활동

위에서 살핀 바와 같이, 목록화, 공간의 비교·대조, 공간 분류 등을 통한 변별 활동은 주로 공간 구성소를 확인하고 그 특징을 변별하는 1차적인 이해의 과정과 관련된다. 이와 같은 변별적 이해는 강호시조 공간을 이해하기 위한 1차적 과정으로 필수적이지만, 강호시조 공간을 변별할 수 있는 것만으로 공간에 대한 이해가 완성되는 것은 아니다. 작품 공간을 변별적으로 이해한 결과를 두고, 학습자들은 강호시조 공간의 특징이 그러한 결과를 초래하게 된 이유에 대해 추론적 이해의 과정을 거칠 필요가 있다. 이와 같은 점을 고려하면, '유추를 통한 문제 해결 활동' 역시 공간 중심의 강호시조 이해 활동의 사례가 될 수 있다.

'유추를 통한 문제 해결 활동'은 학습자가 강호시조 공간의 특징을 변별하는 과정에서 생긴 의문을 해결하고 그것을 통해 강호시조 공간의 시적·상징적·문화적 의미에 대한 해답을 찾아가는 전체적인 과정이다. 교사는 공간의 특징을 변별하는 과정 속에서 학습자의 내면에 유의미한 질문이 생성될 수 있도록 독려해야 하며, 그 질문을 해결할 수 있는 방법을 제시할 필요가 있다. 본고에서는 이와 관련하여, 학습자들로 하여금 '유추'를 활성화하도록 돕는 몇 가지 활동을 제안하고자 한다. 학습자들은 공간의 특징을 변별하는 과정에서 여러 가지 탐구 문제를 설정할 수 있으며, 자신이 설정한 탐구 문제를 해결할 수 있는 방법을 동원해야 할 것이다. 그 탐구 문제의 예로는 다음과 같은 것을 들 수 있다.

- 강호시조의 공간에 시적 주체의 주거지와 그 주변의 자연이 반복적으로 등장하는 이유는 무엇인가?
- 강호시조에서 창작 주체가 그 주변의 자연을 명명할 때 구체적으로 언급하기보다 일반적인 명칭으로 언급하는 이유는 무엇인가?
- 강호시조의 공간에서 발견되는 시적 주체의 행위가 몇 가지 유형으로 드러나는 이유는 무엇인가?

- 강호시조의 창작 주체가 강호시조 공간의 형상화를 통해 얻고자 한 효과는 무엇인가?
- 창작 주체가 강호시조 공간을 시조의 질서 속에 형상화한 것은 시조의 어떤 특성 때문인가?
- 강호시조 이외에 중세의 시대에 이와 유사한 공간의 형상화를 발견할 수 있는 예술 장르가 있는가?

학습자들이 이와 같은 탐구 문제를 설정하였다면, 작품 읽기에만 한정하였던 자신의 읽기 방법을 확장하여 여러 가지 자료와 작품 사이의 관련성을 바탕으로 유추를 수행할 수 있다. 유추는 인과 관계나 논리적 관계 등을 추론해 내는 활동으로서[223] 위와 같이 설정된 탐구 문제를 해결하기 위해 작품 내, 혹은 작품과 관련된 다른 자료를 검토해 그 해답을 찾아 나가는 과정 속에서 수행될 수 있다.

(가) 세계관을 중심으로 유추하기

학습자들이 해결하고자 하는 탐구의 문제는 강호시조의 창작 주체와 학습자 사이의 차이에서 비롯된 문제들이 많을 것이다. 대부분의 탐구 문제는 자신이 가진 지식이나 경험으로는 해결할 수 없는 현상들이 발견될 때 생겨나기 때문이다. 학습자들이 강호시조 공간을 이해하고자 할 때 부딪히는 문제들은 강호시조의 창작이 중세의 사대부들이라는 특정 집단에 의해 이루어졌기 때문에 생겨나는 것이다. 중세의 사대부들은 학습자들과는 다른 세계관 속에서 삶을 유지하던 사람들이었으며, 그렇기 때문에 그들의 공간 체험, 공간 지향, 공간의 문화 등은 현대의 그것과는 다른 양상을 보이게 된다.

223) 임철일, 앞의 책, 115면 참조.

학습자들이 자신이 세운 탐구 문제를 해결하기 위해서는 작품 자체에 주목하는 시선을 작품의 바깥으로 확대할 필요가 있다. 작품의 창작 주체의 성격, 창작의 상황, 향유의 상황, 여기에 영향을 미친 중세의 예술 문화 등을 중심으로 작품의 공간이 특정한 방식으로 형상화된 이유에 관해 추론할 수 있어야 한다. 이러한 추론 과정의 첫 번째 방법으로 창작 주체의 세계관을 중심으로 공간 형상화의 내적 원리를 유추해 보는 활동을 제안할 수 있다.

창작 주체의 세계관을 중심으로 작품 공간의 의미를 찾는 유추적 활동에서, 학습자는 그 수준에 따라 관련 자료를 참조할 수도 있고, 작품을 중심에 두고 작품으로부터 세계관을 유추하는 활동을 수행할 수도 있다. 교사는 학습자의 수준을 파악해 적절한 활동 과제를 제시할 필요가 있다. 이와 관련해 참고할 만한 자료로 다음을 들 수 있다.

> 그러나 옛날, 산림을 즐기는 사람들을 보면 거기에는 두 종류가 있다. 첫째는, 현허(玄虛)를 사모하여 고상(高尙)으로 일삼음을 즐기는 사람이요, 둘째는 도의(道義)를 즐기어 심성(心性) 기르기를 즐기는 사람이다. 첫째 사람을 말하면, 몸을 더럽힐까 두려워함으로써 세상과 인연을 끊고, 심한 이는 새나 짐승같이 살면서 그것을 그르다고 생각하지 아니하는 사람이다. 둘째 사람으로 말하면, 즐기는 것이 조박(糟粕)뿐이어서 전할 수 없는 묘한 이치에 이르러서는 구할수록 더욱 얻지 못하거늘, 즐거움이 어디 있겠는가.
>
> 그러나 차라리 둘째 것을 위하여 힘쓸지언정 첫째 것을 위하여 스스로 속이지는 않아야 할 것이어늘 어느 여가에 이른바 세속의 번거로운 것이 영대(靈臺)에 들어오겠는가.
>
> 어떤 이가 말하기를,
>
> "옛날, 산을 사랑하는 사람들은 반드시 명산(名山)을 얻어 자기 자신을 위탁하였거늘, 그대는 왜 청량산에 살지 않고 여기 사는가." 하였다. 그래서 나는,

> “청량산은 만 길이나 높은 절벽이 위태롭게 깊은 골짜기에 다달아 있기 때문에, 늙고 병든 사람의 편안히 살 곳이 못 된다. 또 산을 즐기고 물을 즐기려면 그 하나가 없어도 안 되는데, 지금 낙천(洛川)은 비록 청량산을 흘러 지나기는 하지마는, 그 산 가운데 물이 있는 줄 알지 못한다. 나도 청량산에 살기를 진실로 원한다. 그러면서 그것을 뒤로 하고 이곳을 우선으로 하는 것은, 여기는 산과 물을 겸하고 또 늙고 병든 이에게 편하기 때문이다.”224)
>
> 이황, 〈도산기〉

위의 인용 자료는 이황의 <도산기>이다. 이 자료를 통해 창작 주체의 세계관을 모두 짐작하기는 어렵지만, 수준이 높은 학습자들의 경우, 이 기문을 통해 중세 사대부들의 도학(道學)적 삶의 자세를 읽어낼 수 있다. 이 자료를 통해 그들의 삶을 지탱했던 성리학적 세계관의 자장 속에서 자연에 거한 유자들이 ‘도의(道義)를 즐기어 심성(心性) 기르기를 즐기는’ 삶을 지향하고 실천해 왔음을 짐작할 수 있다. 이 자료를 통해 퇴계는 도학적 삶의 자세에 관해서도 겸손한 태도를 견지하고 있음을 알 수 잇다. 학습자들은 이 자료를 중심으로 중세의 사대부들이 향촌이라는 공간에서 자연을 벗 삼아 살아가고자 했던 이유와, 그런 삶이 실현되었을 때의 구체적인 상을 그려낼 수 있다.

---

224) 이황, 「陶山雜詠 幷記」, 앞의 책, 39-40면. 원문은 다음과 같다.
觀古之有樂於山林者 亦有二焉 有慕玄虛 事高尙而樂者 有悅道義 頤心性而樂者 由前之說 則恐或流於潔身亂倫 而其甚則與鳥獸同群 不以爲非矣 由後之說 則所嗜者糟粕耳 至其不可傳之妙 則愈求而愈不得 於樂何有 雖然 寧爲此而自勉 不爲彼而自誣矣 又何暇知有所謂世俗之營營者 而入我之靈臺乎 或曰 古之愛山者 必得名山以自託 子之不居淸凉 而居此何也 曰 淸凉壁立萬仞 而危臨絶壑 老病者所不能安 且樂山樂水 缺一不可 今洛川雖過淸凉 而山中不知有水焉 余固有淸凉之願矣 然而後彼而先此者 凡以兼山水 而逸老病也

그러나, 학습자의 이해 수준이 이러한 자료를 읽어낼 만하지 못한 경우에, 학습자는 작품을 중심으로 창작 주체의 세계관을 유추해 볼 필요가 있다. 학습자들은 작품을 중심으로 유추한 결과를 이러한 자료와 대비해 보는 과정에서 공간의 특징과 의미에 관한 이해를 완성할 수 있다.

창작 주체의 세계관은 강호시조의 창작 전반에 영향을 끼쳤기 때문에 학습자들은 작품을 중심으로 세계관을 유추해 보거나, 이를 확인할 수 있는 여러 자료나 교사의 설명을 통해 이와 관련한 배경 지식을 습득할 수 있어야 한다. 세계관에 대한 배경 지식을 획득하게 된 학습자는 변별 활동의 결과로 얻은 자료를 재해석하게 된다. 세계관을 중심으로 공간의 특징이나 의미를 유추하는 활동은 작품 내적 공간 층위뿐만 아니라 작품의 창작과 향유, 공간 지향, 문화 등에 관한 이해에도 적용될 수 있다.

(나) 공간 체험을 중심으로 유추하기

학습자들이 설정한 탐구 문제에 대해 해답을 제시해 줄 수 있는 유추적 활동으로 '창작 주체의 공간 체험을 중심으로 유추하기' 역시 핵심적인 활동으로 제안할 수 있다. Ⅲ장에서 확인한 바와 같이, 강호시조의 공간은 중세의 사대부들에게 지향하고 소망하는 공간에 그친 것이 아니라 그들의 생활과 문화가 이루어지는 실제적인 공간이었다. 그렇기 때문에 강호시조의 공간에서 반복적으로 발견되는 행위들은 창작 주체의 실제적인 공간 체험과 밀접한 관련을 가진다. 학습자들은 중세 사대부들의 향촌에서의 삶의 다양한 양상들을 확인하고 그것이 강호시조 공간 속으로 포섭되어 의미를 가지게 됨을 이해하여, 자신이 가진 탐구 문제에 대한 답을 찾아 볼 수 있다.

강호시조 공간 속에 형상화된 공간 체험으로는 자신의 주거지 주변을 왕래하는 행위나, 벗들과의 공적(公的)·사적(私的) 모임, 벗들과의 모임에서 술을 마시는 흥에 취하는 행위, 주거지 주변의 자연에서 유(遊)를 즐기는 행위 등이 있다. 강호시조 공간에 형상화된 이와 같은 행위들은 창작 주체의 삶 속에서 실제적으로 행해졌던 것들로서, 사대부들의 삶에서 중요한 위치를 차지하던 것들이다. 다음 이현보의 글은 창작 주체의 공간 체험과 관련한 하나의 사례가 될 수 있다.

> 점석에서의 놀이를 위해 경호, 중거와 자제 두어 명과 더불어 조각배를 탔다. 농암 아래 뱃줄을 풀고 느릿느릿 가다 사자석을 지나 상바위에 이르렀다. 바위 등에 올라 만져 보고 곧 점석에 도착하니 마침 비가 온 뒤라 티끌이 씻어졌고 빗물이 돌틈에 고여 있었다. 차례 없이 둘러 앉아 술을 마시는 잔과 그릇의 예수(禮數)는 정직하여 꾸밈이 없게 하고 마시며 이야기하였다. 해가 저물 무렵이라 구름이 덮이고 물빛이 사라졌다. 촛불을 밝히니 돌이 강 가운에 있어 물이 두 갈래였다. 내가 앉은 밑으로 물이 흘렀고 경호가 그 아래에 앉았다. 노옹이 취하여 술을 부어 木禁에 띄워 내리니 경호가 웃으면서 마시고 왕복 두 세 번하였다. 중거들이 이를 부러워하였다. 또 반석 중에 앉아 술잔을 나누어 다 같이 취하였으나 전일 태수와 같이 못한 것이 한이다. 옛날 유상곡수(流觴曲水)를 생각하니 점석은 곡수가 아니나 뜻인즉 본받을까 한다.[225]
>
> 이현보, 〈우여범주유점석차경호(雨餘泛舟遊簟石次景浩)〉

225) 이현보, 「雨餘泛舟遊簟石次景浩」, 앞의 책, 81-83면. 원문은 다음과 같다.
簟石之遊 與景浩 仲擧暨子弟數人 乘小艇 解纜聾巖下 緩緩而行 經獅子石至象巖 倚泊周覽 共登其背 摩挲久之 乃下直抵簟石 是時積雨新霽 塵穢洗盡 凝滑如壁 只有留潦停蓄石罅 擇地而坐 環列無次 爰設小酌 杯盤禮數 務皆眞率 談飮終日 日將夕矣 雲陰掩月 水色微茫 燒燭而明之 石在江心 江水至此分流 一派循余座下而去 景浩坐其下 老翁乘醉戲劇 斟酒于觴 臺木禁而浮之 景浩笑而取飮 往復再三 仲擧輩 望見羡之 偶於盤石中 有凹如槽 儲水盈溢 分左右而坐 泛觴推送而相酬酢 亦一

위의 글은 이현보가 벗들과 더불어 배를 타고 점석에서 놀던 모습을 그려낸 것이다. 뱃놀이를 하면서 나누어 마시는 술과 그 주변을 둘러싼 맑고 깨끗한 자연으로부터 느끼는 감흥이 사실적으로 그려져 있다. 강호시조 창작 주체들의 삶에서 주변의 자연에서 노니는 흥에 취하는 것은 일상적으로 행해진 공간 체험 중의 하나이다. 이와 같은 공간 체험은 강호시조 공간의 형상화에 반영되어 있다.

한편, 이와 같은 창작 주체의 공간 체험은 강호시조 향유의 실제와도 관련된다. 강호시조 창작 주체들에게 향유 현장으로서 강호시조 공간 체험은 이후의 강호시조 창작에 영향을 미쳤다. 학습자들은 이런 점 역시 참조 사항으로 삼을 수 있다.강호시조의 창작은 정치 경제의 중심지인 서울이 아닌 향촌에 거하게 되면서 그 속에서 유를 즐기는 충족감이 창작의 감흥을 일으켰기에 가능한 것이었다. 그만큼 강호시조 공간은 창작 주체의 체험과 긴밀한 관련성을 가진다.

학습자들은 자신이 설정한 탐구 문제와 관련하여, 창작 주체들의 이와 같은 공간 체험을 중심으로 공간의 특징과 의미, 성격 등에 관해 유추해 볼 수 있다. 창작 주체들의 삶에서 중요하게 이루어졌던 공간 체험에 관한 정보들을 수집해 보면, 학습자들은 이를 통해 강호시조의 창작 주체들이 강호시조 공간 속에 시적 주체의 실제적 공간 체험을 그리고 있음을 알게 된다. 학습자들은 이로부터 강호시조 공간이 창작 주체의 실제적 체험과 밀접한 관련을 가지는 체험 공간으로서의 성격을 지니게 됨을 알게 될 것으로 기대된다.

창작 주체들의 공간 체험에 관해 잘 알지 못하는 미숙한 학습자의 입장에서는 강호시조에 형상화된 시적 주체들의 공간 체험이 구체적이지 못하거나 비현실적인 것으로 여겨질 수 있다. 그러나 학습자들

奇也 因此皆醉 恨未與前日太守共之也 因念流觴曲水 乃會稽故事 簟石之水非曲流所遊之會 安敢自擬晉賢 事近其日所爲 故三句及之 慕效之意則不無焉

이 창작 주체들의 공간 체험이 자세히 서술된 위와 같은 자료들을 확보하게 되면 이를 구체적으로 머릿속에 그릴 수 있게 될 가능성이 크다. 이와 같은 창작 주체들의 공간 체험으로부터, 학습자 스스로 설정한 탐구 문제와 관련하여 공간의 특징과 의미, 그와 관련된 문화에 대한 이해를 심화시킬 수 있다.

창작 주체의 공간 체험은 강호시조의 공간에서 이루어지던 유자적 행위, 사적(私的) 활동, 공적(公的) 교류 등으로 이와 관련되는 자료들은 기문(記文)과 같은 다른 장르의 문학 작품에 상세히 설명되어 있다. 학습자들의 작품을 중심으로 한 유추 활동은 이러한 자료들을 통해 보완될 수 있다.

(다) 공간에 대한 태도를 중심으로 유추하기

다음으로는 창작 주체의 공간에 대한 태도를 중심으로 강호시조 창작의 동기나 강호시조의 역할을 유추해 보는 활동을 들 수 있다. 강호시조의 창작 주체들은 강호시조 공간을 통해 주거지와 그 주변의 자연에서 누리는 다양한 정서와 자연에 대한 태도 등을 드러내고 있다. 작품의 공간적 질서 속에서 창작 주체의 정서나 자연에 대한 태도는 강호시조 공간을 구성하는 원리로서 중요한 역할을 수행한다. 이 역시 강호시조의 창작 주체들이 남긴 다양한 문학 작품들을 통해 드러나고 있다.

학습자들은 강호시조 작품과 함께 이 자료들을 읽고, 이로부터 자신이 선택한 탐구 문제에 대한 해답을 추론해 볼 수 있다. 물론, 학습자의 수준이 자료를 섭렵할 만한 수준이 되지 못할 때는, 작품 읽기 과정에서 '공간에 대한 태도'에 초점을 맞추어 작품으로부터 그 의미를 유추할 수 있어야 할 것이다.

> 우리는 이리 저리 배회하며 두루 돌아보다가 저물어서야 돌아왔다. 아! 외물의 즐거워할 만한 것은 모두 참다운 즐거움이 아니다. 군자의 즐거워하는 것은 안에 있고 밖에 있지 않으므로 저 솟은 봉우리와 흐르는 물들은 다 나에게 관계 없는 것인데, 옛 성현이 오히려 이를 즐거워한 것은 무슨 까닭일까. 대내 내외(內外)를 나누어서 둘로 보는 것은 참다운 즐거움을 아는 이가 아니다. 반드시 내외를 하나로 하여 피차가 없는 이라야 참다운 즐거움을 아는 것이다. 천리(天理)는 본디 내외의 간격이 없는 것인데, 저 안이 있고 밖이 있는 것은 반드시 인욕(人欲)이 개재하였기 때문이다. 진실로 인욕의 개재가 없다면 바로 호연자득할 터이니, 어디를 간들 즐겁지 않겠는가
>
> 옛날에 증석(曾皙)이 기수(沂水)에 목욕하겠다고 하자 부자(夫子)가 감탄하여 깊이 허여(許與)하였는데, 이는 증석이 인욕이 없는 곳에 천리(天理)가 유행하는 묘리(妙理)를 보았기 때문이다.[226]
>
> 이이, 〈松崖記〉

위에 예로 든 이이의 <송애기>를 통해서 볼 수 있는 바와 같이, <고산구곡가>의 공간 형상화 방식은 이이가 자연을 보는 관점과 태도와 깊은 관련이 있다. 이이는 자연과 나 사이에 거리가 없는 상태로 인욕의 개재 없이 자연에서 천리 유행의 묘리를 획득하는 것이 진정한 즐거움이라 하였다. 이이의 <고산구곡가>에서 고산구곡의 승경이 비교적 직설적인 언술로 묘사되어 있는 것은 이이가 자연을 보는 이러한 태도에서 기인한 것이다. 이것이 <고산구곡가>의 공간이 질서화되는 하나의 원리라 할 수 있을 것이다.

226) 이이, 「松崖記」, 앞의 책, 301면. 원문은 다음과 같다.
余等徘徊顧瞻 抵暮乃還 嗚呼 外物之可樂者 皆非眞樂也 君子之所樂 在內而不在外 則彼之峙且流者 無與於我 而古之聖賢 尙有樂之者 其故何耶 蓋分內外而二之者 非知眞樂者也 必也一內外無彼此者 其知眞樂乎 天理本無內外之閒 彼有內有外 必有人欲閒之也 苟無人欲之 閒則浩然自得 焉往而不樂哉 昔者 曾皙有浴沂之談 夫子嘆息而深許之 以皙也見夫人欲盡處 天理流行之妙故也。

학습자들은 이와 같이 시조 창작의 주체가 공간과 관련하여 남긴 여타의 문학 장르에서 창작 주체의 공간에 대한 태도를 짐작할 수 있다. 학습자들은 창작 주체의 공간에 대한 태도가 작품 공간을 질서화하는 원리로서의 역할을 하고 있는 것은 아닌지 확인하고 이 둘 사이의 관련성을 추론해 볼 수 있다.

(라) 중세 문화를 바탕으로 유추하기

다음으로는 '중세 문화를 바탕으로 유추하기' 역시 학습자의 강호시조 이해를 위한 유용한 방법으로 꼽을 수 있다. 중세 강호시조 창작 주체들과 관련되는 문화 현상은 다양하다. 그 중 학생들이 이해하기 쉽고 구체적인 자료로 확인할 수 있는 것은 시의 공간, 그림의 공간, 원림이나 별서 공간 등이 있다. 이 자료들은 학습자들이 읽거나 보고, 혹은 실제 체험할 수 있는 공간으로서 가치가 있다.

Ⅲ장에서 확인한 바와 같이, 강호시조의 공간은 <산거도>나 <별서도>에 형상화된 공간과 유사한 점이 있다. 중세의 <산거도>나 <별서도>에 형상화된 은사의 주거지와 사족의 별서는 강호시조 작품과 구성 요소 면에서 매우 유사하다. 이 그림들은 중세 강호시조의 창작 주체들인 사대부들이 향촌 사회에 거하지 못하고 그곳을 그리워 할 때 소유했던 것이다. 경우에 따라서는 서울의 경화세족들이 산림 은거를 지향하며 이러한 그림들을 소유하였다. 이런 점들로 볼 때, 작품 공간 속에 형상화된 공간은 유사하지만 그림과 강호시조가 갖는 문화적 의미에 상이한 점이 있다. 학습자들은 작품 속에 형상화된 공간은 유사하지만 그것을 향유하는 문화가 다른 점을 확인하고 이러한 차이점으로부터 강호시조 창작의 문화적 의미를 추론할 수 있다.

강호시조의 창작은 중세 사대부들의 은거 지향이 현실에서 충족되었음을 말하는 문학 작품이다. 학습자들은 산수화를 통한 와유(臥遊)와 강호시조의 창작과 향유를 둘러싼 문화적 현상 사이의 공통점과 차이점을 비교해 보고 이로부터 강호시조 공간의 의미를 추론해 볼 수 있다.

한편, 중세의 별서 원림 역시 강호시조 공간의 특징과 의미를 추론하도록 돕는 문화적 산물이다. 별서 원림의 건축물과 내부의 정원에는 성리학적 이념이 재현되어 있다. 강호시조의 창작 주체들 역시 강호시조 공간을 창작할 때, 성리학적 이념을 시적 질서 아래 표현하고 있으므로, 이 둘 사이에는 중세 문화 현상으로서의 공통점이 있다. 강호시조에 사용된 용사(用事)에 익숙하지 않은 학습자들은 중세의 이념이 공간으로 재현되고 표현되는 문화를 모르기 때문에 이를 쉽사리 이해하기 어렵다. 그러므로 학습자들은 별서 원림의 조영 방식을 통해 성리학적 이념의 재현 방식을 확인하고 이로부터 강호시조 공간의 의미를 추론해 낼 수 있다.

(4) 시적 의미 구성하기

변별하기와 유추를 통한 문제 해결 활동에 이어 분석이나 추론 활동을 상세화한 학습자 활동으로 '시적 의미 구성하기'를 들 수 있다. 공간의 특징을 변별하는 1차적인 이해 활동은 주로 작품 전체에서 특징을 구성할 만한 세부 요소들을 분석의 자료로 선별해 내는 활동이라 할 수 있다. 이러한 변별적 읽기에서는 공간의 특징을 이해하기 위해 작품의 '부분'에 주목해 전체를 해석하는 활동이 활성화된다.

그러나 강호시조의 공간과 강호시조의 이해를 위해서는 강호시조 공간의 의미를 작품 전체의 질서 속에서 찾는 종합적 읽기 과정 역시 필요하다. 이는 강호시조 공간을 이해하는 과정에서 시조의 장르적 특수성이나 효과에 대하여 고려하는 활동이 중심이 될 수 있다. 본고에서는 이를 '시적 의미 구성하기'로 보고 이를 활성화할 수 있는 상세한 활동의 사례로 '공간과 시조의 형식 관련짓기', '공간 형상화의 의도 찾기'를 들고자 한다.

(가) 공간과 시조의 형식 관련짓기

학습자들은 공간과 시조의 형식을 관련짓는 활동을 통해 작품 전체의 의미를 이해하고 시조의 장르적 특성을 이해하는 종합적 이해로 나아갈 수 있다. 이는 창작 주체가 시조의 장르적 질서 속에서 공간을 어떻게 형상화하고 있는지를 분석해 작품의 의미를 구성하거나 확정짓는 방식이다.

강호시조의 공간은 한 연이 3단으로 구성되는 형식과 이를 반복적으로 확장해 연을 구성하는 연시조의 질서 속에서 그 특징이 구현되고 있다. 그러므로 학습자들은 강호시조 공간이 선택되고 결합된 방식에 주목해 강호시조 공간의 의미를 탐색할 수 있다. 또한, 이를 시조의 형식과 관련짓는 과정에서 작품 전체의 의미를 구성해 볼 수 있다. 여기에서는 신계영의 <전원사시가>를 예로 들어 설명해 보겠다.

신계영, 〈전원사시가〉
春 봄날이 졈졈 기니 殘雪이 다 녹거다 梅花는 볼셔 디고 버들가지 누르럿다 아희야 울 잘 고티고 菜田 갈게 ᄒᆞ야라

陽坡의 플이 기니 봄빗치 느저잇다
小園 桃花ᄂᆞᆫ 밤비에 다 피거다
아ᄒᆡ야 쇼 됴히 머겨 논밭 갈게 ᄒᆞ야라

夏
殘花 다 딘 後의 綠陰이 기퍼 간다
白日孤村에 낫ᄃᆞᆰ의 소ᄅᆡ로다
아ᄒᆡ야 계면됴 불러라 긴 조롬 ᄭᆡ오쟈

園林 寂寞ᄒᆞᆫᄃᆡ 北窓을 빗겨시니
거문고 노라라 낫ᄌᆞᆷ을 ᄭᆡ와괴야
– 終章缺 –

秋
흰 이ᄉᆞᆯ 서리되니 ᄀᆞ올이 느저잇다
긴 들 黃雲이 ᄒᆞᆫ 빗치 피거고야
아ᄒᆡ야 비ᄌᆞᆫ 술 걸러라 秋興 계워ᄒᆞ노라

東籬에 菊花 피니 重陽이 거에로다
自蔡로 비ᄌᆞᆫ 술이 ᄒᆞ마 아니 니것ᄂᆞ냐
아ᄒᆡ야 紫蟹黃鷄로 안酒 작만 ᄒᆞ야라

선석유고 필사본

이 작품은 사시(四時)를 중심으로 시상을 전개하는 특성을 가지고 있다. 각 계절마다 원림과 그 주변을 둘러싼 자연의 변화가 형상화되고 있는데, 3단의 질서 속에서 이는 공간의 원경(遠景)에서 근경(近景)으로 시선을 변화하는 공간 결합 방식이 특징적이다. 시적 주체는 시조의 질서 속에서 각 연의 종장에 자신이 기거하는 원림의 주거지를 형상화함으로써 시조의 안정감을 유지하고 있다. 이 작품에서 공간이 선택되고 결합되는 이와 같은 방식은 원림에서 시적 주체가 누리는 체험의 구체상과 그 흥취를 드러내되 시조의 안정감 속에서 시조 특유의 조화로움을 표현하는 형상화의 방식이라 할 수 있다.

학습자는 이 시조를 분석하는 과정에서, 이와 같이 시조의 시행과 연의 전개 속에서 시조의 공간이 선택되고 결합되는 방식을 분석해 이를 이 시조 공간의 특징과 의미에 대한 이해로 확장할 수 있어야 한다. 학습자들이 공간의 선택되고 결합되는 방식을 시조의 형식과 관련지어 보면, 이는 시적 의미 구성과 관련하여 다음과 같은 점에 관한 이해를 심화시킬 수 있다. <전원사시가>에서 볼 수 있는 바와 같이 이는 시적 주체의 태도와 지향, 공간 안에서의 체험이 가지는 미적·정서적 특수성을 드러내 주고 있기 때문이다. 학습자는 작품 전체의 의미를 규정하기 위해 이와 같이 장르적 질서와 공간의 의미, 공간의 선택과 결합 방식에 주목해 작품에 대한 종합적 이해를 완성할 수 있다.

(나) 공간 형상화의 의도 찾기

다음으로는 공간 형상화의 의도를 찾는 활동 역시 의미 구성 활동을 활성화할 수 있는 사례로 들 수 있다. 공간 형상화의 의도를 찾는 활동은 작품 속에서 시적 주체가 청자를 어떻게 설정하고 있는지를 탐색하는 분석적 활동이 전제가 된다. 그러나 이는 작품의 부분에 주목하기보다 전체의 의미 해석을 활성화하는 활동이라 할 수 있다. 공간 형상화의 의도는 작품 전체를 통해 짐작할 수 있는 주제나 의미와 관련된 것이기 때문이다.

강호시조의 창작 주체들은 자신의 의지를 청자를 향해 직접적으로 표출하기도 하고[227] 강호시조 공간을 구성하는 구성물들을 청자로 설정해, 자신의 세계 안에서 조화로움을 강조하기도 한다.[228] 또, 시조

227) 이정의 <풍계육가>를 그 사례로 들 수 있다.
228) 강호시조의 공간 속에서 자신이 데리고 있는 동자에게 말을 거는 방식이 그 사

의 공간에 찾아 온 벗들을 청자로 설정하는 경우도 있다.

강호시조의 이와 같은 청자 설정 방식에 따라 학습자들은 강호시조의 창작 주체들이 강호시조 작품 속에 공간을 형상화한 의도를 탐색할 수 있다. 예를 들어, 강호시조의 창작 주체들은 강호시조 공간 속에 거하는 시적 주체의 정서나 체험 그 자체를 강조하기도 한다. 혹은 강호시조 공간 속에 거한 은자로서의 의지를 표출하는 경우도 있는데, 이는 작품 속에서 시적 주체가 스스로를 무엇이라고 표명하고자 하는가 하는 정체성의 표출과 밀접한 관련을 가진다. 경우에 따라서 강호시조의 시적 주체는 찾아오는 이 별로 없는 강호시조의 공간 속에 다른 사람들을 불러 들이기도 하는데, 이것은 강호시조의 공간이 그 자체로서 가지는 가치를 강조하여 그 안에서 이루어지는 체험에 동참할 것을 요구하는 의도와도 관련된다.

청자를 중심으로 하여 공간 형상화의 의도를 찾는 이와 같은 활동은 '공간과 시조의 형식 관련짓기' 활동과 마찬가지로 작품의 부분에 주목하게 하기보다 작품 전체의 의미에 주목하게 하는 역할을 한다. 공간 형상화의 의도 찾기는 창작 주체가 강호시조를 창작함으로써 얻고자 한 효과와 관련되기 때문이다. 그러므로 이를 수행하는 과정 속에서 학습자는 작품 전체의 의미에 관한 이해에로 이를 수 있다.

또한, 강호시조의 청자 설정 방식은 시조의 향유 문화와도 밀접한 관련을 가진다. 강호시조의 창작 주체들이 청자를 설정할 때는 향유의 현장에서 작품이 소통되는 실제를 염두에 두기 때문이다. 학습자들은 공간 형상화의 의도를 찾되, 이를 향유의 문화에 대한 이해로 확장할 수 있다.

례가 된다. 조존성의 <호아곡>이 대표적이며, 이는 다른 작품들 속에서도 발견된다. 또한, 공간 속의 자연물에 말을 거는 방식은 그와 시적 주체가 조화로움 속에 공존하고 있음을 표명하는 대표적인 방식이라 하겠다.

(5) 가치 판단을 위한 평가

다음으로는 감상 층위의 목표에 도달하기 위해 학습자들이 수행할 수 있는 활동에 관해 논해보고자 한다. 감상은 작품 속에 형상화된 인간의 삶에 관해 그 가치를 판단하고 그에 관하여 공감하는 정서적 이해이다. 학습자들이 강호시조 읽기 과정에서 가치 판단을 활성화할 수 있도록 독려하는 활동으로는 '평가하기'를 들 수 있을 것이다.[229] 학습자들이 평가하기를 학습 과제로 수행하게 되면, 강호시조에 형상화된 삶의 양상을 재구하고 그에 관해 평가하는 과정에서 가치 판단의 감상적 과정을 활성화할 수 있다.

(가) 재구하기

학습자들의 가치 판단 과정은 강호시조에 형상화된 삶의 양상을 재구하는 과정을 필요로 한다. 학습자들이 변별 활동이나 유추를 통한 문제 해결 활동, 시적 의미를 구성하는 활동을 통해 작품에 관한 인지적인 이해를 어느 정도 완수하였다면, 학습자는 강호시조에 형상화된 삶의 양상을 재구하는 과정을 통해 중세 사대부들의 삶과 시조의 창작과 향유에 대한 이해를 확장할 수 있다.

삶의 양상을 재구하는 과정은 강호시조 공간의 특징 중에서 공간의 성격과 관련된 것이다. 강호시조의 창작 주체들은 정치, 경제, 문화, 예술 등의 다양한 삶의 양상들을 강호시조 작품 속에 모두 형상화하고 있지는 않다. 그들은 시조의 장르적 특수성과 향유 문화를 고려하

229) 가치 판단의 과정에서는 판단의 주체가 가치 판단의 준거를 기반으로 '평가'를 행하는 것이 필수적이다.
졸고, 앞의 논문, 2008, 476-477면 참조.

여 그 중에서 몇몇 가지의 삶의 양상들을 선택적으로 표현하고 있다. 이를 본고에서는 '상징적 은거', '수기적 수양', '미적 체험', '풍류적 흥취', '유자적 생활' 등으로 살핀 바 있다.

이 중에서 수기적 수양 공간의 예를 들어 보자. 중세 사대부의 삶의 양상으로서 수기적 수양은 학습자들의 학문 체험과 상이한 점이 있으므로, 이에 대해서 먼저 생각해 볼 필요가 있다.

학습자들의 학문 체험은 근대적 교육 기관인 학교에서의 생활 속에서 이루어진다. 학교는 근대적 국가의 이념에 걸맞은 인재 양성을 목표로 한 공교육 기관이다. 학습자들은 이 목표에 합당하다고 국가가 지정한 과목들을 교사와 함께 공부한다. 이 과목의 학습을 잘 수행했는가를 평가하는 시험의 결과에 따라 학습자들은 종국적으로 국가에 필요한 인재로 선별된다. 이런 점들 때문에 학교 안에서의 학문 체험은 학교의 인재 선별 기능의 영향을 받아 조직되는 것이 일반적이다. 또한, 학습자들의 학문 체험은 근대 이후의 과학적 연구에 편입된 특수한 과목에 한정된다는 점 역시 생각해 볼 수 있다. 근대 이후의 분과 학문이 지니는 과학성의 추구는 학문 활동을 '지적 활동'으로만 한정하는 성향을 갖게 만들었다.

그러나 강호시조 창작 주체들의 도학자적인 삶은 이와는 상당한 차이가 있다. 중세의 강호시조의 거점 공간인 정사(精舍)는 향촌 사회의 사교육 기관이다. 서원은 중세 사회에서 향촌 사회 세력의 결집을 도모하는 정치적인 목적을 가진 곳이기도 하였지만, 과거제도에 학문 활동이 종속되는 폐단을 경계하면서 만들어진 공간이다. 이런 점들로 볼 때, 근대적 공교육 기관인 학교와 서원 사이에는 상이한 바가 있다.

중세에 서원을 중심으로 발전해 갔던 성리학은 학문과 교육에 매진하는 것이 지니는 윤리적 성격을 강조한다. 그들에게 학문 활동에 동참하는 것은 수신(修身)의 활동이다. 학문 활동의 중요한 목적을 수신

(修身)으로 본다면, 여기에서는 지적 활동과 윤리적 활동이 구분되지 않는다고 볼 수 있다. 중세적 학문관이 갖는 특수성이 여기에 있다.

성리학적 이념의 틀 속에서 이상적 인간형을 중시하고 그에 합치되기 위한 노력을 게을리하지 않는 삶의 자세는 중세 사대부들의 삶에서 매우 중요하고도 절실한 문제였다. 학습자들은 사대부들의 수기적 수양의 삶이 어떤 공간에서 어떤 지향과 실제로 구현되고 있는지를 시조 작품이나 중세 사대부의 성리학적 이념, 학문관과의 관련성 속에서 이해하기 위해 이를 구체적으로 재구해 볼 필요가 있다.

이 과정에서 학습자들은 강호시조의 창작 주체들이 수기적 수양의 삶을 중요시했던 이유가 무엇인지, 이와 관련된 구체적 체험들 중에 어떤 것들이 강호시조 속에 형상화되고 있는지를 탐색할 수 있다.

강호시조에 형상화된 삶의 양상은 수기적 수양의 삶을 비롯해, 유자로서의 생활, 풍류적 흥취 등으로 다양하다. 학습자들은 자신의 삶의 양상과 거리가 먼 이와 같은 중세 사대부들의 삶의 양상을 작품을 비롯한 여러 가지 자료를 통해 충분히 재구해 보아야 한다. 학습자들은 이 과정에서 창작 주체의 삶의 양상을 이해하고 공감하는 감상의 실제로 나아갈 수 있다.

(나) 평가하기

학습자가 창작 주체들의 삶을 재구하는 활동을 수행하였다면, 이와 함께 자신의 삶에 비추어 이를 평가하는 활동을 수행할 수 있다. 학습자들은 몇 가지 기준에 따라 강호시조 창작 주체들의 삶의 양상이 실현되는 방식이나 그 의미에 대한 평가를 내릴 수 있다.

평가의 기준은 중세적 삶의 맥락에서 강호시조 창작 주체들의 삶의 양상이 유의미한 것인지를 평가하는 당대적 맥락이 기준이 될 수 있다. 또한, 그러한 삶의 실현이 인간의 보편성의 맥락에서 높이 평가할 만한 것인지를 평가하는 보편성의 맥락 역시 하나의 기준이 될 수 있다. 또한, 평가의 과정에서 학습자들은 자신의 공간 체험 속에서 구현되는 삶의 양상을 되돌아 보면서 평가의 기준을 새롭게 수립할 수도 있다.

학습자들이 강호시조 작품에 나타난 삶의 양상을 충분히 재구해 내고 이에 대해 평가하는 과정을 충실히 수행한다면, 이는 중세인들의 삶을 중세인의 삶의 맥락에서 이해하고 공감하며, 그것이 현대인들의 삶의 양상과 갖는 차이를 조명할 수 있게 된다. 이는 시조 속 안에서 보편성과 개별성을 찾는 유의미한 활동이라 할 수 있다.

이와 같은 학습자들이 평가 활동은 다음과 같은 질문을 중심으로 활성화될 수 있다. 교사는 이 이외에도 학습자들이 평가 활동을 위해 다양한 준거를 수립할 수 있도록 독려해야 한다.

삶의 양상에 대한 가치 평가 활동 사례	· 창작 주체들의 삶에서 그와 같은 삶의 양상이 중요했던 의미를 중세인들의 삶의 맥락에서 평가해 보자. · 내가 중세에 사대부로서 삶을 영위하고 있다면 강호시조 작품에 삶의 어떤 양상을 표현했을지 상상해 보자. · 삶의 양상에 대한 창작 주체들의 태도나 지향은 현대인인 우리가 보기에도 유의미한 것인지 평가해 보자. · 강호시조 창작 주체들의 삶의 양상 중에서 자신이 가장 가치롭다고 생각하는 것을 선택하고 그 이유를 기술해 보자.

(6) 공감을 위한 표현

공간 중심의 강호시조 이해 교육의 과정을 통해 학습자들은 강호시조가 과거의 문학 작품으로서 가지는 가치를 높이 평가할 수 있어야 한다. 이를 위해 강호시조 감상의 과정에서는 '공감' 활동이 활성화될 필요가 있다. 학습자들이 강호시조의 가치를 높이 평가하고 그에 공감하도록 돕는 활동으로는 강호시조 공간의 의미를 기술하는 표현 활동을 그 사례로 들 수 있다. 이와 관련하여, 창작 주체들이 강호시조 공간을 선택한 준거를 찾아보고 그 의미를 기술함으로써 공감 활동이 활성화될 수 있을 것으로 보고, '공간 선택의 준거 찾기'와 '의미 기술하기'를 그 사례로 들고자 한다.[230)]

(가) 공간 선택의 준거 찾기

학습자의 감상을 활성화하기 위한 주요 활동은 '의미 기술하기'이다. '의미 기술하기'는 창작 주체의 시조 창작과 향유와 관련하여, 학습자가 창작 주체의 입장에 서서 공감하는 활동을 활성화하기 위한 것이다. 의미 기술의 대상은 여러 가지일 수 있는데, 여기에서는 '공간 선택의 준거'를 사례로 들고자 한다.

강호시조 창작 주체들의 공간 선택에 대해 학습자들은 변별 활동을 수행하여 어느 정도의 인지적 이해를 수행할 수 있는데, 이는 감상의 대상으로서도 활용될 수 있다. 주지하듯, 강호시조 창작 주체들의 출(出)과 처(處)에 대한 선택은 변화하는 현실 정치에 대한 대응 방식으로서 의미를 갖는다. 그렇기 때문에 강호시조의 창작 주체들에게 특정한 공간, 공간의 의미와 그 지향은 자신의 삶 속에서 자아를 실현하

230) 문학교육연구에서는 '쓰기'를 문학에 대한 반응을 활성화하는 활동으로 보고 있다. 이는 인지적 사고와 정의적 사고를 결합하는 활동으로서 장점을 가진다. '쓰기'가 수행 평가의 형식으로 '포트폴리오(portfolio)'화되면, 이는 문학에 대한 학습자의 반응을 메타적으로 점검하여 정교화 할 수 있는 중요한 자료가 된다. 이와 관련하여서는 다음을 참조할 수 있다.
김대행 외, 앞의 책, 432-433면.

고 그 속에서 삶의 방식을 선택하는 매우 중요한 문제였다. 이에 대한 이해는 인지적인 이해로만 완성될 것이 아니라 학습자들의 상상과 공감 속에서 이해될 필요가 있다.

학습자들은 강호시조의 창작 주체들이 자신들의 삶의 문제를 특정한 공간과 관련짓고 그 공간을 선택함으로써 그 문제에 대응하고자 했던 이유에 관해 공감할 수 있어야 한다. 이에 관해 공감한다는 것은 이를 중세인들의 삶의 특수성의 맥락 속에서 조명함과 동시에, 문학에서 발견할 수 있는 인간의 보편성에 관한 이해에 이를 수 있는 방법이다.

학습자들은 강호시조 창작 주체의 공간 선택의 준거를 찾는 과정에서 공간과 이념, 공간과 삶, 공간과 현실 대응 문제에 관해 고민할 수 있게 된다. 교사는 공간 선택의 준거 찾기 활동 중에 학습자들이 그 시각을 중세인들의 입장에서 취하거나 인간의 보편성의 입장에서 취함으로써 이를 객관적인 분석의 대상이 아니라 인간의 삶에 대한 문학적 이해의 대상으로 접할 수 있도록 독려해야 한다.

공간 선택의 준거를 찾는 활동은 그 선택의 범위를 어떻게 보느냐에 따라 출(出)과 처(處)의 문제와 같은 포괄적인 공간 선택의 문제에서부터, 산, 강, 바다와 같은 지리적 공간이나 시적 주체의 정사(精舍)와 원림(園林)과 같은 거점 공간의 선택에 이르기까지 그 선택의 범위를 다양화할 수 있다. 교사는 작품과의 관련성 속에서 학습자들이 창작 주체의 공간 선택을 공간과 삶의 문제로 이해하고 공감할 수 있도록 독려해야 한다.

(나) 의미 기술하기

'공간 선택의 준거 찾기' 활동이 활성화되면, 학습자들은 이에 관한 표현, 즉 '의미 기술하기' 활동을 활성화할 수 있다. '공간 선택의 준거를 찾고 의미를 기술'하는 활동을 중심 사례로 든 것은, 학습자들의 감상 활동을 표현하기 과정에서 활성화하되, 그 감상의 대상과 범위를 한정하고 구체화하기 위한 것이다.

'쓰기' 활동은 문학교육연구에서 문학에 대한 반응을 심화할 수 있는 활동 사례로 많이 거론되는 것인데, 공간 중심의 강호시조 이해 교육에서 역시 이 활동이 유의미한 역할을 할 수 있다. 학습자는 '공간 선택의 준거'를 찾는 과정에서 창작 주체가 공간을 중심으로 삶의 문제에 대응하는 방식에 대한 이해와 공감에 이를 수 있어야 하는데, 이는 단순한 과정이 아니기 때문이다. 쓰기의 과정에서 학습자는 자신의 이해를 점검할 수 있으며, 새로운 질문들을 생성할 수 있다. 감상의 과정은 이와 같은 과정 속에서 완성될 수 있다.

이런 점들을 고려하면 교사는 학습자들에게 공간 선택의 준거를 찾는 활동 속에서 그 의미를 기술하도록 독려하되, 그 쓰기 활동을 일회적인 것에 그치지 않도록 하는 방안을 생각할 수 있어야 한다. 그런 면에서 '의미 기술하기' 과정은 여러 번에 걸쳐 수행될 수 있는 학습 과제로 제시될 필요가 있다. 이 과정에서 학습자들은 공간 선택의 준거를 찾는 층위를 다양화해 강호시조에 대한 감상을 활성화할 수 있으리라 기대된다.

이상에서 살핀 바와 같이 '공감을 위한 표현'의 과정은 학교 수업의 국면에서 그 범위를 한정하되, 층위를 다양화해 학습자 스스로 감상의 깊이를 확보할 수 있도록 하는 전체적인 과정 속에서 수행될 필요가 있다. 또한, 학습자들의 '의미 기술하기' 활동은 일회적인 것에 그치지 않을 필요가 있다. 여러 번의 활동 과제를 수행하면서 학습자 스스로 자신의 감상을 점검하는 메타적인 활동이 유용하기 때문이다.

V. 결론

1. 요약

이 연구의 목적은 중등학교의 학습자들이 공간을 중심으로 강호시조를 이해하도록 돕는 교육의 내용과 방법을 구안하는 데 있다. 지금까지 고전시가교육 연구에서는 고전시가의 외재적 가치를 중심으로 교육의 내용과 방법을 마련해 온 경향이 있었다. 이러한 경향이 고전시가교육에서 무용한 것은 아니지만, 고전시가의 내재적 가치와 이를 수용하는 학습자의 활동에 주목함으로써 고전시가교육의 가치 혼란 현상을 극복해야 할 필요가 있다.

본고에서는 이를 위해 장르적 접근을 취했다. 연구의 범위를 시조 장르의 하위 유형으로서 강호시조에 한정하고, 강호시조 이해 교육에서 유용한 이해의 범주로 '공간'을 가정하였다. '공간'은 인간 경험의 토대로서의 보편성을 지니기에 초급의 학습자에서부터 고급의 학습자에 이르기까지 활용할 만한 이해의 범주이다. '공간' 범주가 유용하다는 점은 강호시조 작품을 통해서도 확인할 수 있다. 강호시조의 창작은 향촌(鄕村)이라는 특정한 공간에서 이루어졌으며, 창작 주체들이 지향했던 이념과 그들의 문화가 강호시조 공간을 통해 재현되고 이상화되었기 때문이다.

공간을 이해의 범주로 삼아 그 이해를 강호시조의 이해로 확장하는 '공간 중심의 강호시조 이해 교육'을 위해서는 학습자들이 획득하게 되는 '공간 이해 능력'의 실체가 무엇인가를 확인할 필요가 있다. 학습자의 공간 이해 과정은 학습자가 가능한 여러 가지 기준을 활용하여 강호시조의 공간을 분석해 보고, 이를 장르적 특징으로 분별해 내는 과정이다. 이 과정에서 학습자들은 강호시조 창작의 동기로서 공간 체험의 의미를 이해하고, 작시 원리로서 공간 구성 원리를 이해하며, 공간적 상징과 공간 이상화의 문화사적 의미를 이해하게 된다. 이는 현대시 공간과의 대비적 구도 속에서 시적 이해 능력으로 확장될 수 있다.

학습자의 공간 이해는 강호시조 작품과 학습자의 상호작용 속에서 일어난다. 그렇기에 학습자의 강호시조 공간 이해의 주요 변인은 작품 변인과 학습자 변인이라 할 수 있다. 본고에서는 작품 변인에 주목하여 학습자들이 활용 가능하다고 판단되는 여러 가지 기준에 따라 강호시조 작품을 분석해 보았다.

분석의 결과는 다음과 같다. 먼저, 학습자들은 강호시조 공간의 문화적 기반을 이해할 필요가 있다. 강호시조 공간의 문화적 기반으로 학습자들이 이해해야 하는 것은 강호시조의 창작 주체들인 중세의 사대부들의 삶을 지탱하였던 성리학적 이념이다. 성리학에서는 자아와 가정, 사회, 자연, 국가, 우주가 일원론적으로 연속된다고 본다. 자아는 세상 속에 있고, 세상과 연결되어 있으며, 세상과 같은 생명을 공유한다는 사유이다. 성리학적 이념의 자장 속에서 강호시조의 창작 주체들은 자연에서 만물의 이치를 궁구하였으며, 그 안에서 조화로운 자아를 지향했다.

이러한 이념적 지향으로 인해, 강호시조에 등장하는 여러 공간은 극적으로 대립되기보다 서로 조화를 이룬 채 존재한다. 강호시조 공간에 자주 등장하는 정치 경제의 중심지로서의 서울과, 강호시조의 창작 주체가 창작 상황에서 자신의 삶을 꾸려가던 향촌이라는 공간이 대비적으로 존재하되 대립적으로 존재하지는 않았던 것도, 강호시조의 창작 주체들이 성리학적 지향 의식의 끈을 놓지 않았기 때문이다. 강호시조는 이러한 성리학적 이념의 자장 아래 향촌 사회에서 거(居)와 유(遊)를 실현하게 된 만족감과 흥취를 표현한 우리말 노래이다. 향촌에 거하게 된 만족감은 자신의 주거지와 그 주변의 자연에 대한 이상화로 표출되었다. 이와 같은 강호시조 공간의 문화적 기반은 강호시조 공간의 특징, 역할, 문화적 의미를 탐구하는 데 도움을 준다.

다음으로는 강호시조 공간의 구성 요소와 구성 방식을 분석해 보았다. 거(居)와 유(遊)가 실현된 상태의 즐거움과 만족감을 표현하고 있는 강호시조 공간은 창작 주체의 '주거지'와 '주변의 자연'이라는 두 공간으로 배치되어 있다.

강호시조 속 거주지에서 시적 주체는 은자로서의 지향을 잃지 않는 행위를 지속한다. 시적 주체는 자신의 주거지에서 책을 읽고 누워서 쉬거나 잠을 청하면서 강호시조 공간에서 누릴 수 있는 한가로움과 여유를 통해 만족감을 표출한다. 이러한 행위는 강호시조 공간에서 누릴 수 있는 정신적 자유를 드러내 준다. 또한 시적 주체는 주거지 주변의 자연에서는 왕래하고 소요하며, 고사리와 같은 푸새를 캐고, 낚시질하며, 서투르게 밭을 갈고, 술을 마시는 흥에 취한다. 전형적인 은자의 행위들이다.

강호시조의 공간은 역사적으로는 성세(盛世)이다. 강호시조의 공간에서는 자연적으로는 하루와 사시(四時)가 흐르고, 인간의 일생으로 보면 노년의 시간에 처해 있고, 과거-현재-미래의 계기적 시간 중에 과거의 시간이 중요하다. 강호시조의 창작 주체들이 작품 공간을 구성하는 시간으로 이와 같은 시간을 선택한 것은 그 안에서 흐르는 시간을 통해 공간의 영속성과 체험성을 드러내며, 공간을 긍정적으로 수용하는 태도를 드러내기 위해서이다.

강호시조에서 주변의 자연 경관은 시적 주체가 거점지를 중심으로 주변의 자연을 차경(借景)하거나, 시적 주체의 시점을 다변화하여 체험적으로 구성하는 두 가지의 방식을 보인다. 경관의 차경적 구성은 강호시조 공간에 거한 시적 주체가 소박한 주거지에 은거한 군자로서 누리는 감각적 혜택을 효과적으로 드러내는 방식이다. 시점의 다변화를 통해 경관을 체험적으로 구성하는 방식은 자연을 대하는 시적 주체의 선택적 태도를 드러내 준다.

학습자들은 이상과 같은 공간 구성 요소와 그 구성 방식을 확인함으로써 강호시조 공간에 대한 구체적인 상을 획득하게 되리라고 기대된다.

다음으로는 강호시조 공간의 성격을 분석해 보았다. 강호시조의 창작 주체들은 수세기에 걸쳐 강호시조를 창작하면서, 자신의 주거지와 그 주변의 자연을 때에 따라서는 '상징적 은거 공간'으로, 때에 따라서는 '수기적 수양 공간', '미적 체험 공간', '풍류적 흥취 공간', '유자적 생활 공간'으로 전환하고 있다.

강호시조의 창작 주체들은 당대에 보편화된 은거 공간의 상징적 구성 방식을 수용하여 강호시조 공간의 성격을 표출하고 있다. 이것이 '상징적 은거 공간'의 구성 방식이다. 한편, 강호시조의 창작 주체들 중에는 강학(講學)을 위한 공간을 실제로 일구고 그 속에서 생활한 사람들이 있다. 이들은 성리학적 이념의 지향 속에서 강학하는 행위를 개별적 공간으로서의 정사(精舍)로 이동하는 왕래의 행위를 통해 드러내고 있다. 이것이 '수기적 수양 공간'의 구성 방식이다. 이들은 삶의 가치 지향을 공간을 통해 드러내면서 공간의 가치를 설득하고 있는 것이다.

강호시조의 공간이 창작 주체의 자연 속에서의 실제적 삶과 관련되어 있다는 점에도 주목할 필요가 있다. 강호시조의 공간은 그들의 실제적 삶과 관련된 공간으로 전환되기도 하였다. 강호시조의 창작 주체들은 미적 체험에 관한 스스로의 관점을 시조를 통해 드러내고 있다. 이것이 '미적 체험 공간'의 구성 방식이다. 강호시조의 공간은 창작 주체들이 풍류적 흥취를 누릴 수 있는 구체적인 공간을 확보함으로써 '풍류적 흥취의 공간'으로 적극적으로 전환되기도 한다. 여기에서는 작품의 시상이 전개될수록 흥이 고조되는 양상을 볼 수 있다.

강호시조의 공간은 창작 주체들의 생활과도 밀접한 관련이 있다. 강호시조의 공간은 생활 문화의 공간으로 사대부들의 계회(契會)가 열리는 공간이었으며, 이는 몇몇 강호시조 공간이 '유자적 생활 공간'으로 전환되는 기반이 된다. 강호시조의 공간은 중세 사대부들의 공적(公的) 생활이 이루어지는 공간으로도 전환되고 있는 것이다.

강호시조 공간의 성격은 학습자들이 강호시조 창작 주체들의 삶을 이해하고 공감하는 감상적 과정에 긍정적인 영향을 끼칠 수 있을 것으로 보인다. 학습자들은 강호시조 공간의 성격을 이해하는 과정에서 창작 주체의 실제적 삶과 강호시조 사이의 연관성에 대해 호기심을 느끼고 이에 공감하는 감상 활동을 수행할 수 있다.

공간 중심의 강호시조 이해 교육의 가정은 강호시조 공간의 특징과 성격을 이해한 뒤에 이를 강호시조에 대한 이해로 확장하는 것이다. 이런 점을 고려한다면, 강호시조에서 공간의 역할에 관한 검토 역시 강호시조 공간의 이해에서 주요한 이해 대상이다.

검토의 결과, 강호시조의 공간은 창작 동기로서 공간 지향과 체험을 드러내 줌을 알 수 있었다. 또한, 강호시조의 공간은 시행 층위에서는 시적 주체의 위치를 드러내 주는 역할을 하고, 연 층위에서는 공간의 상징을 구현하는 데 도움을 준다. 시상 전개에 있어서는 거점 공간의 존재가 3행의 반복적 구성을 통해 확장되는 연시조의 안정성을 보장해 주는 역할을 하며, 공간의 이동은 시적 주체의 거점 공간으로의 회귀적 과정으로 반복됨으로써 공간의 성격을 지탱해 주고 있다.

이상에서, 작품 변인을 중심으로 공간 이해의 성격에 대해 논해 보았다. 이상의 논의를 기반으로 하여 공간 중심의 강호시조 이해 교육을 위해, 학습자가 획득하리라고 가정할 수 있는 능력을 중심으로 목표를 설계할 필요가 있다. 본고에서는 이를 작품 분석 층위, 감상 층위, 문화 분석 층위의 세 층위에서 구안해 보았다.

Ⅲ장에서 논한 바를 참조할 때, 학습자들은 강호시조 작품 읽기 과정에서 최대한 다양한 기준에 따라 강호시조를 분석해 볼 필요가 있다. 이런 점을 고려하여 작품 분석 층위의 목표를 설정하였는데, 작품 분석을 충실히 수행한 학습자는 공간 인식 능력, 시적 의미 구성 능력, 시조 이해 능력을 획득할 수 있으리라 본다.

공간을 중심으로 한 강호시조 이해는 분석 층위의 인지적 목표를 가정하는 것만으로는 완성될 수 없다. 중세 문화에서 중요한 역할을 했던 강호시조 작품을 문학 작품으로 수용한다면, 학습자들은 창작 주체들의 삶과 지향을 이해하고 공감할 수 있어야 한다. 이런 점에서 감상 층위의 목표 또한 중요하다. 본고에서는 감상의 층위에서 학습자들이 공간 중심의 강호시조 이해 교육을 통해 공감적 이해 능력과 가치 판단 능력을 획득할 수 있어야 할 것으로 보았다.

한편, 강호시조는 중세 사대부들의 삶에서 특수한 문화를 형성한 중심축이었으므로, 강호시조의 이해를 위해서는 문화 분석 층위의 목표 역시 설정할 필요가 있다. 공간 중심의 강호시조 이해 교육을 통해 학습자들은 공간의 상징적 의미를 이해하는 능력을 향상시키고, 시조 향유 문화를 이해하는 능력을 향상시킬 수 있을 것으로 보인다.

학습자들이 위와 같은 목표에 도달할 수 있도록 독려하기 위해 본고에서는 다음과 같은 활동을 제안하였다. '변별하기', '유추를 통한 문제 해결 활동', '의미 구성하기', '가치 판단을 위한 평가', '공감을 위한 표현'의 다섯 가지이다. 이 활동들은 학습자들로 하여금 분석 활동을 활성화시키며, 창작 주체의 삶과 지향, 작품에 형상화된 체험에 공감하고 그 가치를 수용하도록 돕는다.

2. 제언

'공간 중심의 강호시조 이해 교육'은 고전시가의 내재적 가치와 학습자의 고전시가 활동의 중요성을 상기시킨다는 점에서 가치 있는 논의이다. 한 대상의 가치를 그것이 가져올 효과나 기능을 중심으로 설명해야 인정받는 가치 혼란의 현상은 교육의 맥락에서는 반성적 성찰의 대상이 되어야 한다. 교육은 인간의 성장을 목표로 하기 때문이다. 이 연구에서는 고전시가의 내재적 가치에 주목하기 위해 학습자가 활용할 만한 기준을 여러 가지 측면에서 고려해 작품을 분석했다는 점에 의의가 있다. 또한, 몇 가지 목표를 설정하여 공간 중심의 강호시조 이해교육이 학교 수업의 국면에서 실현될 수 있는 구체적인 방안을 마련했다는 점에 의의가 있다.

또한, 본고에서 중심 개념으로 삼은 '공간'은 강호시조의 이해 교육을 위한 중핵적 이해 범주로서 가치를 지닌다. 학습자들은 강호시조 이해 교육을 통해 '공간 이해 능력'을 향상시켜 서정시의 이해를 활성화할 수 있다. 본고에서는 학습자의 공간 이해를 작품 변인을 중심으로 논했는데, 분석의 결과는 학습자의 공간 이해 사례로서 작품의 특성이 학습자들에게 어떻게 받아들여질 수 있는지를 구체적으로 보여주었다. 이와 관련하여, 공간을 중심으로 강호시조를 이해한다고 할 때, 공간에 접근할 수 있는 구도를 미시적 층위에서 거시적 층위에 이르기까지 포괄적으로 검토할 수 있었다. 이를 기반으로 한 공간 중심의 강호시조 이해 과정은 작품 분석이나 문화 분석, 작품 감상 등에 이르기까지 학습자의 다양한 활동으로 구체화될 수 있는 유의미한 교육 내용이라 할 수 있다.

그러나 학습자의 고전시가 이해 활동에서는 작품 변인뿐만 아니라 학습자 변인 역시 중요하므로 이에 대한 후속적인 논의가 이어져야 할 것이다. 또한, 이 연구에서 구안한 이해 교육의 설계가 학교 현장에서 구현되었을 때 어느 정도의 효과를 거둘 수 있을 것인지에 관한 검증 역시 후속적인 논의를 통해 보완되어야 할 것이다.

참고문헌

1. 자료

강 익, 『개암선생문집(介庵先生文集)』 상(上)

곽기수, 『한벽당선생문집(寒碧堂先生文集)』

권 섭, 『옥소고(玉所稿)』

권호문, 『송암집(松巖集)』

김득연, 『갈봉선생문집(葛峯先生文集)』 곤(坤)

김수장, 황순구 편, 『해동가요(海東歌謠) 일석본(一石本)』, 한국시조학회, 1987.

나위소, 『나씨가범(羅氏家範)』

박인로, 『노계집(蘆溪集)』

신계영, 『선석유고(仙石遺稿)』

오장환 장본, 정주동・유창식 校註, 『청구영언(靑丘永言) 진본(珍本)』, 신생문화사, 1948/1957.

윤선도, 이형대 외 역, 『국역(國譯) 고산유고(孤山遺稿)』, 소명출판, 2004.

이 이, 한국정신문화연구원 편, 『국역(國譯) 율곡전서(栗谷全書)』 Ⅲ, 1987.

이 황, 『도산육곡(陶山六曲) 판본(板本)』

이 황, 민족문화추진회 편, 『국역(國譯) 퇴계집(退溪集)』 1, 1968/1982(3판).

이중경, 『잡훼원집(雜卉園集)』

이중환, 이민수 역, 『택리지(擇里志)』, 평화출판사, 1751/2005.

이현보, 『어부가(漁父歌) 판본(板本)』

이현보, 농암선생문집국역간행위원회 편, 『국역(國譯) 농암선생문집(聾巖先生文集) 전(全)』, 분강서원, 1986.

이휘일, 『존재집(存齋集)』

장복겸, 『옥경헌유고(玉鏡軒遺稿)』

황충기, 『조선시대 연시조 註解』, 푸른사상, 2009.

계 성, 김성우·안대회 역, 『원야(園冶)』, 예경, 1634/1993.
곽 희, 신영주 역, 『임천고치(林泉高致)』, 문자향, 1117/2003.
도연명, 차주환 역, 『한역(韓譯) 도연명(陶淵明) 전집(全集)』, 서울대 출판부, 2001.
박목월·조지훈·박두진, 『청록집(靑鹿集)』, 을유문화사, 1946/2006.
서유구, 안대회 편역, 『산수간에 집을 짓고』, 돌베개, /2005.
이영주·이병한 역해, 『당시선(唐詩選)』, 서울대출판부, 1998/2005(4쇄).
조지훈, 『조지훈 전집』 3, 일지사, 1973.

한국고전번역원 고전종합DB(http://db.itkc.or.kr)

2. 논저

고연희, 『그림, 문학에 취하다』, 아트북스, 2011.
고연희, 『조선시대 산수화』, 돌베개, 2007.
고연희, 『조선후기 산수기행예술연구-정선과 농연 그룹을 중심으로』, 일지사, 2001.
고영화, 「시조 교육의 위계화 연구」, 서울대 박사논문, 2007.
고영화, 「시조 형식 교육의 목표론 연구」, 『국어교육연구』 23, 서울대 국어교육연구소, 2009.
고정희, 「<흥비부>를 통한 시조 정전 교육의 반성적 고찰」, 『국어교육연구』 24, 서울대 국어교육연구소, 2009.
곽광수·김현, 『바슐라르 연구』, 민음사, 1976.
곽진숙, 「수행평가에 함축된 교육의 개념과 가치에 관한 비판적 검토」, 서울대 박사논문, 2005.
국사편찬위원회 편, 『그림에게 물은 사대부의 생활과 풍류』, 두산동아, 2007.
국어국문학회 편, 『고시조 연구』, 태학사, 1997.
권정은, 「자연시조의 구성 공간과 지향 의식」, 서울대 박사논문, 2004.

권정은, 『자연시조 : 자연미의 실현 양상』, 보고사, 2009.
김근호, 「소설 텍스트 중층적 읽기의 공간론」, 『독서연구』 19, 한국독서학회, 2008.
김남희, 「현대시의 서정적 체험 교육 연구」, 서울대 박사논문, 2007.
김대행 외, 『문학교육원론』, 서울대학교출판부, 2000.
김대행, 「내용론을 위하여」, 『국어교육연구』 10, 서울대 국어교육연구소, 2002.
김대행, 「수행적 이론의 연구를 위하여」, 『국어교육학연구』 22, 국어교육학회, 2005.
김대행, 『문학교육 틀짜기』, 역락, 2000.
김대행, 『시조유형론』, 이화여자대학교 출판부, 1986.
김문기, 『문경의 구곡 원림과 구곡시가』, 한국학술정보, 2005.
김문용, 「조선후기 서학의 영향과 우주론적 시공 관념의 변화」, 『시대와 철학』 18, 한국철학사상연구회, 2007.
김미혜, 「지식 구성적 놀이로서의 시 읽기 교육 연구」, 서울대 박사논문, 2007.
김병국, 『고전시가의 미학 탐구』, 월인, 2000.
김병국, 『한국 고전문학의 비평적 이해』, 서울대학교출판부, 1995.
김봉렬, 『서원 건축』, 대원사, 1998.
김상진, 『16·17세기 시조의 동향과 경향』, 국학자료원, 2006.
김석회, 『조선 후기 시가 연구』, 월인, 2003.
김석회, 『조선후기 향촌사회와 시가문학』, 월인, 2009.
김석회, 『존재 위백규 문학 연구』, 이회문화사, 1995.
김성룡, 「고려 중기 누정문학의 형성과 산수미 발견에 대한 연구」, 『국어교육』 107, 한국어교육학회, 2002.
김성룡, 『여말선초의 문학사상』, 한길사, 1995.
김성룡, 『한국문학사상사』 1, 이회, 2004.
김신중, 「사시가형 시조의 강호 인식」, 『시조학논총』 8, 한국시조학회, 1992.
김우창, 『풍경과 마음』, 생각의 나무, 2008.
김은미, 「조선초기 누정기의 연구」, 이화여대 박사논문, 1991.
김정우, 「시 해석 교육 연구」, 서울대 박사논문, 2004.

김종철, 「고등학교 국어 '심화 선택' 체제 개편 방안」, 『국어교육』 131, 한국어교육학회, 2010.

김종철, 「대학 교양교육으로서의 한국고전문학교육의 과제」, 『한국고전연구』 22, 한국고전연구학회, 2010.

김종철, 「중세 여행 체험과 문학교육의 시각」, 『고전문학과 교육』 13, 한국고전문학교육학회, 2007.

김준오, 『시론』, 삼지원, 1982.

김창원, 「17~8세기 서울 및 근기(近畿) 일대 전가시조(田家時調) 형성의 사회사」, 『고시가연구』 17, 한국고시가문학회, 2006.

김창원, 「조선시대 서울인의 심상지도와 연군 시가의 지역성」, 『서울학연구』 31, 서울시립대 서울학연구소, 2008.

김창원, 「조선후기 근기(近畿) 지역 강호시가의 지역성」, 『시조학논총』 28, 한국시조학회, 2008.

김창원, 「중앙-지방의 권력과 17세기 어부가의 갈등 구도」, 『국제어문』 40, 국제어문학회, 2007.

김창원, 「지역 문학 연구의 방법과 방향-조선후기 근기 국문시가를 예로 하여」, 『우리어문연구』 29, 우리어문학회, 2007.

김창원, 『강호시가의 미학적 탐구』, 보고사, 2004.

김창원, 『시교육과 텍스트 해석』, 서울대출판부, 1995.

김학성, 『한국 고시가의 거시적 탐구』, 집문당, 1997.

김학성, 『한국고전시가의 전통과 계승』, 성균관대학교출판부, 2009.

김현정, 「<어부사시사>의 해석에 대한 교육적 접근」, 『고전문학과 교육』 20, 한국고전문학교육학회, 2010.

김현정, 「강호시조에 나타난 '벗'의 유형과 공간성의 관계」, 『겨레어문학』 44, 겨레어문학회, 2010.

김현정, 「고전시가의 가치 교육을 위한 이론적 전제의 고찰」, 『국어교육』 125, 한국어교육학회, 2008.

김현정, 「중등학교 상황 속 고전시가 해석의 상대성에 관한 교육적 인식론의 시사점」, 『교육원리연구』 15권 2호, 한국교육원리학회, 2010.

김흥규, 『욕망과 형식의 시학』, 태학사, 1984/1999.
남민우, 「텍스트 가치 평가 활동을 위한 시교육 연구」, 서울대 박사논문, 2006.
남정희, 「신계영의 <전원사시가>에 나타난 시간 인식과 전원의 의미」, 『어문연구』 57, 어문연구학회, 2008.
류수열, 「시조 스토리텔링의 교육적 가능성」, 『시조학논총』 28, 한국시조학회, 2008.
문범두, 「개암 강익의 학행과 문학」, 『한민족어문학』 56, 한민족어문학회, 2010.
민길홍, 「귀어도-낚시를 마치고 돌아가는 어부」, 안휘준 · 민길홍, 『역사와 상상이 담긴 조선시대 인물화』, 학고재, 2009.
박연호, 「16세기 이전 민간 원림문학의 공간 특성 연구」, 『개신어문연구』 21, 개신어문학회, 2004.
박연호, 「광주 풍영정 원림의 공간 특성과 그 의미」, 『인문학연구』 36, 조선대 인문학연구소, 2008.
박연호, 「문화 코드 읽기와 문학교육 - <면앙정가>와 <성산별곡>을 대상으로」, 『문학교육학』 22, 한국문학교육학회, 2007.
박연호, 「식영정 원림의 공간 특성과 <성산별곡>」, 『한국문학논총』 40, 한국문학회, 2005.
박연호, 「원림 문학의 공간의 위상과 문화교육적 의미」, 『한국시가연구』 17, 한국시가학회, 2005.
박요순, 『옥소 권섭의 시가연구』, 탐구당, 1987/2005.
박준규, 「고산의 수정동원림(水晶洞苑林)과 산중신곡(山中新曲)」, 『고산연구』 2호, 고산연구회, 1988.
백영 정병욱 선생 10주기 추모논문집 간행위원회, 『한국고전시가작품론』 1 · 2, 집문당, 1992.
서명희, 「시조 교육에서 태도의 개념」, 『국어교육』 119, 한국어교육학회, 2006.
서명희, 「시조 수용 태도 교육을 위한 <오우가> 읽기 - 절차로서의 태도를 중심으로」, 『고전문학과 교육』 12, 한국고전문학교육학회, 2006.
성기옥, 「<도산십이곡>의 구조와 의미」, 『한국시가연구』 11, 한국시가학회, 2002.
성기옥, 「<도산십이곡>의 재해석」, 『진단학보』 91, 진단학회, 2001.

소광희, 『존재와 시간 강의』, 문예출판사, 2003.

손예희, 「시 교육에서 상상적 경험에 대한 연구」, 서울대 박사논문, 2011.

손오규, 『산수미학탐구』, 제주대학교출판부, 2006.

손오규, 『증보판 산수문학연구』, 제주대학교출판부, 2000.

송지언, 「시조의 관습성과 탈관습성을 통한 고전문학교육의 구상」, 『고전문학과 교육』 9, 한국고전문학교육학회, 2005.

신연우, 『사대부 시조와 유학적 일상성』, 이회, 2000.

신연우, 『조선조 사대부 시조문학 연구』, 박이정, 2007.

신영명, 「강호시조 연구사의 행방」, 신영명·우응순 외, 『조선 중기 시가와 자연』, 태학사, 2002.

신영명, 「시골로 내려온 서울, 서울로 오르지 못한 시골」, 『시조학논총』 26, 한국시조학회, 2007.

신영명, 『사대부시가의 연구』, 국학자료원, 1996.

신은경, 『풍류』, 보고사, 1999.

안휘준, 『한국회화사』, 일지사, 1980.

안휘준·민길홍, 『역사와 상상이 담긴 조선시대 인물화』, 학고재, 2009.

엄태동, 『교육적 인식론 탐구』, 교육과학사, 1998.

여홍상 편, 『바흐친과 문학 이론』, 문학과지성사, 1997.

염은열, 「고전시가교육의 내용 탐색 - <고산구곡가(高山九曲歌)> 읽기를 예로」, 『선청어문』 36, 서울대 국어교육과, 2008.

염은열, 「금강산 가사의 지리적 상상력과 장소 표현이 지닌 의미」, 『고전문학연구』 38, 한국고전문학회, 2010.

염은열, 「기행가사의 공간 체험이 지닌 교육적 의미」, 『고전문학과 교육』 12, 한국고전문학교육학회, 2006.

염은열, 「시조 교육의 위계화를 위한 방향 탐색」, 『고전문학과 교육』 8, 한국고전문학교육학회, 2004.

영남대 민족문화연구소, 「영남문집해제 : 한벽집」, 『민족문화연구소 자료총서』 4, 영남대 민족문화연구소, 1988.

오세영, 「현대시와 자연 그리고 문화」, 유종호 외, 『현대 한국문학 100년』,

민음사, 1999.

유미나, 「중국시문을 주제로 한 조선후기 서화합벽첩 연구」, 동국대 박사논문, 2006.

유종호 외, 『현대 한국문학 100년』, 민음사, 1999.

윤덕진, 『선석 신계영 연구』, 국학자료원, 2002.

윤사순, 『개정증보 한국유학사상사론』, 열음사, 1986.

윤여탁, 『시 교육론 - 시의 소통 구조와 감상』, 태학사, 1996.

윤여탁, 『시 교육론 Ⅱ - 방법론 성찰과 전통의 문제』, 서울대학교출판부, 1998.

이 호, 「소설에 있어 공간 형식의 가능성과 한계」, 한국소설학회 편, 『공간의 시학』, 예림기획, 2001.

이대희 편, 『가치론의 문제와 역사』, 정림사, 2001.

이민홍, 『개정판 조선조 시가의 이념과 미의식』, 성균관대학교 출판부, 2000.

이민홍, 『증보 사림파 문학의 연구』, 월인, 2000.

이상보, 「애경 남극엽의 시가 연구」, 『어문학논총』 7, 국민대 어문학연구소, 1988.

이상우, 『동양미학론』, 시공아트, 1999.

이상원, 「<개암십이곡>의 성격과 시가사적 위상」, 『고시가연구』 19, 한국고시가문학회, 2007.

이상원, 「<高山九曲詩畵屛>의 구성상 특징과 所載 詩文에 대한 검토」, 『국제어문』 31, 국제어문학회, 2004.

이상원, 「<도통가>와 <황강구곡가> 창작의 정치적 배경」, 『한민족어문학』 43, 한민족어문학회, 2003.

이상원, 「16세기말-17세기초 사회동향과 김득연의 시조」, 『어문논집』 31, 안암어문학회, 1992.

이상원, 「17세기 육가형 시조 연구 - 장경세의 <강호연군가>와 이중경의 <어부별곡>」, 『한국언어문학』 65, 한국언어문학회, 2008.

이상원, 『17세기 시조사의 구도』, 월인, 2000.

이승복, 「유배 체험의 형상화와 그 교육적 의의」, 『고전문학과 교육』 14, 한국고전문학교육학회, 2007.

이어령, 『공간의 기호학』, 민음사, 2000.

이유직, 「계성의 <원야> 연구」, 서울대 박사논문, 1997.
이종묵, 「조선시대 와유 문화 연구」, 『진단학보』 98, 진단학회, 2004.
이종숙, 「조선시대 귀거래도 연구」, 『미술사학연구』 245, 한국미술사학회, 2005.
이진경, 『근대적 시·공간의 탄생』, 푸른숲, 1997.
이진경, 『근대적 주거 공간의 탄생』(개정판), 그린비, 2007.
이태호, 『옛 화가들은 우리 땅을 어떻게 그렸나』, 생각의나무, 2010.
이형대, 『한국 고전시가와 인물형상의 동아시아적 변전』, 소명출판, 2002.
이홍우, 『증보 교육과정탐구』, 교육과학사, 1977/2004.
임철일, 『교수 설계 이론-학습 과제 유형별 교수 전략』, 교육과학사, 2000.
임형택, 『한국문학사의 논리와 체계』, 창작과 비평사, 1994/2002.
장만호, 「해방기 시의 공간 표상 방식 연구」, 『비평문학』 39, 한국비평문학회, 2011.
장상호, 『학문과 교육』 상, 서울대출판부, 1997.
장상호, 『학문과 교육』 중1, 서울대출판부, 2006.
장상호, 『학문과 교육』 중3, 서울대출판부, 2009.
장일구, 「소설 공간론, 그 전제와 지평」, 한국소설학회 편, 『공간의 시학』, 예림기획, 2001.
장정수, 「<황강구곡가>의 창작 배경 및 구성방식」, 『시조학논총』 21, 한국시조학회, 2004.
전일환, 「옥경헌 고산별곡 연구」, 『국어국문학』 102, 국어국문학회, 1989.
전재강, 『사대부시조 작품론』, 새문사, 2006.
정기철, 「새로운 시조 교육을 위한 질문 제시의 기법」, 『시조학논총』 30, 한국시조학회, 2009.
정동오, 『한국의 정원-한국원림연구』, 민음사, 1986.
정운채, 『윤선도-연군지정과 이념의 시세계』, 건국대학교 출판부, 1995.
정재훈, 『보길도 부용동 원림』, 열화당, 1990.
정충권, 「<간양록>의 피로 체험 글쓰기와 그 문학교육적 의미」, 『고전문학과 교육』 17, 한국고전문학교육학회, 2009.
정한기, 「19세기 금강산 기행가사에 나타난 사경(寫景)의 문학교육적 의의」,

『고전문학과 교육』 14, 한국고전문학교육학회, 2007.
조규희, 「조선시대 별서도 연구」, 서울대 박사논문, 2006.
조규희, 「조선시대 산거도 연구」, 서울대 석사논문, 1998.
조송식, 「'와유(臥遊)' 사상의 형성과 그 예술적 실현 - 육조 시대에서 북송 시대에 이르기까지의 예술론을 중심으로」, 서울대 박사논문, 1998.
조송식, 「조선초기 사대부의 이중적 자연관과 '와유'적 산수의 변화」, 『미학』 33, 한국미학회, 2002.
조윤제, 『한국시가사강』, 을유문화사, 1954.
조하연, 「문학 감상 교육 연구 - 고려속요를 중심으로」, 서울대 박사논문, 2010.
조해숙, 「시조에 나타난 시간 의식과 시적 자아의 관련 양상 연구」, 서울대 박사논문, 1999.
조희정, 「교과서 수록 고전 제재 변천 연구 - 건국 과도기부터 제7차 교육과정까지 중등 국어 교과서를 중심으로」, 『문학교육학』 17, 한국문학교육학회, 2005.
주은우, 『시각과 현대성』, 한나래, 2003.
주재우, 「고전기행문학과 경험 교육」, 『고전문학과 교육』 15, 한국고전문학교육학회, 2008.
진홍섭, 『한국미술사자료집성』 2, 일지사, 1991.
진홍섭, 『한국미술사자료집성』 4, 일지사, 1996.
최기숙, 「조선후기 사대부의 생활 공간과 글쓰기 문화 - 이계(耳溪) 홍양호의 기(記)를 중심으로」, 『고전문학연구』 33, 한국고전문학회, 2008.
최승호 편, 『조지훈』, 새미, 2003.
최승호, 『한국적 서정의 본질 탐구』, 다운샘, 1998.
최재남, 『사림의 향촌생활과 시가 문학』, 국학자료원, 1997.
최재남, 『서정시가의 인식과 미학』, 보고사, 2003.
최재남, 「어부 지향 공간으로서 여강(驪江)의 인식」, 『한국문학논총』 44, 한국문학회, 2006.
최지현 외, 『국어과 교수·학습 방법』, 역락, 2007.
최진원, 『국문학과 자연』, 성균관대 출판부, 1977.

최현재, 『조선 중기 재지사족의 현실인식과 시가문학』, 선인, 2006.
최홍원, 「시조의 성찰적 사고 교육 연구」, 서울대 박사논문, 2008.
최홍원, 「신흠의 시조와 경험 교육 연구」, 『문학교육학』 25, 한국문학교육학회, 2008.
한광구, 『목월시의 시간과 공간』, 시와시학사, 1993.
한국소설학회 편, 『공간의 시학』, 예림기획, 2001.
한국시조학회 편, 『고시조작가론』, 백산출판사, 1986.
한국시조학회 편, 『속 · 고시조작가론』, 백산출판사, 1990.
한국전통조경학회 편, 『동양조경문화사』, 대가, 2009.
한창훈, 『시가교육의 가치론』, 월인, 2001.
허 균, 『한국의 정원 선비가 거닐던 세계』, 다른 세상, 2002.
황혜진, 「문학을 통한 인문 지리적 사고력 교육의 가능성 탐색」, 『고전문학과 교육』 13, 한국고전문학교육학회, 2007.

馬華 · 陳正宏, 『隱士生活探秘』(강경범 · 천현경 역, 『중국은사문화』, 동문선.), 1992/1997.
山田慶兒, 『朱子の自然學』, 岩波書店(김석근 역, 『주자의 자연학』, 통나무.), 1978/1991.
小尾郊一, 윤수영 역, 『中國文學과 自然美學』, 도서출판 서울, 1962/1992.
이택후, 권호 역, 『화하미학(華夏美學)』, 동문선, 1988/1990.
장파, 유중하 외 역, 『동양과 서양, 그리고 미학』, 푸른숲, 1994/1999.

Bachelard, G., *La Poétique de L'espace*, Presses Universitaires de France(곽광수 역, 『공간의 시학』, 동문선), 1957/2003.
Buck-Morss, S., *Dialectics of Seeing: Walter Benjamin and the Arcades Project*, MIT Press(김정아 역, 『발터 벤야민과 아케이드 프로젝트』, 문학동네), 1991/2004.
Chatman, S. B., *Story and discourse : narrative structure in fiction and film*, Cornell University Press(김경수 역, 『영화와 소설의 서사구조 - 이야

기와 담화』, 민음사, 1978/1995(5쇄).

Dewey, J., 엄태동 편역, 『존 듀이의 경험과 교육』, 원미사, 2001.

Dewey, J., 이돈희 편역, 『존 듀이 교육론』, 서울대출판부, 1992.

Fosnot, C. T. et al., 조부경 외 편역, 『구성주의 이론, 관점, 그리고 실제』, 양서원, 2006(2쇄).

Freund, E., *The Return of the Reader: Reader-response criticism*, Metheun(신명아 역, 『독자로 돌아가기』, 인간사랑), 1987/2005.

Hauenstein, A. D., *A Conceptual Framework for Educational Objectives*, University Press of America(김인식 외 공역, 『신교육목표분류학』, 교육과학사), 1998/2004.

Hessen, J., *Lehrbuch der philosophie*(진교훈 역, 『가치론』, 서광사), 1959/1992.

Kern, S., *The culture of time and space 1880-1918*, Harvard University Press(박성광 역, 『시간과 공간의 문화사』, 휴머니스트), 1983/2004.

Lefebvre, H., *La production de l'espace*, Economica(양영란 역, 『공간의 생산』, 에코리브르), 2000/2011.

Margaret, E. G., *Learning and Instruction - Theory into Practice*, Prentice Hall(이경화 외 역, 교수-학습의 이론과 실제, 아카데미프레스), 2005/2006.

Merleau-Ponty, M., *Phénoménologie de la Perception*, Gallimard(류의근 역, 『지각의 현상학』, 문학과지성사.), 1945/2002.

Norberg-Schulz, C., *Existence, Space and Architecture*, New York : Praeger(김광현 역, 『실존 · 공간 · 건축』, 태림문화사), 1971/1985.

Reeve, J., *Understanding Motivation and Emotion*, John Wiley & Sons(정봉교 외 공역, 『동기와 정서의 이해』, 박학사), 2001/2003.

Reichenbach, H., *The philosophy of space & time*, Dover Publications(이정우 역, 『시간과 공간의 철학』, 서광사), 1957/1986.

Warnke, G., *GADAMER: Hermeneutics, Tradition and Reason*, Blackwell Publishers (이한우 역, 『가다머-해석학 전통 그리고 이성』, 민음사), 1987/1999.

Yi-Fu Tuan, *Space and Place(the perspective of experience)*(구동회 · 심승희 역, 『공간과 장소』, 대윤), 1977/1995.

시조의 공간과 시조 이해 교육

초판 1쇄 인쇄 • 2013년 11월 8일
초판 1쇄 발행 • 2013년 11월 10일

저 자 • 김현정
발행인 • 박성복
발행처 • 도서출판 月印
서울특별시 강북구 노해로 25길 61
등 록 • 제6-0364호
등록일 • 1998년 5월 4일
전 화 • (02) 912-5000
팩 스 • (02) 900-5036
www.worin.net

ISBN 978-89-8477-550-3 93810

값 18,000원